青少年心灵芳草地

魏书生题

丁品森　王晓东◎著

华龄出版社

责任编辑：高志红
责任印制：李未圻

图书在版编目（CIP）数据

青少年心灵芳草地 / 丁品森，王晓东著 . -- 北京：华龄出版社，2015.5
ISBN 978-7-5169-0562-3

Ⅰ . ①青… Ⅱ . ①丁… ②王… Ⅲ . ①青少年—心理健康—健康教育 Ⅳ . ① G479

中国版本图书馆 CIP 数据核字 (2015) 第 094275 号

书　　名：青少年心灵芳草地
作　　者：丁品森　王晓东　著
出版发行：华龄出版社
印　　刷：三河科达彩色印装有限公司
版　　次：2015年5月第1版　2015年5月第1次印刷
开　　本：710×1000　1/16　　印　张：20.25
字　　数：280千字
定　　价：25.00元

地　　址：北京西城区鼓楼西大街41号　　邮编：100009
电　　话：84044445　　传真：84039173
网　　址：http://www.hualingpress.com

拼却老红换新绿（代序）

风雨杏坛四十年，我与广大青少年结下了难解难分的深情厚谊。年逾花甲后骤然远离了三尺讲坛，那“一日不见，如三秋兮”的挚爱依旧让我挥之不去，那“中心藏之，何日忘之”的深情仍然让我难以忘怀，于是我便决计以书稿的形式来继续跟青少年同学的对话交往，来延续与青少年同学那割舍不了的深深情缘。

主意既定，说干就干，撰写书稿的工作很快就拉开了帷幕。每当坐到电脑跟前，双手敲击那一个个键盘时，我就精骛八极，心游万仞，仿佛又回到了美丽的校园，见到了一张张可爱的笑脸。那种难以抑制的激动和兴奋便会一下子涌动全身，倾注指端，并在内心深处升腾起“晴空一鹤排云上，便引诗情到碧霄”的令人心醉的意趣和情怀，一些奇思妙想和精美语句，也就会随之犹如一泓清泉那样，从我的脑际汩汩地喷涌而出，不停地恣意流泻。

斗转星移，花开花落，在以辛勤的劳作送走了一个又一个黎明和夜晚之后，我终于“驱却坐上千重寒，烧出炉中一片春”，写作并出版了《解开你的重重心结》、《子女心结解有方》、《不要拒绝泥泞的路》、《青少年心灵日光浴》、《青少年心灵氧吧》、《青少年心灵港湾》和《青少年心灵加油站》等多本跟青少年谈思想修养、谈品格熔铸、谈为人之道、谈处世之法、谈学习门径和谈读书诀窍的书。这些书面世以后，不仅赢得了广大师生的喜欢，得到了相关领导和专家的垂爱，同时也受到了国内20余家新闻媒体的关注，北京《新教育》报更是以五个版面的篇幅，重点推出了我的万字长文，并详细介绍了我的著作得到领导和专家首肯的有关情况。所有这些，都既使我感到喜出望外，更使我觉得重轭在肩，促使我决心以更孜孜矻矻的勤苦努力，来回报领导、专家、媒体和广大师生对我的一片厚爱。

见我不分寒暑地成天在电脑前忙个不停，一些亲友便劝慰我说："都这么大年纪了，何必再吃那么多的苦，也该享享清福了！"我感谢他们的一片至诚心意，可并没有接纳他们的恳切建议，因为我深感岁月催人老，盛年已不再，唯有壮心不已老弥坚，"不用着鞭自奋蹄"，方能真正享有"最美不过夕阳红"的幸福晚年。

"拼却老红一万点，换将新绿百千重。"在有生之年竭尽自己的全部心智，为广大青少年撰写更多替他们释疑去惑、解开心结的好书，使他们一生中最宝贵的一段黄金岁月闪耀出更灿烂夺目的光彩——这就是我的追求，这就是我的至爱，即便要为此而奉献我所有的一切，我也至快至乐，我也无怨无悔。

丁品森

2014年5月18日于不已斋

（此文述说了我给青少年学生撰写为他们释疑去惑、解开心结系列著作的心路历程，有幸在第二届中国文化和平奖的评选活动中，从近八万件的参赛稿中脱颖而出，获得金奖）

目　录

书香沁心脾，至乐在读书

书籍是人类最宝贵的精神营养，读书是创造力和生命活力的起点，是建筑心灵殿堂和夯实文化底蕴的基石。可纵目四顾，眼前的情况却让我们不免颇感尴尬，因为在我们国家，在许多中小学里，这原本应该最为稳固的基石，已明显呈现出了摇摇欲坠之势。这绝非是什么耸听的危言，而是真真切切的客观现实。在如今许多学生的心中，所谓读书，就只是读教科书，只是做应试题，至于其他的书，整日里如牛负重、为考试奔忙的他们根本就无暇顾及；在如今许多家长和老师的眼里，孩子和学生的读书，也同样是读教科书，同样是做应试题，至于其他的书，还是别去碰为好，因为搞不好就会影响考试的成绩。这样一来，学校也就成了教科书和应试题的一统天下，其他所有的经典名作，都被束之高阁，积满尘埃，鲜有人去问津。

何以会出现这样一种令人心痛的状况呢？细加推究，主要恐怕有这样三方面的原因：

一是这些年来，我们国家虽然经济建设得到了迅猛发展，但是精神层面的建设并没有紧紧跟上，由于拜金主义等等思潮的泛滥，人们大多心浮气躁，急功近利，因此没能形成热爱读书、勤奋好学的良好氛围。广州市有位校长的一段经历，就足可以为我们提供这方面的佐证。这位校长受组织委派赴澳大利亚学习时，由于飞机晚点，大家只好耐心等待，而就在这等待之中，绝大部分外国旅客捧着一本书在静静地学习着，思考着，好像完全忘记了自己是一个在候机的旅客；而一伙我们大陆去的旅客呢，则马上摆开阵势，围坐着打起扑克来。一边是捧书而读，一边是席地玩耍，一边是安安静静，一边是高声喧哗，两者相较，真可谓反差强烈，对比鲜明。而从这强烈的反差和鲜明的对比中，我们正可以窥见国人对读书学习的极度轻忽。

或许有人会认为那只是个个案，并不足以充分说明问题。那好，就让我们来看一看下面的情况吧。据媒体报道，2011年，我国的人均读书为4.3本（2013年上升至4.77本——笔者），与韩国的11本、法国的20本、日本的40本、俄罗斯的55本、犹太人的64本相比，我国国民的阅读量确实是少得可怜。这与我国悠久的文明史，深厚的文化底蕴，以及与我国现今强劲发展的经济势头，应该说是极不相称的。在这个世界上，有两个国家的人最爱读书，一个是以色列，另一个是匈牙利。以色列人均每年读书居世界首位。在犹太人眼里，爱好读书不仅是一种习惯，更是人所应有的一种美德。当孩子稍稍懂事时，几乎每一个母亲都会严肃地告诉他：书里藏着的是智慧，这要比钱或钻石贵重得多，而智慧是任何人都抢不走的。以色列是世界上唯一一个没有文盲的国家，在那里就连乞丐也是离不开书本的。匈牙利的国土面积和人口都不足中国的百分之一，但却拥有两万家图书馆，平均每500人就有一座图书馆，而我国平均45.9万人才拥有一所图书馆。匈牙利也是世界上读书风气最浓的国家，常年读书的人数达500万以上，占人口的1/4还多。知识就是力量，知识就是财富，一个崇尚读书学习的国家，当然会得到丰厚的回报。以色列人口稀少，但人才济济，建国虽短，诺贝尔奖获得者就有8个。以色列的国土大部分是沙漠，环境极为恶劣，然而以色列却把自己的国土变成了绿洲，生产的粮食不但自己吃不完，还源源不断地出口到其他国家。至于匈牙利，诺贝尔奖得主就有14位，涉及物理、化学、医学、经济、文学、和平等众多领域，若按人口比例计算，匈牙利是当之无愧的“诺奖大国”。一个区区小国，因读书而获得智慧和力量，靠着智慧和力量，又将自己变成了让人不得不敬服的“大国”。而反观我们的国家呢，在各地的中小城镇中，最繁荣的娱乐业就数麻将馆和网吧了，一个万多人的小镇，有几十个麻将馆和五六家网吧乃是常事，人们的娱乐生活几乎就浓缩在麻将、上网和看电视之中了。国人对读书的轻漠和冷淡，由此可见一斑。

即便是在我国的高等学府中，情况也同样并不佳妙。一直关注学生读书的著名学者温儒敏先生，就曾在北大、清华等多所重点高校做过有关大学生读书的抽样调查，结果也令人十分悲哀：作为培养精英人才的重点大学，文学经典被人冷落，每年人均通读只有3部，而翻阅最多的两本书，一本是流行杂志《读者》，一本是传授如何搞阴谋诡计的《厚黑学》。一句话，大学生“不读书”，在我国也同样是一种普遍现象。而在美国的大学校园中，情况就迥然不同了。譬如在哈佛大学的学生餐厅里，就很难听到说话的声音，每个学生端着比萨可乐坐下后，往往边吃边看书或是边做笔记。没有哪个学生光吃不读的，更没有哪个学生边吃边闲聊的。让人感觉哈佛的餐厅不过是一个可以吃东西的图书馆，是哈佛100个正宗图书馆之外的另类图书馆。哈佛的医院，也同样的宁静，同样的不管有多少候诊的人，都无一人说话，无一人不在阅读或记录。这也就是说，医院亦同样是图书馆的延伸。有位在哈佛学习的北大女孩就曾说，她在哈佛一个星期的阅读量，是她在北大一年的阅读量。而正因为此，哈佛产生的诺贝尔奖得主有33位，哈佛产生的美国总统有7位。这可真是不比不知道，一比吓一跳啊！

上行下效，见样学样，父母叔伯不读书，哥哥姐姐书不读，作为中小学学生的广大青少年，在耳濡目染之间，自然也就都与书隔着很远的距离了。

二是这些年来，由于工作压力愈来愈大，生活节奏愈来愈快，人们似乎感到越来越忙，越来越不耐烦，越来越难以为自己安放一张平静的书桌。而就在此时，Wi-Fi信号（无线联网技术）便以一种无孔不入的态势席卷生活的每个角落。电脑的便携化和手机的智能化，使阅读变得无比便捷、丰富和多元，人们随时可以“幸福地阅读着”。于是，快餐文化盛行，喧嚣浮躁充斥，在家中，在办公室里，在街头，在公交车上，“低头族”几乎无时不映入人们的眼帘，几乎无处不给人以“乱花渐欲迷人眼”的感觉。如此一来，这种强势的电子化阅读，就将先前那种“手不释卷”式的阅读方式挤压到一个极为逼仄的角落，使之几乎完全没有了立足之地。在今天，要是再有谁在行途中带本书来读，就很可能会被同行者视为异类，因为大家都在低头看手机的时候，你却捧着一本书在读，这无疑会给人一种劳斯莱斯与老牛破车相混杂的不谐感，让人觉得大煞风景。于是，手执书卷的人愈来愈少，“低头族”的队伍愈来愈庞大，就连广大青少年同学，也无例外地被这一潮流所裹挟，自觉或不自觉地加入了这一行列，以致与书籍愈行愈远。然而，便携化的电脑和智能化的手机，带给人们的其实只是一种“轻阅读”、“浅阅读”和“泛阅读”，只是仅能给人以一时的刺激的消遣而已。而书呢，却是智慧的钥匙，能打开远古厚重的闸门，让我们回首历史的脚印，汲智者之智，取仁者之仁；并可开启未来的神圣之门，让我们坚定梦想，永远追随。也就是说，书带给我们的，是如同父母抚摸我们全身的温暖幸福，是犹如阳光照耀我们心灵的充实满足，可以让我们久久地尽情享用。所以，我们应该清醒地认识到，电子化阅读虽然看似给全民阅读带来了方便，带来了助力，可实际上呢，电子化阅读与传统阅读之间却有着质的区别：传统阅读所读的内容大多是经过时间积淀留下的精品力作，经得住反复的咀嚼和琢磨，必须深思熟虑，精研详究，方能从中汲取更多的裨补和教益；而电子化阅读所接收的许多东西，大多是散碎无用的信息垃圾，阅读这些可以随拾随扔、即读即忘的玩艺儿，思索和鉴赏已不再重要，深思的大脑已让位于手指的简单活动，人们往往因此而习惯于便利的超级链接，过多依赖于搜索引擎，这就常常打断了深入细致的思考，这就往往纵容了思想层面的惰性，并最终造成阅读碎片化和思维平面化的不良倾向，导致人们思维品质极度退化的严重后果。有关这个问题，一位名叫孟莎美的印度工程师就提出了一针见血的精辟见解：“当然，网络阅读是一种全球化的现象，并不只是中国才有。但有阅读习惯的人口比例在中国庞大的人口当中，显得尤其稀少。我其实更想说的是，当下的中国，缺少那种让人独处而不寂寞、与另一个自己——自己的灵魂——对话的空间。生活总是让人疲倦，我们都需要有短暂的‘关机’时间，让自己只与自己相处，阅读，写作，发呆，狂想，把灵魂解放出来，再整理好重新放回心里。”所以，抵御电脑和手机的诱惑，尽快从“低头族”中走将出来，重新与书为伍，与书结友，这才是广大青少年同学应有的正确选择。

三是多年以来，虽说一直讲究素质教育，可应试教育依然很有市场。在这样的一个大环境下，在相当程度上，教育已退化为纯粹的教学，纯粹的教学已退化为单一的传授知识，单一的传授知识已退化为只是追求中考和高考的考分。“考，考，考，老师的法宝；分，分，分，学生的命根”，这原本仅只是人们对应试教育的一种讥刺，可如今却似乎已正儿八经地成为了公众的共识。以考分高低来判断学生的优劣，来决定学生的命运，这在当今的我国，可以说已成为一个无需遮掩的不争的现实。于是乎，许多家长、老师和学生，便都很“实际”地一切围绕着分数打转了。名著阅读纵然有千好万好，但它毕竟远水解不了近渴，不能直接帮助长分，而且弄不好还会耽误了宝贵的应试时间，因此成天被书（教科书）山题海压得连气都喘不过来的学生，也就只能很“实际”地对它敬而远之，不想也不敢去触碰它了；因此“可怜天下父母心”的家长和“爱生如爱子的”老师，也忽然间很“实际”地同时变得“弱智”起来，一起把名著视作为可有可无的“闲书”，对它们采取十分排斥的态度，甚至竭力阻止孩子们去阅读。如此一来，对于那些经典名著，广大学生自然也就更是“刘郎已恨蓬山远，更隔蓬山一万重”了。

此外，有一些基础薄弱、成绩稍差的同学，对名著阅读往往就更是不敢轻易涉足，因为他们普遍有这样一种担心：自己的功课本就没有学好，如果再去读什么经典名著，那岂不就将雪上加霜，使成绩更一落千丈么？而实际上呢，这些同学的担忧完全是不必要的，因为适量的课外阅读非但不会拖他们学习的后腿，反会给他们的进步以巨大的助推力。前苏联教育家苏霍姆林斯基就曾这样说过：“阅读是对学习困难的学生进行智育的重要手段。”“儿童的学习越困难、他在学习中遇到的似乎无法克服的障碍越多，他就应当更多地阅读。阅读能教给他思考，而思考会变成一种激发智力的刺激。”“学习困难的学生读书越多，他的思考就越清晰，他的智慧力量就越活跃。”事实也确实是这样，手执书卷，认真细阅，畅游在知识的海洋里，我们就能视通四海，思接千古，在与智者交谈和与伟人对话的过程中，不断地从缜密的逻辑和深邃的思想中得到启迪，不时地被崇高的境界和伟大的灵魂所震撼，一再经受这样的浸润和感染，我们的知识就会一天天增长，视野就会一次次拓宽，水平就会一步步提高。这样，即便我们原先资质较差一些，基础欠厚一些，也会随着知识的不断增长和水平的渐次提高，而渐渐地变得愈来愈睿智，愈来愈富有创造力。当拥有了整座森林的时候，也就不必为找不到一片鲜嫩的树叶而发愁，当各方面的综合能力都有了长足的进步之后，我们也就自然能喜看学业成绩顺理成章的快速提高了。

以上三方面的原因，严重地制约和妨碍了广大青少年同学的读书活动，这固然让人痛心，令人扼腕，但这同时也促使了一些有识之士，特别是一些具有卓见的老师的惊醒，他们为此而大声呼号，为此而积极行动，决心带领广大青少年同学来彻底改变这样的现状。譬如上文提到的广州市的那位校长，在候机时目睹了那幅对比鲜明的画面，心灵受到了极大的震撼后，一回学校便向全校师生作了一场极具感染力的报告，并旋即在全校全面开展了“让书香浸润校园，让学习成为习惯”的校园读书活动。在活动中，校长带头读，与全体教师在读书沙龙中一起探讨教育教学的真谛；老师带头读，与全班同学一道在读书中建立和谐民主的师生关系；活动也使父母带头读，与子女一道在读书中营造温馨幸福的家庭氛围。随着活动的深入，建设学习型班级成了全体同学的目标，建设学习型家庭也成了家长们的目标。校园读书让学生、老师、校园甚至家长都发生了巨大的变化。静心读书，刻苦学习，已经成为学校最流行的时尚：读书与学习已成为学生成长的乐园，教师提高的加油站，学校可持续发展的4S店。

北京人大附中的老师们，在组织学生阅读经典名著方面也取得了非常显著的成效。据粗略的统计，在两年时间里，学生人均课外阅读名著就有20多部，人均写出的读书笔记也在两万字以上。而尤为令人欣喜的是，这种阅读绝不是一般地读，应付地读，而是内心真正喜欢地读，而是几近执着痴迷地读。其中有一位同学的读书笔记，就很好地透露了他们的这种心声。在阅读《平凡的世界》时，这位同学这样写道：“一打开《平凡的世界》，我的魂儿就被吸进去了！”而当合上这部书时，他又满怀不舍地如此写道：“结束了吗？我又向后翻去，只有空白的纸张作为回答。真希望它能够一部接一部，不停地继续下去，而现在遇到了告别，我有点舍不得了。舍不得放下，舍不得离开，舍不得手中的这个平凡的世界。”在这些文字中，对名著的迷恋和对读书的挚爱之情，可以说是力透纸背，表达得淋漓尽致。同时，通过这样的读书活动，许多同学从小学时的只喜欢看漫画、图片、笑话到热衷阅读文学、历史、军事、经济；从只关注情节、爱看热闹到细品人物、感悟人生；从迷恋电脑游戏、上网聊QQ到端坐台灯下与一本好书相伴相知；从觉得阅读名著非但对考分无益、反而耽误了学习时间到把阅读名著视作最重要的精神食粮；从皱着眉头、咬着笔杆苦苦地写不出读书笔记到酣畅淋漓、不吐不快地尽诉心声……他们的整个精神面貌和生活状态都得到了根本性的改观。亲见这样的变化，老师们自然是喜上眉梢，无比自豪："这种成长的过程是神奇的变化，悄悄地、静静地、默默地发生在每一个孩子身上，这种成长不仅是你能看到的长高大了、变健壮了、知识渊博了、能力增长了；更重要的是他们得到了一种能一直向前、不畏艰险的勇气，拥有了一种明辨是非、拒绝诱惑的力量，获得了一种陶冶性情、滋养心灵的妙方……孩子们正坚实地走在属于他们的人生路上！"

在中学的校园里发生了"桑田碧海须臾改"的巨大变化，在小学的校园里也同样出现了"九霄龙吟惊天变"的喜人景象。譬如在常州市实验小学的校园内，学校就特意辟设了一条全开放式的"书香长廊"，里面琳琅满目地放满了师生们自愿捐赠的各种图书。丰富的图书，优雅的环境，浓郁的书香，使这一"书香长廊"成为了学校一道亮丽的风景，深深地吸引着同学们。午间，课余，学生们徜徉在"书香长廊"里尽情地阅读，从书籍中得到心灵的慰藉，从书籍中寻找到生活的榜样，从书籍中得以净化自己的心灵。"书香长廊"已成为学校一幅最美丽的图画，最优雅的景致，那些沉浸于书香之中的同学，已成了最可爱的孩子！这就难怪这所学校的校长要满脸是笑地说："当我们的'书香长廊'开通后，当我们的'分享乐园'上墙后，当我们的一条条分享用语被广为传送后，我知道，实验小学的空气里已经渗透进了书香与分享的美丽。"又如南京市白下区后标营小学四（2）班的张桐菲同学，也从读书活动中深得教益。她在一篇文章中，就这样倾诉了自己的内心感受："读书声是天籁之音，是人世间最美的声音，胜过任何歌星忘情的演唱。因为她能到达读者心灵深处，带你进行真善美的追寻。我非常喜欢童话故事《卖火柴的小女孩》，它让我知道了真善美、假恶丑，洗涤了我的心灵，陶冶了我的情操。《雷锋日记》让我懂得人活着要多为别人着想，做一颗永不生锈的螺丝钉。《爱的教育》告诉了我们人类对知识的追求、对爱的珍视、对苦难的悲悯是多么强烈。读完《老人与海》，圣地亚哥成了我学习的榜样，我也要像他一样做一个永不言败、永不服输的强者……”

说到这里，“雪里香梅，先报春来早”和“三径晓来添逸兴，柳梢桃色报春还”这宋代苏轼、陈棣两位诗人的美好诗句，就一下从我们的脑际浮现了出来。欣喜之余，我们不由愈发坚信：这些在书香熏陶下进入精神圣殿的青少年同学，只要这样经常与书籍结伴，为人生奠基，为精神打气，只要这样始终与博览同行，更开拓视野，更陶冶情操，让书香完全渗透到自己的骨髓里，那日后他们就必将能日益精进，臻抵至善，出色地承担起实现中国梦的伟大重任。

书香沁心脾，至乐在读书。一书在手，阅白纸黑字，嗅纸墨幽香，那一个个质朴的文字便会从厚厚的书页里蹦跳出来，呈现给我们一个新奇灵动的世界，使我们深切地感觉到文化的厚重，历史的悠长，学问的渊博，境界的高远。久久地沉浸在芬芳隽永的书香里，聆听着智者用笔敲响岁月的声声钟鼓，“书卷多情似故人，晨昏忧乐每相亲。眼前直下三千字，胸次全无一点尘”的美好情怀，就自然而然地会从胸中涌起，我们的整个身心就将会感到前所未有的充盈和丰沛。所以，我们愿借此机会，由衷地希望每一位青少年同学都能时时将书本打开，并由此而打开自我，打开他人，打开科学，打开人文，打开当下，打开历史，打开世界，打开宇宙，打开这世上一切的一切，从而使自己生生不息地从中获知，生慧，提气，增能，厚德，修身，以让自己永远诗意地栖居在这片美丽的大地上。

读书：不为考分，只为真爱

“没有一艘船能像一本书 / 也没有一匹骏马能像一页跳跃着的诗行那样 /——把人带往远方 / 这条路最穷的人也能走 / 不必为通行税伤神 / 这是何等节俭的 /——承载着人类的灵魂。”这是美国著名女诗人艾米莉·狄金森的一首小诗，因其深情满怀地表达了对书的真挚热爱，所以长久以来将许多喜爱读书的人的心撩拨得痒痒的，使他们一直都手不释卷，欲罢不能。

在这个世界上，读书确实是一件非常惬意，非常快乐，非常令人神往的事情。只要一走进书的世界，沉浸在那芬芳隽永的书香里，我们的内心就会喷涌“任你红尘滚滚，我自清风朗月”的意趣和情怀，我们的灵魂就会顿生“眼前直下三千字，胸次全无一点尘”的快意和欣慰，原本狭隘的心就会变得宽阔，枯寂的心就会变得富有。

然而，很长一段时期以来，由于应试教育始终占据着学校的主导地位，也由于电子化阅读的强烈冲击，致使学校里广大学生的读书严重地异化了，变味了，许多学生已经很难再真正体味到读书的快乐和幸福。具体来说，这主要表现在这样三个方面：一是只读教科书，其他的书几乎全都被冷冷地挡在了门外；二是即便是读教科书，也依然是两眼死盯在考分上，而置知识的长进、能力的提升和品德的修养于不顾；三是沉溺于电子化阅读之中，而将纸质书无情地打入了冷宫。

所幸的是，在这校园读书呈现出“高天滚滚寒流急”的严峻形势下，一些教育界的有识之士勇敢地挺身而出，重新扛起了带领青少年认真读书的大旗。譬如河南濮阳市的马祥勇老师，就组织学生开展了书香班级活动，并取得了十分可喜的成果。现在，无论马老师何时进入班级，都能看到学生手捧书卷，沉迷在文字的海洋里，而淡忘了周围的一切。而且，他们所读的书，内容相当广泛，涉及古今中外，有文学著作，也有哲学、历史和经济方面的书，还有名人传记。即使是在考试前夜，也没有发现往常考前的浮躁和紧张，看到的只是学生淡定地沉浸在阅读的喜悦之中。目睹了这“大地微微暖气吹”的可喜变化，马老师情不自禁地这样点赞道：“孩子们，读吧，你们这一次考不好也没有关系，阅读可以造就直抵心灵深处的裂变，可以让你脱胎换骨，浴火重生，一个新生命的诞生可以影响之后久远的人生。”他班上的学生不仅读得认真，而且还写了很多读书札记、读后感和书评，譬如张艳伟同学在读完路遥的《平凡的世界》后，就迫不及待地给老师发了信息，写出了这样颇具思想深度和感情力度的话语：“《平凡的世界》包含着青春的激情、痛苦和失误，包含着劳动的汗水、人生的辛酸和这个复杂世界的冷暖体验。更重要的是，它包含了自己对生活从未淡薄的挚爱与深情。我不能猜透王向前的结局是否会幸福，不能理解润叶对无望爱情的等候，不能想象孙少平对劳动的坚定不移，更不知道晓霞的伟大，秀莲的牺牲，少安的劳苦精神是否最终能得到命运的恩赐，但值得安慰的是，他们曾真诚而充满激情地在这个世界上生活过，竭尽全力地劳动过，并不记代价地将自己的血汗献给了不死的人类之树。只能把永远艰辛的劳动看作是生命的必要；即使没有收获的指望，也心平气和地继续耕种。”张艳伟同学的感悟，已不是简单的明白某个道理，而是渗透了对青春的理解，对人生的眷恋，有一种深深的情味充溢其间，这是一种有情商背景的智商，这是一种凌驾于肉体生命之上的精神存在，确实是非常值得称道的。

当然，像张艳伟这样热爱读书、认真读书的同学远远不止一个，譬如南师附中的郝彧老师就收到了一个毕业生的来信，那位学生在信里这样写道：“我觉得我最幸福的莫过于高三所读的书，依然记得一模读完《寻找家园》，二模读完《阳光碎片》，三模读完《精神自治》，五一放假，买了两本书——《守望的距离》、《西方文学十五讲》，又在四模之前读完了……高三时，我每天读两遍筱敏的《山恋》，直到现在还能背下来。我想我是注定要接受这份火光的照耀。大地万物，瑟缩着哑默着停滞不前，但灵魂依然生长；学术界被冰封在象牙塔之下，但就在暗流中，依然有许多低沉长叹的声音，许多沙哑咆哮似的悲鸣。”郝老师收信后血脉贲张，非常激动，当即就写下了这样饱含深情的文字：“天下还有比唤醒灵魂更伟大更令人激动的事业吗？如果没有这封信，老师永远不会知道高三的阅读对他内心所起的作用；我相信一定不止一位学生领受过这份火光的照耀。如今我们各自奋斗在各自的人生里，但那高中三年的时光，老师和学生已经在共同的阅读中形成默契，他相信我们会坚守，正如我们相信他会正直地生活。”

郝彧老师的这位学生，在紧张的高三迎考的日子里，对课外的书籍依然能这样执着地读，认真地读，确实是非常可爱，难能可贵。而正是这样执着认真的阅读，使他读出了智慧，读出了才情，读出了思想，读出了境界，读出了新一代中国青年的崭新风貌。这位同学的读书事例，给了我们这样深刻的启示：读书时不能总想着考试，而要意识到还有远比考试成绩更重要的东西——个体生命的成长。执笔写到这里，我们不由得很自然地想起一位哲人说过的这一极为精警的话语：“人生的终点，不是生命停息，而是与好书绝缘的那一时；人生的起点，不是诞生，而是与好书结缘的那一刻”。

“水养人，书养心。”所以，我们一定要努力挣脱考分的束缚，去到广阔无垠的书海里自由自在地尽情遨游。也许有些同学会说，学习生活那么紧张，考试压力那么巨大，我们实在是分身乏术呀，哪还有时间去读书呢？可是，诚如鲁迅先生所说，时间就像海绵里的水，只要用力去挤，总还是会有的。我们可以利用短暂的课间，随手打开那些精短的华章，快速扫描其中的锦言妙语；我们可以利用饭后的小憩，潜心写下点滴心得，盘点读书带给我们的收获；我们可以利用睡前的时刻，就着那柔和的灯光，轻轻拂开张张书页，尽情地陶醉于那优雅的意境之中；我们更可以在风和日丽的周末，醉心于经典名著的广袤深邃，聆听名家巨匠的谆谆教诲……总而言之，只要我们真正爱书，真正想读，那么书就必然随时随地地可以听从我们的调遣，并带给我们许多的感动和思考，让我们活得高贵和优雅。

倘若只是为考分而读书，那就会越读越累，越读越苦，越读越灰头土脸，要是考试挂了红灯笼，要是中考、高考名落孙山了，那就更是将愁肠痛断，欲哭无泪，甚至于轻生自尽，彻底告别这美好的人间。如果当真是为真爱而读书，那就会越读越有劲，越读越快乐，越读越神清气爽，即便是考试成绩不如人意，即便是中考、高考铩羽而归，也依然昂扬乐观，精神抖擞，勇敢地去迎接新的挑战，坚定地去实现自己所设计的美好未来。所以，我们真诚地希望每一位青少年同学，都能珍惜这大好的少年时光和青春岁月，多读书，读好书，不为考分，只为真爱！

让读书成为最强烈的愿望

书籍是人类智慧的结晶，是我们求取进步的阶梯，那一本本好书，都是历经岁月洗礼和沧桑磨练后沉淀下来的精品力作，都凝聚了前贤圣哲的智慧，浓缩了华夏文明的精髓，只要翻开书页，我们有限的肉体视野便立即进入了无限的精神世界，开始了与前贤的娓娓对话，与圣哲的促膝长谈。聆听着他们的金玉良言，细味着他们的谆谆教诲，我们就会如醍醐灌顶，一下豁然开朗，眼界顿显开阔，胸怀顿觉宽广，思想顿变厚重，内涵顿为丰富。即便是掩卷之后，我们的思绪依然会绵绵不断，仿佛仍在青山绿水之间徜徉，呼吸着清新的空气，舒展着联想的触角，放飞着想象的双翼，感受着生命的美好，浑然忘却了学习和生活中的种种烦恼和不快。此中之足乐，岂是一般的言语所能表达？

读书之乐，固然是上至八十三，下至手里搀，人人都可享受，但大量的科学研究表明，从小学四年级到初中二年级这一青少年阶段，才是一个人一生中最重要的黄金阅读期。只有对这一黄金阅读期倍加珍惜，充分利用，通过阅读大量的文学名著、名人传记和科普读物，方能为自己人生观的确立，人生目标的确定，知识储备的丰富，学习能力的提高，打下深厚坚实的基础，方能很好地净化心灵，增强底蕴，使自己在庸常的生活之外多些理想的欢愉，诗性的浪漫，从而给生命的长卷涂抹绝美的精神底色，为人生的大厦夯筑坚实的稳固根基。若是对此缺少应有的认识，不采取切实的行动，错过了这一黄金阅读期，那么日后就会出现明显的后劲不足，就会造成难以弥补的巨大缺憾，就会给一生的成长设下许许多多难以逾越的障碍。此间的利害得失，但愿能引起每一位青少年同学的足够重视。

纵观古今中外名人的成长历史，我们即可发现，他们都有着一个共同的特点，那就是都特别重视青少年时期的读书学习。

在有着五千年文明史的我国古代，年少时勤苦读书的故事可谓俯拾即是，诸如孔子的韦编三绝，匡衡的凿壁借光，车胤的囊萤夜读，李密的牛角挂书，贾逵的隔篱偷学，董仲舒的三年不窥园，韩愈的焚膏继晷……简直是车载斗量，不可胜数。

鲁迅少年时在江南水师学堂读书，第一学期成绩优异，学校奖给他一枚金质奖章，他马上拿到南京鼓楼街头卖掉，然后买了几本书，又买了一串红辣椒。每当晚上寒冷，夜读难耐时，他便摘下一颗辣椒，放在嘴里嚼着，直辣得额头冒汗，精神陡增。他就用这种办法来驱寒苦读，博览知识。

美国总统林肯，小时候生活贫苦，只上了四个月小学就辍学了，此后再没有受过正规的学校教育，可这并没有影响他对书的热爱。家里没钱，买不起书，他就想方设法借书读。有一次，他奉母之命去邻居家送木柴，告别时突然见到一本渴望已久的书，就再也挪不动步了，入迷地读了起来。邻居见他这么喜欢这本书，就大方地借给了他，并叮嘱他不要把书弄脏了。一回到家，林肯就迫不及待地读了起来，连晚饭都顾不上吃。一直到妈妈催促他上床睡觉，他还舍不得把书放下。临睡前，他又小心地把书放在柜子上，还在上面盖了一张旧报纸。不料半夜突然下起了大雨，林肯惊醒后赶紧跳起来扑向那本书，可书已经被雨水淋湿了，林肯伤心地流下了眼泪。第二天，他拿着书到了邻居家，一个劲儿地向人家道歉，并说自己没有钱赔，愿为邻居家干三天活。邻居见林肯既好学，又实诚，就将书送给了他。林肯高兴极了，连声道过谢，就捧着书回家又认真读了起来。

正是这些前贤先哲在少年时期以最强烈的愿望，废寝忘食地对书作了这么刻苦的攻读，他们才增长了知识，开拓了视野，才陶冶了性情，提高了觉悟，才具备了在这个世界上生存立足的资本，并成为了让世人崇敬的伟大人物。

在我们当代，虽说由于应试教育之类的种种干扰，国人和广大青少年的读书之风受到了严重的影响，但数千年热爱读书的传统毕竟根深蒂固，不可轻易动摇，更何况许多有识之士依然在为读书之风的传承奔走呼号呢？譬如原国家教育总督学柳斌就满怀深情地大声疾呼：“一个不重视阅读的学生是一个缺乏获取知识能力、缺乏发展潜能的学生；一个不重视阅读的家庭是一个平庸的缺乏文化氛围的家庭；一个不重视阅读的学校是一个沉闷、死板缺乏蓬勃朝气的学校；一个不重视阅读的民族是一个缺乏发展后劲的没有希望的民族。”著名教育家朱永新也极为精警地强调了读书的重要意义和诸多好处：“一个人的精神发育史实质上就是一个人的阅读史；一个民族的精神境界，在很大程度上取决于全民族的阅读水平。”“阅读，让贫乏和平庸远离我们；阅读，让博学和睿智丰富我们；阅读，让历史和时间记住我们，让吾国之精神永世传承。”柳斌和朱永新等人的登高一呼，引发了许多学校和老师的强烈共鸣和云集响应，如北京人大附中以于树泉老师为首的一些语文教师，就特别致力于学生情感滋养、精神引领、人格陶冶和心灵沟通方面的工作，为实现使躁者静、迷者醒、忧者乐、执者悟、颓者奋和弱者强的目的，他们认真组织学生广泛开展读书活动，并取得了骄人的成果，出版了《走进名著——人大附中学生这样读书》一书，在国内引起了巨大反响。再如河南濮阳市油田第四高级中学的马祥勇老师和南京师范大学附属中学的郝彧老师组织的学生读书活动，也都搞得有声有色，生气勃勃，同学们不仅平日里经典名著常在手，读得津津有味，即便是在临近考试的紧张时刻，也照读不误，不愿轻易释手。又如全国著名特级教师窦桂梅（现任教于北京清华附小），她所带的一个班就因特别重视读书活动而大为得益。这个班的学生自小学一年级开始，到六年级毕业，每人都在读书活动中积累了100多个寓言，200多条古今中外名言警句，300多首古今诗词。正因为这样，所以班里的每一位学生都思想纯正，品德高尚，思维活跃，出口成章，颇受各界的好评。

此外，还有许多青少年同学亦从阅读好书中收获颇丰，得益良多。有些青年学生就通过读书笔记，倾吐了发自他们肺腑的声音，请听：“每遇挫折，每有疙瘩，拿起一本心爱的书，静下心来细细品读，让自己的灵魂在文字的潮水中穿梭，洗去悲伤，涤去烦恼，最后便得到彻底的清濯和升华，重新燃起对生活的热情和激昂的斗志。”“那一本本课外书，带领我们畅游历史的河流，洗除心灵的尘垢，感受充沛的哲理和幽微的美丽；陪伴我们走出懵懂的年华，从浅薄无知走向成熟丰盈，从迷茫无助走向坚定光明；激励我们冲破尘世的束缚，在这菁菁年华中自由飞翔。"'读史使人明智。读诗使人灵秀，演算使人精密，哲理使人深刻。'不同的阅读，能开发我们各个方面的素质，增长我们不同领域的知识，并使我们不时地开启自己的内心世界，激荡起升华人格的内在欲望，勇敢地去实现自己的人生目标。"

我国著名作家毕淑敏曾说："日子一天一天地走，书要一页一页地读，清风朗月、水滴石穿，一年几年一辈子地读下去。书就像微波，从内到外震荡着我们的心，徐徐地加热，精神分子的结构就改变了、成熟了，书的效力就凸显出来了。"是的，走近清泉，心灵就会滋润，手执书卷，生命就会精彩。书籍确实是滋养我们青少年健康成长的最好精神养料，只有在她的滋育下，我们才能破土而出，抽出枝条，长出绿叶，成长为一棵参天的大树。所以，我们一定要"君既爱之须纵情"，始终对她一往情深，一定要"此情无计可消除，才下眉头，却上心头"，永远以最强烈的愿望对她作不懈的追求。

读书需要动笔墨

有一些学生，不只知晓读书的重要，而且也确实认认真真读了不少书，可依然收效甚微，成绩的提高并不明显，这到底又是为什么呢？我们发现，这些人有一个共同的不足之处，那就是读书时没有好好动笔墨。

不动笔墨不看书——这是老一辈无产阶级革命家、毛主席的老师徐特立同志的一条重要的学习经验。读书时动笔墨干啥？就是在书本上圈圈点点，圈出佳句，点出要旨；或是在本子上抄抄记记，抄下锦言，记下心得。

读书时为什么一定要动笔墨？这是因为，读书时圈圈点点，抄抄记记，究竟什么该圈该点，什么该抄该记，这就得动番脑筋，加番思索，如若不然，跟不圈不点、不抄不记又有何区别呢？而经过这样的动脑思索，我们对书本的理解就会得到深化，模糊的就会变得清晰起来，难解的就会变得明了起来，肤浅的就会变得深刻起来，杂乱的就会变得周严起来。

圈圈点点，抄抄记记，还可以帮助我们加深记忆。在圈点抄记的过程中，在感官上接受书本知识的时间要比单纯地阅读那些知识的时间长得多，这就使我们能更充分地去熟读它，理解它，因此印象也就要深得多，记忆也就要牢得多。“眼过不如手过”，“好记性不如烂笔头”，“最淡的墨水胜过最强的记忆”，说的就都是这个道理。

圈圈点点，抄抄记记，还是积累知识的一种极好方法。读书时倘不加圈点抄记，只是浮光掠影地一读而过，那就犹如熊瞎子掰苞米，掰一个丢一个，到头来还是两手空空，一无所得。读书时见佳妙处即圈即点，有感受处即抄即记，起始时所得也许并不显眼，然而只要积以时日，所得就相当可观，这就好比燕子衔泥垒窝，点点滴滴积得牢牢实实，到头来就能造成得体一舍。圈点抄记的东西积聚多了，日后在思考同类问题时，就可以拿出来翻阅、对照、查核、归纳、总结，这就能加深对某一问题的认识，甚至可以形成一种新颖独特的见解。

圈圈点点，抄抄记记，还有利于我们及时捕获读书时产生的一些稍纵即逝的意念。《科学研究的艺术》一书的作者贝弗里奇曾经说过：“人们都有这样的体会：新想法常常瞬息即逝，必须努力集中注意，牢记在心，方能捕获。一个普遍使用的好方法是养成随身携带纸笔的习惯，记下闪过脑际的有独到之见的念头。”因此，我们在读书的过程中，如因某种触发而迸射出思想的火花，产生突发的灵感，就一定要手勤笔快，及时将它们逮住。“作诗火急追亡逋，情景一失永难摹”，只有勤动笔墨，我们才不会有那“永难摹”的遗憾。

圈圈点点，抄抄记记，对我们复习知识也有很大的好处。如果读书时勤动了笔墨，当我们翻开书本和笔记进行复习时，那些圈圈点点、抄抄记记的东西，就会立刻扑入我们的视野，牵动我们的神经，使我们驾起一叶回想的轻舟，飞快地忆想起读物的中心是什么，要点有哪些，有怎样周巧的安排，有几多精妙的语句，这就不仅能节约复习的时间，而且能收到极佳的复习效果。如若不然，我们复习时面对的将是迷迷糊糊的一片，那就等于是一切从头开始，异常地劳神费力了。

可以这么说，读书时的圈圈点点，勾勾划划，抄抄记记，批批注注，就好比那银光闪闪的犁铧，只要一经过它的耕耘，板结的土块就会变得疏松起来，思考的种子就会在这里萌芽抽枝。

语文天生重要

在现今的青少年学生中，总体来说，是喜欢数、理、化的居多，热爱语文的较少。在有些青少年的眼中，语文高不可攀，有似那奢华的饰物，自己实在无力拥有；有些青少年则觉得，语文学不好而又甩不掉，已经成为他们学习途中一个沉重的包袱。

何以会产生这种情况呢？我们认为，根子还在那重重书山（参考资料）和滔滔题海（模拟试卷），将广大青少年压得喘不过气来，使他们的生活圈子越来越窄，学语文的兴趣越来越淡。为了应试，他们不得不重做题而轻读书，重识记而轻阅读，重理解而轻表达，重课内而轻课外，这么一来，原本丰富多彩和意兴盎然的语文学习，就变得欲速不达，就变得索然无味，随之而来的恶果，自然也就是对语文的望而生畏，乃至厌恶情绪的产生了。

然而，不管你怎么畏惧和厌恶，其实语文是非学好不可的，这是因为语文天生重要。

语文，它是我们学好其他各门学科的必不可少的基础。如果语文不学好，不具备扎实的语言文字功底，词意不明，句意不解，思路不清，想象匮乏，那么学习数、理、化时就会望文生义，囫囵吞枣，就不能明白无误地掌握其中的定义和定理，就不能深入透彻地理解教材阐发的内容，就不能做出条理井然的精到剖析，就不能生发异想天开的解题高招。一只木桶，最短的一块木板限定着它的盛水量，要是在我们的学习中语文当真成了最短的一块木板，那我们就断然不可能成为学富五车的华罗庚和才高八斗的钱学森。

语文，是一门集语言能力、文化修养、思维品质、心理素质、智慧灵气和人格道德于一体的综合性学科，它除了具有培养我们语言文字根底的基本功能之外，还能丰富我们的精神世界，提高我们的审美能力和综合素质。那些古今中外的优秀诗文，全都蕴含着浓郁的正义感、英雄志、爱民心、报国情，阅读它们，热爱它们，我们就会始终沐浴在中华文明和世界文明的温馨之中，其深挚的爱心、博大的情怀、深刻的智慧和丰富的美感，就必然会给我们以良好的熏陶与熨贴的滋润，就会使我们“走出原生较为狭窄的精神洞穴，放眼世界文明的天光云影，领略中华民族的精神风采，从文本言语中去倾听伟大心灵的搏动，感受言语世界的奥秘，同时打好语文和人文精神的底子”（《新语文读书·出版说明》），从而成为一个有高尚人格的大写的人。

语文之所以重要，还因为语文学习的外延等于生活的外延，它的空间是无限宽广的。前人有言：“风声，雨声，读书声，声声入耳；家事，国事，天下事，事事关心。”语文学习可以说是无时不在，无处不在的，只要我们留意观察，勤于思考，那就将“世事洞明皆学问，人情练达即文章”，时时有良多的启发，处处有巨大的收益。只要喜它爱它，它就会亲你近你，使你耳常聪，目常明，身常爽，心常智。如若厌它烦它，它就会疏你远你，使你耳变聋，眼变花，语变迟，行变钝。

语文天生重要，我们非学好它不可。

放得长线钓大鱼

语文天生重要，这可以说是所有青少年同学都早已形成的共识。可对这样重要的学科，却又并不是所有的青少年都投入了他们所应投入的必要精力，这恐怕也是一个不争的事实。

为什么会出现上述这种状况呢？我们认为，最主要的原因就在于不少青少年对语文学习的艰巨性尚缺少应有的认识。语文这个东西，确实不是可以轻易学好的。学习数学，（a+b）2=a2+2ab+b2，这是绝对的，决无变化的，你只要一记一用也就可以掌握了。而学习语文知识可就不同了，就说一个“好”字吧，其含义就有种种不同：两人相见，你点一点头说声“好”，这是一种问候；别人正做着某事，你摆一摆手说声“好”，这是示意人家停下；别人做完某事，你拍着手高声说“好”，这是一种称赞；别人征询对某一计划的意见，你思索片刻说声“好”，这是一种认可；别人夸说某某怎么怎么好，你皱着眉头说声“好”，这是一种怀疑乃至否定；别人向你暗施冷箭，你咬一咬牙说声“好”，这是一种愤怒的宣泄；别人告诉你你的文章发表了，你兴高采烈说声“好”，这是一种喜悦的流露；别人向你发来了一份挑战书，你扬一扬头说声“好”，这是一种对战斗的渴望，等等。你瞧，一个“好”字，易认易写，似乎是再简单不过了，可你要真正理解并运用它，就不是那么容易的一件事情了。正是语言文字的这种多义性、复杂性，决定了我们在学习它的时候必须下加倍的工夫，必须作持恒不懈的长期努力。若是因为一时难见成效就懈怠起来，懒懒地提不起精神，快快地鼓不起劲头，那就绝不可能得其精髓，获取真正的本领，最多也只能像《水浒》中的九纹龙史进那样，学得些花拳绣腿，一遇真刀真枪就会很快地败下阵去。

事实上，古往今来，凡是语文学得好的人，文章写得漂亮的人，无一不在学习语文上下过长期的刻苦工夫。读过苏轼诗文的人，也许都为他的诗文所陶醉，都为他的才华所折服，可你知道他在写出这些诗文前天天抄写《汉书》所付出的辛勤劳作么？巴金是当今的文坛泰斗，他的许多著作也是有口皆碑的，可你知道他在儿时曾将《古文观止》中的两百多篇文章背得滚瓜烂熟么？这也就是说，正是因为下了这长期的持恒不懈的苦工夫，笨工夫，他们才得以登堂入室，尽窥语文之奥秘，并使自己的才华放射出耀眼的光芒的。

学习语文，就好比钓鱼一般，性急不得，浮躁不得，如果急于有获，频频起竿，那就连虎口长的小鱼都不能钓到，更别说有小孩儿般的长长大鱼来上钩了。写到这里，我不由地想起海明威的名作《老人与海》中的老渔夫桑提亚哥来。他出海以后，连续八十四天没捕到鱼，然而他并没有灰心泄气，直到第八十五天，终于有鱼来吃食了，可当“竿子急遽地坠到水里去”时，他也没有急于起竿，而是“松手让钓丝滑下去，下去，下去，把两卷备用的钓丝也松开了一卷”，当手上的份量越来越重时，“他又松了一卷”，就这样经过耐心的不懈奋战，他这才钓到了一条罕见的大鱼。这就可见，要想钓得大鱼，就非得有耐心不可，非得放长线不行。隔行不隔理，钓鱼如此，学习语文又何尝不是如此呢？

学了那么长时间的语文，仍然在那语文的殿堂之外徘徊，学了那么长时间的语文，写出的文章依旧难登那大雅之堂，一些青少年内心的忧虑和焦急是可以想见的。那么出路何在呢？浮躁显然不行，泄气绝不可取，急功近利的短期突击也决不可能从根本上解决问题，唯一的办法就是像苏轼、巴金那样下长期的切实工夫，像老渔夫那样耐心地把钓线放下去，放下去……放得长线钓大鱼，总有一天，我们会苦尽甘来，在语文这个广阔的海域里，钓到我们所向往的大鱼的！

语文不是敲门砖

倘问中学的课程里什么学科最招人烦，恐怕为数不少的人会回答：是语文。因为在这些青少年学生的眼中，语文就好比是一块难啃的骨头，即便是费时花力，也很难啃得动。然而再怎么难啃，再怎么烦它厌它，他们还是得勉为其难地硬啃着。这又是为什么？他们的回答也很坦率：升学考试要算总分嘛，我们可不能让语文拖腿误了大事哟！他们的最大心愿就是早点儿毕业，在敲开了高一级学校的大门之后，轻轻松松地跟语文说一声：拜拜！

可是我们要说：语文不是敲门砖，即便是考上了大学，即便是走上了社会，语文还是不能丢！

曾任复旦大学校长的苏步青曾经说过，如果让复旦大学单独招生的话，那就先要让考生考语文，定要语文通过了，方可再论其他。要注意，说这话的苏步青不是文学家，不是语言学家，而是鼎鼎大名的数学家。作为一名数学家，他为什么首先把目光盯在语文上？就是因为他高瞻远瞩，充分看到了语文的重要，看到了语文与其他学科密不可分的内在联系，看到了只有具备了厚实的语文功底，才有可能成为一个真正够格的大学生。

走上了社会之后，语文就更是有如贾宝玉身上的通灵宝玉，须臾不可离开。试想，读书看报，上网浏览，与人交谈，书信往来，汇报工作，总结经验……这桩桩件件，有哪一样离得开语文呢？即便是去太空遨游，也还是与语文密不可分。你想，要是没有扎实的语文根底，杨利伟在太空之中，能对他儿子说出“好儿子，我看见美丽的家园了”这样充满诗意、饱蕴深情的话语吗？一句话，处在当今这样的信息社会之中，语文水平不高者，将会处处受制，步履维艰，只有具备较高语文水平的人，才能游刃有余，畅行无阻。再说，走上社会之后，还有一个继续进行自我教育的问题，而自我教育的进行，又得主要经由语文来实施。关于这一点，著名教育家苏霍姆林斯基早就有剀切详明的阐述：“只有当一个人在上学年代里就爱上书籍，学会从书籍里认识周围世界和认识自己的时候，他在毕业后的自我教育才有可能。如果在学校年代里没有打下这个自我教育的基础，如果一个人在走出校门后不知阅读为何物，或者只局限于看那些侦探小说，那么他的精神世界就是粗鲁的，他就会到那种毫无人性的地方去寻找刺激性的享受。”

也许有人会说：我将来是要做一个数学家，做一个物理学家，与语文总不太搭界了吧？此言显然差矣！就说数学家苏步青和华罗庚吧，他们之所以能在数学领域里硕果累累，独树一帜，在很大程度上就是得益于他们在语文方面的深厚学养。正是因为有了语文方面的这种学养，他们对数学的钻研才能那样深入透彻，见地独到，他们所写的论著才能那样精深周严，闪光诱人；而且他们在学术研究的余暇，也才能吟诗赋词，怡然自乐。再说物理学大师爱因斯坦吧，如果没有深厚的语文功底，他又怎么能写出那三篇轰动世界的划时代的论文呢？他那悼念居里夫人的文章，又怎么能写得那么情挚意深，感人肺腑呢？

语文不是敲门砖，而是我们的终身伴侣。因此，我们千万别老想着跟它说“拜拜”，而应该始终亲它，近它，以便博得它的垂青，赢得它的帮助，从而既取得今天学习上的进步，更迎来日后事业上的成功。

让语文学习永远充满诗意

打开语文教材，扑入眼帘的都是些早有定评的精彩文章和优美诗篇，可以说处处都呈现出“珠迸玉溅，光怪陆离”的缤纷色彩，处处都跃动着“杂树生花，群莺乱飞”的动人景象。提笔挥写作文，则“言以足志，文以足言”，乃是一片可以书写自己心志，抒发自己情感，发表自己见解的自由天地。这也就是说，不管是从读的角度看，还是从写的角度论，学习语文都不能不说是人生的一大乐事。可是，说来也真有点奇怪，谈起语文学习，却总有一些青少年同学免不了皱眉啧嘴，叫苦不迭。

这究竟是为什么呢?

我们说，这主要是应付考试的想法和做法捣出来的鬼，惹出来的祸。

为了应付考试，一篇篇好端端的美文被肢解成筋筋条条的语法点和知识树，到了临近毕业时，这些东西更是被梳成了粗粗长长的“辫子”，于是，所有鲜活丰富的内容都被烘焙殆尽，语文也就一变而为一条风干的丝瓜，它的筋筋络络仅仅成了洗涮考试这只瓷碗的玩艺儿。这样的东西，虽然也多少有用，但是它干干瘪瘪，绿色已荡然无存，还有谁会真正喜爱它呢?

为了应付考试，成天三点一线，足不出校，两耳不闻窗外事，一心只做应试题，对国事世事茫无所知，对世俗人情毫无体察，因此一旦要搦管为文，也就比女人生小孩还要艰难和痛苦，无奈之下，自然也就只能胡编乱造，瞎说一通了。同时，为了能在考试时拿个基本分，也就不敢驰骋想象，大胆创新，而只是四平八稳，中规中矩，按照固定的模式大做其千篇一律的起承转合的“八股文”。试想，老是写这种既无内容又无变化的劳什子，又怎能不令人头皮发麻呢?

一句话，在考试这根指挥棒的驱遣之下，在一些青少年学生的眼中，语文也就完全成了应付考试的一种工具，它的美感不见了，它的诗意消失了，它的迷人的魅力无影无踪了，学习它的盎然趣味自然也就无从谈起了。说到这里，我们不由想起朱光潜在《悲剧心理学》中说的一段话来：假如一位商人、一位植物学家和一位诗人同时看到一朵樱花，如果他们每一个都遵从自己的思考习惯，那么这同一朵鲜花就产生三种不同的印象，引出三种不同的态度：商人总想谋利，于是他就会计算这朵花在市场上能卖出的价，并且和园丁讲起生意来；植物学家会去数一数花瓣和花柱，把开花的原因归结为土质肥沃，给花分类，并且给它一个拉丁文的学名；但诗人却是那么单纯，对他来说，这朵花就是整整一个世界，他会全神贯注在这朵花上而忘记了一切，转瞬间这朵小花变成一个有生命的活物，对着他微笑，引起他同情，在美的享受到极度狂喜的一刻，诗人把自己也化成了花，分享着花的生命和感情。我们在这里见到的，便分别是实用的、科学的和审美的不同态度。那些为应付考试而学习语文的同学，不也正像那位实用主义的商人一样，一叶障目，不见了语文的精彩美妙和浓郁诗意么？

问题的症结既已发见，疗救的方法自然也就不难找到。那么，应对之策到底何在呢？那就是必须彻底从应试的死胡同中走将出来，像诗人观赏樱花那样，用艺术的眼光来看待语文，用审美的态度来学习语文，还阅读以完整，还鉴赏以自由，还写作以个性，以让语文学习永远充满诗意。

学习语文要重在感悟

在学校里，曾听一位青少年同学这样大叹其苦经：唉，不知怎么搞的，我对语文就是没有感觉。有时候所读的文章并无多少生字，亦无多少新词，句子也并不特别艰难深奥，看上去似乎明白易懂，极易把握，可如果当真要我说出它的内在含义来，却又觉得似懂非懂，茫然不知所对了。譬如读鲁迅先生的《为了忘却的记念》，读到第二部分末尾两段有关冯铿的叙写时，只觉得明白晓畅，好懂至极，也就蜻蜓点水，一读而过。谁知这时老师偏偏追问了一句：这篇文章直接写冯铿的笔墨极少，除了说“我疑心她有点罗曼蒂克，急于事功”外，就是“她的体质是弱的，也并不美丽”这两句了，这两句的含义究竟是什么？鲁迅先生为什么要这么写呢？听他这一问，我猝不及防，一时傻了眼，搔头摸耳了老半天，也没能说出个所以然来。

应该看到，上述的情况并非是偶然的、个别的现象，它在不少青少年同学中普遍存在着，并严重地影响着他们对语文的学习。那么，要怎样才能出离这种似懂非懂，对语文没有感觉的状态呢？我们觉得，最好的办法就是要在“感悟”两字上下工夫。叶圣陶先生曾说：“文字是一道桥梁，这边桥堍站着读者，那边桥堍站着作者，通过这道桥梁，读者才会和作者会面，并且与作者的心情相契合。”所谓“感悟”，就是要通过文字这道桥梁，与作者进行思想的交流，产生心灵的碰撞，从而达到心情的契合，实现由“言”到“意”的转变。而只有实现了这种由“言”到“意”的转变，才能如采矿时发现了晶莹的宝石那样，有那真正的收获。这亦正如叶圣陶先生所说的那样：“这些晶莹的宝石岂但给你一点赏美兴趣，并将扩大你的眼光，充实你的经验，使你的思想、情感、意志往更高的方面发展。”

要有切实的感悟，就一定要全身心地走进所读的文章中去，由表及里、由浅入深、由此及彼、由局部到整体地去进行认真的体味，看看通篇文章究竟写了什么，是怎样写的，为什么这样写，它要表达怎样的人生体验，让人们从中受到什么启迪和教益……这样通过反复深入的思考，才能真正有所“感”，并进而有所“悟”。这种感悟已绝不是初读时的皮相之见，它已有了质的飞跃，比较地接近了作者作文的初衷，接近了文章内在的精神。

要有切实的感悟，还要走进作者的精神领域里去，窥视作者那丰富的心灵世界。具体来说，就是要尽可能地了解作者的身世经历、人格品质、创作过程、文学主张、艺术追求、创作风格，乃至他在文学史上的地位和成就。只有对所有这些都有了真切的了解，我们才能快捷地找到打开文章奥秘的钥匙，抓住文章的精髓之所在，而不再老是在暗弄中摸索，更不至于南辕北辙，完全迷失了前行的方向。

要有切实的感悟，更要走进火热的生活中去，丰富自己的阅历，提升自己的思想，冶炼自己的情操。只有这样，在阅读文章时才能充分调动自己的生活经验，将自己的阅历、思想、情感与所读的文章加以整合，从而在较高的层面上与作者展开真正意义上的对话，或点头首肯，或由衷叹服，或提出质疑，或力陈己见。有了这种思想上的交流，心灵上的碰撞，我们才能准确地感受作者对世界的看法，对真理的表达，以及对生命的种种解释，真正达到“文若己出”、读有所得的境界。

语文自有语文的特点，故而要学好语文，就特别需要在“感悟”两字上下工夫。有了感悟，还愁对语文的美好感觉不油然而生么？

多设置“知识的抛锚处”

有些青少年学生，对语文并不害怕，亦不讨厌，而且还当真在它上面下了非常切实的工夫，可他们的语文成绩仍然老是上不去，这究竟又是为什么呢？此中的原因也许很多，但其中很重要的一点，就是他们的视野太窄，学习的空间太小，他们只着眼于教材上的文章，只热衷于复习资料上的题目。

学习语文，教材上的文章固然要学，但它绝不是学习的唯一对象，语文学习的外延等于生活的外延，语文学习的天地实在是宽之又宽；至于复习资料上的习题，那就更要慎重地有选择地去做，甚至可以更大胆一点，干脆弃之而不顾，因为其中的不少东西，其实不过是东拼西凑的骗取学生钱财的劳什子而已。

既不要只是埋首于教材之中，更不要被复习资料上的习题牵着鼻子走，那么语文这门学科究竟该怎么学？我们认为，重点就是要抓好课外阅读。对此，著名教育家苏霍姆林斯基有极为精辟的见解：“读与你最喜爱的学科（你的选修课）有关的科学著作，要每天读，哪怕一天读两页也行。你所读的这一切，就是你学习的智力背景。这个背景越丰富，你学习起来就越轻松。你每天读得越多，你的时间的后备就越多。因为在你课外阅读的这些东西里，有千万个接触点，是跟课堂上所学的教材相通的。这些接触点，我们可以称之为‘记忆的抛锚处’，它们吸引着必修的知识向着人们周围的知识的海洋伸展开去。”

课外阅读越广泛，学习的智力背景越丰富，“记忆的抛锚处”越众多，学习的兴趣就会越来越浓烈，思维的能力就会越来越发展，学习起来也就会越来越容易。正因为此，苏霍姆林斯基把这种通过阅读而激发起来的思维，比作是整理得很好的土地，说是只要把知识的种子撒上去，就会发芽成长，取得收成。

语文学习的大量实践，也充分证明抓好课外阅读确实是提高语文成绩的极好途径。任羽中同学 1998 年毕业于四川资阳中学，当年获得全省文科高考第一名，他在介绍自己获取成功的经验时就曾这样说：“要广泛涉猎，努力拓宽知识面，仅仅局限于课堂上的一点点东西是绝对不够的……特别应该多读那些看似对考试‘无用’但都已有定评的经典著作，水平的提高往往是在不知不觉中潜移默化而成的。我在高二时订了课外读书计划，每天临睡前用 30—60 分钟读课外书，即使除夕夜也没有中断。结果两年下来，我把《史记》中的‘列传’、‘本纪’、‘世家’读完了，把朱东润编写的《历代文作品选》和翦伯赞先生编的《中国史纲要》读完了。”这就清楚地告诉我们，要提高语文水平，死读课文和死做题目绝非是正确的通道，只有加强课外阅读，方能瓜熟蒂落，水到渠成，达到预期的目的。

诚然，设置“知识的抛锚处”的途径也不仅仅限于课外阅读，其他如听广播，看电视，学电脑，观社会百态，察人生万象，涉江河湖泊，登高山大岳，只要你时时用心，处处留意，也同样可以获得丰富的语文知识。“观千剑而后识器，操千曲而后晓声”，说的就是这个道理。课内是基础，一定要很好重视，课外是拓展，也万万不可轻忽，它们有如车之两轮，鸟之双翼，缺一而不可，只有双管齐下，将“知识的抛锚处”设置得很多很多，我们才能在语文知识的海洋上驾轻就熟，从心所欲，驶向那胜利的彼岸。

真正的人生从确立目标开始

在与青少年同学交谈时，有一些同学常常会说，现在的生活，就只是成天啃课本，做题目，忙考试，其他的事情几乎什么都不做，因此也就几乎什么也不会，真是太没有意思，太令人厌烦了。青少年时期正是最具活力和最富朝气的大好时光，怎么会出现这种死气沉沉，令人生厌的状况呢？这固然是因为受了各种外部因素干扰的结果，但毋庸讳言，这些同学本身也存在着一个至为突出的问题，那就是他们缺少一个明确的努力目标。

大凡世上有生命的东西，哪怕是一些小虫，要生存和发展，也都得有一个明确的努力目标，否则就会产生不堪设想的严重后果。法国博物学家让·亨利·法布尔，经反复观察后发现，巡游毛虫在树上的时候，往往排成长长的队伍前进，由一条虫带队，其余的毛虫则紧紧相随，鱼贯而行，从不分离。于是法布尔就把一组毛虫放到一个圆形大花盆的盆沿上，使它们首尾相接，排成一个圆形。这些毛虫开始行动了，像一个长长的游行队伍，没有头，也没有尾。法布尔又在毛虫队伍旁边摆放了一些食物，如果毛虫要想吃到食物，那就必须自行解散队伍，不再一条接一条地前进。法布尔预料，毛虫很快会厌倦那种毫无目的也毫无所获的爬行，而转向它们所必须的食物，可是毛虫并没有这样做，它们依然有序地、执着地循序环行，一直以同样的速度沿着花盆边沿走了7天7夜，直到饿死为止。

实验中的这些毛毛虫，近旁就有专为它们提供的食物，可它们却只知道遵循它们的本能、习惯、传统、惯例和过去的经验，盲目地“跟进”，而没有自己的目标，没有寻找食物的追求，所以尽管它们辛辛苦苦，忙忙碌碌，最终却一事无成，还落了个饥饿而死的可悲下场。这就说明，即便是对毛毛虫这样的小动物来说，目标也是至关重要的。

毛毛虫的生存需要目标，对作为高级动物的人类来说，目标的重要显然就更不待言了。比塞尔是西撒哈拉沙漠中的一个小村庄，它靠在一块 1.5 平方公里的绿洲旁，从这里走出沙漠一般需要 3 昼夜。可是，在肯·莱文 1926 年发现它之前，这里的人没有一个走出过大沙漠。据说，他们不是不愿意离开这块贫瘠的地方，而是尝试过很多次都没有成功，他们从这里无论向哪个方向走，最后都还是要转回到这个地方。作为英国皇家学院院士的肯·莱文当然不相信这种说法，他亲自做了一次试验，从比塞尔村往北走，结果 3 天半就走了出来。比塞尔人为什么走不出来呢？肯·莱文便雇了一个比塞尔人带路，想看看到底是怎么回事。出发后，肯·莱文收起指南针等设备，只拄了一根木棍，跟在雇员后面走。10 天过去了，他们大约走了 800 英里的路程，第 11 天早晨，一块绿洲出现在眼前，他们果然又回到了比塞尔。这一次，肯·莱文终于明白了，比塞尔人之所以走不出大沙漠，是因为他们根本就不认识北极星。在一望无际的沙漠里，一个人如果仅凭感觉走，会走出许许多多、大小不一的圆圈，最后的足迹十有八九是一把卷尺的形状。比塞尔村处在浩瀚的沙漠中间，方圆上千公里，没有指南针，想走出沙漠，确实是不可能的。离开比塞尔村时，肯·莱文带了上次跟他合作的青年阿古特尔，告诉他说："只要你白天休息，夜晚朝着背面那颗最亮的星星走，就能走出沙漠。"阿古特尔照着去做，3 天后果然来到了大漠边缘。现在，比塞尔已是西撒哈拉沙漠中的一颗明珠，每年有数以万计的旅游者来到这里。阿古特尔作为比塞尔的开拓者，他的铜像竖立在小城中央，铜像底座上刻着一行字："新生活从选定方向开始。"

人生的目标，是生活的灯塔，只有在它的烛照之下，我们才能依循着正确的航向，奋力地驶向远方。一个人只有看到了远方，才知道自己为什么而付出，才知道自己奋发努力的价值，才会想方设法挖掘自己的潜能，激发出自己所有的聪明才智。这也就是说，人一旦有了目标，有了追求，远方也就不再遥远。而如果失去了目标，看不到自己的远方，就会迷失前行的方向，就会像大海里飘游的小船，不知道究竟要去向哪里，就会任何方向的风都是逆风，就会永远都只能在原地盲无目的地来回徘徊，搁浅和触礁也随时都可能发生。如果真是那样的话，人的一生就将在无所作为甚至是惴惴不安中度过，就会如那一潭死水那样，绝无生气，毫无意义。人生的目标，又像是射箭的靶心，始终瞄准这个靶心，我们的生命就会变得单纯，我们的能力就会集中焦点，就像那柔和的阳光透过放大镜的焦距可以立即使温度倍增那样，很快就点燃我们生命的火焰，使我们的人生大放异彩。如果没有靶心，那么即便你是百发百中的神射手，即便你的射击能力再强，你也不会有方向感，你也只能漫无目标地乱射一通，绝不可能大显神威，克敌制胜。人生也是一样，如果没有目标，就算你的知识再多，本领再大，你也会因为没有方向感而迷茫失落，虚度一生。坚定目标的意义，不仅在于它能让我们内心的力量找到方向，使我们的梦想一步步变为现实，更重要的还在于它能使我们在身处逆境时依然迸发出奋进的激情，让周身的潜能得到最大的发掘和释放。如果失去了目标，那么即便我们蕴藏着无价的金矿，也将因无法开采而沦为平凡的尘土。

正因为目标对于我们如此重要，所以从一定的意义上来说，一个人真正的人生乃是从他确立目标开始的，他所有的建树就都是他实施目标的产物。一旦目标消失了，他的人生也就将画上句号。英国有一个名叫斯尔曼的残疾青年，他的腿有慢性肌肉萎缩症，走路有许多不便，幼小时他也曾因此而伤心失意过，但后来因受父母的影响，心中注入了一个明确的奋斗目标，他终于振作了起来，并由此创造了许多连健全人也无法想象的奇迹。19岁那一年，他登上了世界屋脊珠穆朗玛峰；21岁那一年，他征服了著名的阿尔卑斯山；22岁那一年，他又攀登上了他父母曾经遇难的乞力马扎罗山；28岁前，世界上所有的著名高山几乎都踩在了他的脚下。但是，就在他生命最辉煌的时刻，他却在自己的寓所里自杀了。为什么一个意志力如此坚强、生命力如此顽强的人，最后竟然会选择自我毁灭的道路呢？他的遗嘱告诉了我们这样的答案：11岁那一年，他的父母在攀登乞力马扎罗山时遭遇雪崩双双遇难。出发前给小斯尔曼留下了遗言，希望他能够像父母一样，征服世界上的著名高山。父母的嘱托使他有了明确而具体的目标，这目标就成为他生活的动力。

但是，当28岁完成了所有的目标后，他就开始找不到生活的理由，就开始迷失人生的方向了。他感到空前的孤独、无奈和绝望，于是他给人们留下了这样的告别辞："如今，功成名就的我感到无事可做了，我没有了新的目标……"斯尔曼以他一生短暂的经历，为我们生动形象地诠释了目标对于生命的重要意义，可谓是切实具体，雄辩有力，值得我们久久地深长思之。

别以为斯尔曼的经历只是个个案，要知道这一个案极具代表性，有着很强的普遍适用性。哈佛大学一个非常著名的关于目标对人生影响的跟踪调查，就很能说明这个问题。该项调查的对象是一群智力、学历、环境等条件都差不多的年轻人，调查结果发现：27%的人，没有目标；60%的人，目标模糊；10%的人，有比较清晰的短期目标；3%的人，有十分清晰的长期目标。25年的跟踪调查发现，他们的生活状况十分有意思：3%——几乎不曾更改过自己的人生目标。25年后，他们几乎都成了社会各界顶尖的成功人士，他们中不乏白手创业者、行业领袖、社会精英。10%——大多生活在社会的中上层。其共同特点是那些短期目标不断地被达到，生活质量稳步上升。他们成为各行各业不可缺少的专业人士，如医生、律师、工程师、高级主管等等。60%——几乎都生活在社会的中下层面。他们能安稳地生活与工作，但都没有什么特别的成绩。27%——几乎都生活在社会的最底层，生活都过得很不如意，常常失业，靠社会救济，常常在抱怨他人，抱怨社会。这一调查以确凿的事实有力地说明了：目标的确立决定人生的命运，你选择什么样的目标，就会有什么样的成就，就会有什么样的人生。一株葡萄藤，一定要有一个支架，那青葱翠绿的藤蔓才能劲挺地向四围蓬勃生长，结出一串串丰盈甜美的葡萄来。同样，世上的每一个人，也必须有明确的目标作为自己的精神支柱，生命的活力才能得到最大限度地激发，才能为人类社会贡奉自己最丰硕的果实。

为此，由衷地希望那些眼下思想迷惘、精神不振的青少年同学，千万别因为自己的成绩稍显差劲，基础比较薄弱，处境略为艰难，就觉得成就一番事业的机会和概率微乎其微，就失去了奋发向上的斗志。而是一定要坚信，世界将会为有目标和有远见的人让路，只要不给自己设限，世上就没有限制你发挥的藩篱，从而重新捡起失落的勇气，牢固树立明确的奋斗目标，并一心为此而付出切实有效的努力。这样，就没有任何障碍能阻挡你前进的脚步，那“会当凌绝顶，一览众山小”的美好日子，就总有一天会如愿到来。

心中有梦，为目标插上翅膀

有什么样的目标，就有什么样的人生。一个人只有树立了明确的奋斗目标，才会始终充满前进的动力，才会在困苦磨难中变得坚毅，才会在失败挫折中得到成长，才会在跌宕起伏的过程中让生命显得更加充实精彩。目标既然如此之重要，那我们该如何来确立目标呢？首先，我们得心中有梦，让自己的心灵为目标插上翅膀。因为只有为目标插上了翅膀，我们的身子才能翕然相从，紧随向上。

一天，上帝特意召开一个会议，了解自从赐给动物翅膀后，它们究竟是如何使用的。鹰说："我用翅膀，在天空上飞翔，在这个高度里，一切猎物都逃不过我的眼睛，我因此而生活无忧。"鸵鸟说："我用双腿在荒漠里奔跑，翅膀从没派过用场，它背负在身上，已成了沉重负担。"企鹅说："我已把翅膀变成了鳍，它使我和鱼一样，能够在海洋的深处自由来往。"上帝忽然发现现场还坐着一个人，便奇怪地问："你没有翅膀，来这儿干啥？"人说："上帝啊，虽然你没有赐予我翅膀，但是我的灵魂却可以飞翔，它带着我飞翔到任何看似不能到的地方。"上帝听了，感喟良久，说："我赐给了你们最珍贵的翅膀，你们却浪费在身上；我没有赐给人以翅膀，他们却有了灵魂的飞翔，这是一切飞翔中最崇高的翅膀！"

何谓"灵魂的飞翔"？直白一点说，实际上就是"心有梦想"。梦想是那么的诱人，就像那天空的星河一般，永远闪耀着无比神奇的光芒：大海拥有梦想，就有了宁静深邃和澎湃激荡；高山拥有梦想，就有了雄伟奇峻和起伏跌宕；花蕾拥有梦想，就有了争奇斗妍和斑斓芬芳；种子拥有梦想，就有了破土绽绿和翻滚麦浪；人类拥有梦想，就有了远大目标和业绩煌煌。梦想，是对现实的超越，是对未来的向往，它是一种期盼，一种憧憬，一种强烈迫切的希望，一种绚丽多彩的愿景。梦想的反复映现，一再孕育，就会催生出美好的理想，就会孵化出令人神往的高远目标，因此也就会成为我们生命的劲健有力的支柱，成为鞭策我们不断奋进的无比强大的动力。心有梦想，生命就不会沉沦，与梦想同行，眸子里就总会闪耀令人惊讶的光芒。有了梦想，期待的感觉就会胜过梦想成真的欣喜，因为那是一种虔诚的翘首；有了梦想，憧憬的愉悦就会胜过幸福来临的感受，因为那是一种渴望的屏息。所以，我们一定要倾尽全力，去放飞梦想，追寻目标。

诸多大有作为的人中龙凤，就是在梦想和目标的烛照和吸引下，一步步走上了发展的快车道，并最终步入那成功的殿堂。

儿时的茅以升，一叶扁舟辞别故乡镇江，去到南京求学。11 岁那年的端午节，秦淮河赛龙舟，观者挤塌文德桥，众多百姓溺水而亡。时在南京思益学堂读书的茅以升闻之，幼小的心灵受到极大的震撼，就此播下了一颗梦想的种子，确立了一个远大的目标："我长大以后，一定要做一个造桥的人，造的大桥结结实实，永远不会倒塌！"从此，茅以升便时刻都对桥梁建设特别关注，念念不忘。只要一见到桥，他总是注意观察桥面桥桩，久久不肯离去；阅读诗文时，每当读到有关桥的内容，他就立即摘抄在本子上；如果见到有关桥的画面和图片，他就会细心地一一加以剪贴。有一天，爷爷给茅以升讲"神笔"马良的故事，告诉他得到神笔的秘诀就是"勤奋"二字，这两个字深深地铭刻在小以升的心灵里，此后他就一直把它看作是得到架桥"神笔"的秘诀，学习也就愈发认真刻苦。他在班上年龄最小，但是每次考试总是名列前茅。他的记忆力也相当好，背诵圆周率的精确数值，能把小数点后面一百位数都熟练地背诵下来，经久不忘。15 岁那年，勤奋好学的茅以升小学没毕业，就考入了专门学习造桥的学校——唐山路矿学堂。1912 年秋听了孙中山的演说，知道了中国革命的成功，需要武装和建设这两路大军，茅以升便暗暗立下誓言，决心当一个中国的桥梁专家！为了这个誓言，他朝夕苦读，大学 4 年的总成绩名列全校榜首；为了这个誓言，1916 年他以第一名的成绩，考取清华学堂官费留美研究生；为了这个誓言，他苦读一年，就攻下了美国康乃尔大学研究生院的硕士学位；为了这个誓言，随后他又获得了卡内基·梅隆大学的博士学位，并创造了“茅氏定律”。1919年12月，轻名利，重事业，始终把祖国建桥大业放在心里的茅以升，婉拒了美国教授的邀请挽留，满载着知识和荣誉，登上远洋轮船，毅然返回自己的祖国，走上了桥梁建筑的道路，先后建造了钱塘江大桥、南京长江大桥和武汉长江大桥等众多桥梁，为国家做出了重大贡献，成为了举世闻名的桥梁专家。即便到了晚年，他仍“怜君头早白，其志竟不衰”，积极倡导科普教育，不辞辛苦，呕心沥血，引导青少年爱科学、学科学、用科学，献身于祖国的科学事业。茅以升曾说：“人生一征途尔，其长百年，我已走过十之七八，回首前尘，历历在目，崎岖多于平坦，忽深谷，忽洪涛，幸赖桥梁以渡，桥何名欤？曰奋斗。”在梦想和目标的指引下，茅以升以他奋斗的一生，为祖国架设了一座座有形与无形的桥，他自己则化作一道绚丽的彩虹永留人间。

茅以升一生的经历，生动形象地告诉我们：梦想是一把钥匙，用心把握，便可开启成功的大门；目标是一盏明灯，用心点燃，便可照亮成功的大道。梦想让我们在黑暗中看到了光明，目标让我们在迷惘中看清了方向。拥有了梦想，确立了目标，我们就拥有了成功的一半；为了梦想和目标，而甘愿付出自己的汗水、泪水乃至血水，我们就一定能带着胜利的微笑，步入那金壁辉煌的成功殿堂。放飞梦想，追寻目标，有风也有雨，但风雨过后，眼前便全是鸥翔鱼游的天水一色；放飞梦想，追寻目标，有荆也有棘，但走出荆刺，前面就是铺满鲜花的康庄大道；放飞梦想，追寻目标，有坎也有坷，但越过坎坷，跃上山顶，脚下便是积翠如云的空朦山色。广大青少年朋友们，尽情放飞美丽的梦想，尽早确立明确的目标吧，冬去春来，我们就一定能像小草一样破土而出，像溪流一样勇往直前，像雄鹰一样划破长空！

丈夫志四海，目标当高远

大千世界，芸芸众生，虽说是目标不同，追求各异，但说到底，主要不外乎是追求人生的三个维度：一是生命的长度，二是生命的宽度，三是生命的高度。生命的长度，是指人生的时间，生命的长短；生命的宽度，是指人的心胸、眼界、人生态度和品德修养；生命的高度，是指人的思想境界和追求的人生目标所达到的水平。在这三个维度之中，生命的长度需要努力增加，可究竟能增多长，却又往往难以完全由自我把控；生命的宽度需要使劲拓展，因为它总是在一定程度上制约着生命的高度；生命的高度需要全力提升，因为人生的意义和价值，在很大程度上取决于人生的高度。而要增加、拓展和提升这生命的三度，至关重要的一点就是要确立高远的人生目标。这就正如德国著名作家和思想家歌德所言："人生最重要的事情是确定一个伟大的目标，并决心实现它。"亦如前苏联文学泰斗高尔基所说："一个人追求的目标越高，他的才力就发展得越快，对社会就越有益。"

唐太宗贞观年间，长安城西的一家磨坊里，有一匹马和一头驴子。它们是好朋友，马在外面拉东西，驴子在屋里推磨。贞观三年，这匹马被玄奘大师选中，前往印度取经。17年后，这匹马驮着佛经回到长安，重到磨坊去会见驴子朋友。久别重逢，老马谈起去印度取经的经历：浩瀚无边的沙漠，高入云霄的山岭，凌峰的冰雪，热海的波澜……那些神话般的境界，使驴子听了如痴如迷，不由惊叹道："你有多么丰富的见闻啊！那么遥远的道路，我连想都不敢想。"老马说："其实，我们跨过的距离是大体相等的，当我向西域前行的时候，你同样一步也没停止。不同的是，我同玄奘大师有一个遥远的目标，按照始终如一的方向前进，所以我们打开了一个广阔的世界。而你呢，被蒙住了眼睛，一生就围着磨盘打转，所以永远也走不出这个狭隘的小屋。”

这则寓言故事里的驴和马，原本同居一家磨坊，处境也大致相同，可结果呢，驴永远没有走出那狭隘的小屋，一生都围着磨盘在打转，而马却不仅领略了去西域路上的或绮丽或壮美的风光，而且还帮助唐僧完成了去印度取经的伟业。起步基本相同，结果为何有这等巨大的差异呢？根本的原因就在于：前者只是为糊口而活着，全无目标可言，一生都在迷迷糊糊、浑浑噩噩中度过；后者则为了一个远大的目标，踏平坎坷，勇斗艰险，风云雷电任叱咤，一路豪歌向天涯，让自己的生命发出了耀眼的光华。

驴、马因目标的不同，而命运迥然有别，人类就更因不同的目标，而导致天壤之别的迥异结局。

有一次，一位哲学家来到一个建筑工地，分别问三个正在炎炎烈日下砌墙的工人：“你在干什么？”第一个工人一脸苦相，头也不抬地说：“我在砌砖。我笨手笨脚的，也就只能干干这样的活儿了。”第二个工人抬了抬头，若有所思地说：“我在砌墙。一堵堵墙相互连接，慢慢也就能建成一座房。”第三个工人则洋溢着无限的热情，满怀憧憬地说：“我在盖房。我要用自己灵巧的双手，建造一座漂亮的大厦，让世人得到一种美的享受！”听完这三个人的回答，哲学家马上就判断出了三个人不同的未来：第一个心中眼中只有砖，可以肯定，他一辈子能把砖砌好，就很不错了；第二个手在砌砖，心中有墙，好好干或许能当上一位工长、技术员；唯有第三位，将来必然大有出息，因为他胸怀远大目标，心中有一座神圣的殿堂。若干年过去以后，果不其然，第一个工人还在干着他的老行当，第二个工人升为了一名技术员，而第三个工人呢，则成为了一位遐迩闻名的建筑大师。

这个故事明白不过地告诉我们，一个人有无远大的目标，对他的现状和未来确实是具有决定意义的作用。在这偌大的世界上，真正的天才与白痴其实都是极少数，绝大多数人的智力都差之不多。然而，这些原本智力相近的人，在走过漫长的人生之路后，为什么有的事业大成，名满天下，有的却碌碌无为，湮没无闻呢？我们说，杰出人士与平庸之辈并非是天生注定的，他们之间差别的形成，并非在于天赋，亦不在于机遇，而是在于有没有确立人生的高远目标！那些具有高远目标的人，他们会在不懈的奋斗中，使智慧闪光，让才情洋溢，从而铸就他们一生的辉煌；而那些没有高远目标的人呢，岁月的流逝仅仅是意味着他们年岁的增长而已，平庸的他们也就只能日复一日地重复着毫不见长的自我。人生因目标而宝贵，因追求而精彩，唯有远大的目标，不懈的追求，才能医治人生的软弱，改善人的习惯和品行，使人渐臻崇高伟大的境界。无怪美国思想家泰龙·爱德华兹要说："崇高的目标造就崇高的品格，伟大的志向造就伟大的心灵。"

那么，要怎样才能确立高远的目标呢？这就必须首先明确自己为什么而活着，一生到底想干些什么，最终将成为怎样一个人。这也就是说，高远的目标一定要建立在正确的价值观和世界观之上。如果将自己的刻苦学习，看作是为了现在考个好成绩，日后上个好大学，将来找个好工作，长久过个好日子，或是为了通过一番努力，自己能够光宗耀祖，扬名立万，那么这样的目标就压根儿没有什么高远可言。只有将自己的发愤苦读，与"为天地立心，为生民立命，为万世开太平"的愿景，与一心为社会"立德、立功、立言"的宏志，与全力为他人做实事、做好事、做有益事的行动，有机地联系起来，才能使自己的目标真正地与高远相匹配，才能"少年负壮气，奋烈自有时"，在追求目标的奋斗中最大限度地实现自己的人生价值。

雄鹰选择了蔚蓝天空，才得以无畏的豪气在长空中英勇搏击；青松选择了凛冽寒冬，才得以无悔的坚强在皑皑白雪中巍然傲立；人类选择了高远目标，才得以无私的精神在生命的长河中创建伟业。丈夫志四海，目标当高远，只要有了高远目标的指引和激励，那就决没有比脚更长的路，也决没有比人更高的山。也许我们曾不满于自己的平庸，也许我们曾抱怨过生活的无聊，然而，生命闪光处，不一定是莺飞草长后，人生得意时，不一定是踏花归来处，只要我们在心中为自己设下了高远的目标，并大步流星地向前迈开自己的双脚，我们的生活就必将掀开全新的一页。

量体裁衣，选定最佳目标

“认识你自己”，这是几千年前西方先圣苏格拉底向世人提出的一个忠告。今天，我们在确立人生目标的时候，依然应该遵循他的这一教导，以客观、求实、公正的态度，对自己进行全方位地详细剖析，力争对自我的身心状态和智能特征等作出相对准确的判定，很好地找出自己的优劣和长短，以作为自己确立目标的可靠依据。“认识你自己”，主要该认识些什么呢？可以从这样一些方面作认真的自我“透视”：我究竟是一个什么样的人？我有哪一些与众不同的人格特征？哪些东西是我特别钟爱，是自己生命中不可或缺的？我有哪些突出的优点，又有哪些明显的不足？我主要的兴趣爱好是什么？我有什么特殊的胜人一筹的技能？如果能够准确地回答这些问题，那么我们人生目标的确立也就大致有了眉目。

真正达到了“认识你自己”的要求，这就为我们确立符合自身实际情况的目标奠定了良好的基础。而在具体确立目标的时候，古希腊哲学家柏拉图关于“人人都应去做适合自己天赋的事”的教诲，应该是我们择定目标的重要指南。将“做适合自己天赋的事”作为确立目标的重要依据，这确实是我们在择定目标时必须优先考虑的方面。著名管理专家及畅销书作家吉姆·柯林斯经过认真研究，得出了这样一个结论：“如果某件事你做起来特别有热情，而做这件事你又很有天赋，并且你所做的事能给他人带来价值，那么，这件事就应该成为你专注的人生目标。”所谓天赋，就是天分，就是与生俱来、禀受于天的一种能力，就是在学习某种东西或从事某种工作的时候，学得特快，领悟特高，似乎有一种天生的优势，甚至能达到无师自通境界的一种优异禀赋。凭借这样的天赋去确立了自己的奋斗目标，那么我们在追求这一目标时，无疑就会拥有“目送归鸿，手挥五弦”的自如从容，就会涌起“潮平两岸阔，风正一帆悬”的满腔豪情，就会顿生“春风得意马蹄疾，一日看尽长安花”的无限欢快。在确立目标时，除了要考虑天赋条件外，还必须注重热情这一因素。热情，就是一种做事时能让我们很喜欢、很享受的一种感觉，这对我们确立和实现目标也是十分重要的。美国著名哲学家、作家拉尔夫·沃尔多·爱默生曾说：“有史以来，没有任何一件伟大的事业不是因为热情而成功的。”还说：“没有热情，永远干不成大事。”有日本“经营之圣”之称的稻盛和夫也说：“事业得以成功的根本就在于热情的高低，高热情给事业带来工作动力，解决问题的思路和办法，为事业的发展提供宏伟的目标，并为这个目标付出所有的努力和热情，因此，热情在工作当中是必不可少的兴奋剂，是事业成功的必要前提之一。”热情，是我们最重要的秉性和财富之一，是我们宝贵的动力源泉，它就像螺旋桨一样能驱使我们达到成功的彼岸，望见那遥远之巅的美丽景色，伟大的业绩总是产生于热情的追求和坚持不懈的努力之中。所以，在学习和生活中，我们一定要仔细观察和反复琢磨自己，看看自己到底做什么事最有兴趣，最有劲头，最有成就感，以便为确立最适合自己的目标积攒足够的资本。天赋和热情，说到底，就是我们最主要的特长爱好，就是我们最具潜力的发展优势，我们的目标只有建立在这样的特长爱好和发展优势之上，才能根牢实固，前景特别看好。譬如李逵，膂力过人是他的长处，所以他总是抡起双斧，犹如旋风一般勇猛杀敌，为水泊梁山立下无数战功。又譬如张顺，水性超强是他的强项，一到水中，他就像浪里白条那样身手不凡，即便是像李逵那样神勇的人，也被他斗成了落汤鸡。这就可见，充分发挥自己的优长，对于一个人的发展是何等的重要。试想，如果置李、张两人的优长于不顾，偏让李逵去水中打斗，偏叫张顺去手抡板斧，那他们还有可能一展其才，杀敌立功，成为声名赫赫的梁山好汉么？

根据自己的所长和爱好来确立目标，这对任何一个人来说都非常重要。1882年4月，马克思在给他女儿劳拉的信中，就写了一则阿拉伯寓言，并称赞这是一则“很能说明问题的短小的明哲的阿拉伯寓言”：

有一个船夫在湍急的河水中驾驶小船，上面坐着一个哲学家，于是便发生了下面的对话：哲学家：“船夫，你懂得历史吗？”船夫：“不懂。”哲学家：“那你就失去了一半生命。”哲学家又问：“你研究过数学吗？”船夫：“没有。”哲学家：“那你就失去了一半以上的生命。”哲学家刚刚说完这句话，风把小船吹翻了，二人都落在了水中。于是，船夫喊道：“你会游泳吗？”哲学家：“不会。”船夫：“那你就失去了你的整个生命。”

船夫根据自己的实际选择自己的职业，划船和游泳就是他的谋生手段及生活目标。哲学家虽然博学，并自命不凡，喜欢教训别人，但是他只会抽象的理论，却并没有真正的求生本领，结果一遇风浪，他的生命就有了危险。而那位被哲学家断定已经失去一半以上生命的船夫，却因为是游泳的好手，而保存了自己的生命。这则寓言故事，不只是对那些徒有空洞理论而并无真才实学之人的暗讽，更为我们昭示了这样一个人生哲理：每个人都必须考虑自己的实际情况来选择自身的目标，确定自己的奋斗方向。

被誉为20世纪最伟大科学家的爱因斯坦，一生所取得的成就是举世公认的，而他之所以能取得如此令人瞩目的成绩，跟他善于根据自身的特点和优长来确立奋斗目标是分不开的。他出生在德国一个贫苦的犹太家庭，家里经济条件不好，加上小学和中学的学习成绩都很一般，所以他虽然有志于向科学领域进军，但他有自知之明，知道必须量力而行。为此，他对自己进行了这样的自我剖析：自己虽然成绩平平，但对物理和数学具有兴趣，成绩较好，倘在物理和数学方面确立目标，可能会大有奔头，而在其他方面则很难比得上他人。这样，读大学时他选读了瑞士苏黎世联邦理工学院物理学专业。由于奋斗目标选得准确，爱因斯坦的个人潜能就得到了充分发挥，他在26岁时就发表了科研论文《分子尺度的新测定》，以后几年他又相继发表了四篇重要科学论文，发展了普朗克的量子概念，提出了光量子除了有波的性状外，还具有粒子的特性，圆满地解释了光电效应，宣告了狭义相对论的建立和人类对宇宙认识的重大变革，取得了前所未有的显著成就。试想，假如爱因斯坦当年把自己的目标确立在文学或音乐上（他也曾是个音乐爱好者），恐怕就难于取得像在物理学上那么辉煌的成就了。爱因斯坦善于根据自身的特点和优长确立目标，并根据自身的需要来进行学习，这就使他有限的精力得到了充分的利用。他创造的这一高效率的定向选学法，使他在学习中易于找出能把自己的知识引导到深处的东西，抛弃使自己的头脑负担过重和会把自己诱离要点的一切东西，从而使他得以集中力量和智慧，攻克他所选定的目标。他曾说过："我看到数学分成许多专门领域，每个领域都能费去我们短暂的一生……诚然，物理学也分成了各个领域，其中每个领域都能吞噬一个人短暂的一生。在这个领域里，我不久学会了识别出那种能导致深化知识的东西，而把其他许多东西撇开不管，把许多充塞脑袋，并使其偏离主要目标的东西撇开不管。"一句话，爱因斯坦始终是根据自身的优长和需要来确立主攻的目标的。如果没有意向创立相对论，他是不会在那个时候学习非欧几何的。如果那时候他无目的地涉猎各门数学知识，相对论也未必能那么快就产生。而尤为值得一提的是，爱因斯坦不但在确立目标时有可贵的自知之明，而且在目标确立后，更能一直矢志不移、不改初衷地坚持下去。1952 年，以色列国鉴于爱因斯坦的卓越成就，极高声望，加上他又是犹太人，所以当该国第一任总统魏兹曼逝世后，便邀请他接受总统职务。可是，爱因斯坦却婉言谢绝了，并坦然承认自己不适合担任这一职务。爱因斯坦的这一做法，不仅彰显了他不慕权势、不爱虚荣的宝贵品质，同时也更显现了他钟爱目标、热爱科学的伟大精神。应该说，爱因斯坦的这一选择确实是非常正确的，因为如果他当上总统，那他未必会有多大的建树，因为他从未显示过这方面的才华，也未曾为此作过努力和奋斗。所以，在如何根据自身的特点和优长确立自己的目标这一方面，爱因斯坦当真是为我们树立了最光辉的榜样，永远值得我们好好学习。

诚然，向爱因斯坦学习，根据自身的特长和优势确立奋斗的目标，将来我们也未必就一定能成为声名卓著的什么什么家，但至少，我们可以让自己的聪明才智得到最大限度的发挥，可以为社会、为国家做出我们所能做出的最大贡献。做不了大树，我们就做柔嫩的小草，以自己的绿色去装点广袤的大地；做不了大海，我们就做清幽的小溪，以自己的水流去滋润两岸的禾苗；做不了伟人，我们就做所在岗位上既踏实认真又勇于创新的一员，因为这同样也是人民的需要，同样也是国家不可或缺的建设人才。

让明确的目标时时在心头闪亮

目标既要高远宏大，又要明确清晰。高远宏大了，方能心雄志壮，成就伟业；明确清晰了，方能有的放矢，箭箭中靶。

在广大的青少年同学中，不少人也是有自己的奋斗目标的，只是他们的目标往往是模糊的，泛泛的，并不明确清晰，因而在实现的过程中也就不易精准把握，难以步步到位。这种并不明确清晰的目标，搞得不好就会近乎是形同虚设。譬如，有些青少年同学决心将来做一个科学家，有这样的雄心显然非常之好，可惜这样的目标太过模糊，并不明确清晰。现代科学的门类繁多，分工愈来愈细，如果不明确地界定要做什么样的科学家，行动起来就会有很大的盲目性，那就会浪费许多宝贵的时间，甚至有可能会耽误大好的前程。

前美国财务顾问协会总裁刘易斯·沃克跟一位记者的一次谈话，就很能说明确立的目标必须明确清晰的道理。沃克有一次接受一位记者的采访，在聊了一会儿以后，记者提出了这样一个问题："到底是什么因素使很多人无法成功？"沃克回答："模糊不清的目标。"记者请沃克进一步解释，沃克便说道："我在几分钟前就问你，你的人生目标是什么？你说希望通过自己的努力在郊区买一栋别墅，这就是一个模糊不清的目标。问题就在'有一天'不够明确，因为不够明确，成功的机会也就不大。"接着，沃克又继续说："如果你真的希望在郊区买一栋别墅，你必须先找出哪个郊区，找出你想要的别墅的现值，然后考虑通货膨胀，算出5年后这栋房子值多少钱；接着你必须决定，为了达到这个目标每个月要努力工作挣多少钱。如果你真的这么做，你可能在不久的将来就会拥有一栋郊区别墅，但如果你只是说说，梦想就可能不会实现。梦想是愉快的，但没有配合实际行动计划的模糊梦想，则只是妄想而已。”

沃克跟记者的这一番谈话，清楚地说明了这样一个道理：目标在刚开始确立的时候，就应该是一幅明确、清晰、有待追求的画面。这样，它才会具有无穷的诱人魅力，使我们不由得不为它所折服，被它所吸引，并身不由己地立马开始追求它的行动，直至发展到入迷着魔，不能自已的地步。而对目标一旦达到了这样痴迷的程度，那么它的实现也就是顺理成章，不言而喻的事情了。无数事实都告诉我们，人只是在刚迈出左脚的时候，能很容易预见到下一步迈出的是右脚，但在多走了几步以后，对往后的步法心里就肯定不是那么心中有数了。生活中的很多人，由于对未来没有明确清晰的目标，所以他们就只能看到眼前，而看不到远方，对日后的行程，他们就不可能有明确的规划，而只能凭着惯性随意地往前走，其结局就必然是：他们的一生只不过是一连串偶然结果的汇聚和拼凑而已，而绝不可能是他们所希望得到的理想人生。

明确清晰的目标，可以激励我们以最大的努力去获取成功，而模糊不清的目标，则很可能使我们与成功失之交臂。34 岁的美国妇女弗罗纶丝·查德威克的渡海经历，可以说是对这一道理的最好诠释。

查德威克是横渡英吉利海峡的第一位女性，在完成这一壮举后，1952 年 7 月 4 日那天，她决定向另一个距离更远的海峡——卡塔林纳海峡挑战，即从加利福尼亚海岸以西 21 英里的卡塔林岛游向加州海岸。那天早晨雾很大，连护送她的船她都几乎看不到。时间在一小时一小时地过去，她一直在坚定地游着，千千万万人都在电视上注视着她。在这类渡海游泳中，她的最大问题不是疲劳，而是刺骨的水温，15 个小时之后，她被冰冷的海水冻得浑身发麻，她知道自己不能再游了，就叫人拉她上船。随船的教练和她的母亲都告诉她离海岸很近了，叫她不要放弃。但她朝加州海岸望去，只见满眼是弥漫的浓雾，其他什么也看不到，她终于失去了坚持下去的信念。最后，在她的再三请求下，人们只得把她拉上了船，其实那地方离加州海岸仅只有半英里的距离。后来她总结道，令她半途而废的不是疲劳，也不是寒冷，而是因为在浓雾中根本看不到目标。她对记者说：“说实在的，我不是为自己找借口，如果当时我看见陆地，也许就能坚持下来。”确实，是迷茫的目标，动摇了她的信念，导致了她的失败。可幸的是，2个月之后，她终于以顽强不屈的努力，直奔预定的目标，成功地游过了同一个海峡，不仅成为了第一位游过卡塔林纳海峡的女性，而且比男子的记录还快了大约两个小时。

查德威克是一位游泳的好手，她的技艺和耐力显然是毋庸置疑的，可她为什么前一次会失败，后一次才成功呢？对她渡海的过程细加剖析，我们即可明白，有无明确清晰目标的导引和激励，正是她渡海成败的最为关键的因素：前一次因为根本就看不到目标，所以即使胜利近在咫尺，她也只能半途而废，无功而返；后一次则在明确清晰目标的指引下，终于以顽强不屈的努力如愿以偿，使她不仅成了第一位游过卡塔林纳海峡的女性，而且还创造了比男子还快大约两个小时的非凡记录。明确清晰的目标何以会有这么巨大的作用呢？这是因为，人性中大多有盲目和脆弱的一面，一旦处于困境之中，若无明确清晰的目标指引，就会缺乏主心骨，就容易见难而退，随波逐流。只有在明确清晰目标的烛照之下，才能增强责任感和使命感，重新唤起周身饱满的热情，充分激发自己所有的潜能，以愈挫愈奋的勇毅精神，使生命冲破时空的极限，释放出超强的能量，让自己的人生之花绚烂绽放。

目标应该明确清晰，这还意味着在一段时间内，我们只能择定一个主要目标；即便从长远的角度来说，大多数人的一生也只能倾注在一个方面，并在那个方面做出突出的成绩。这是因为，由于时间、精力以及人的心理规律等诸多因素的制约，在一个阶段内，乃至在人的一生中，我们通常都只能达成一个主要的目标，而不可能成为无所不能的通才和全才。客观现实表明，就大多数人来说，一般都不可能既做李四光，又做华罗庚，既做茅以升，又做钱学森。而这就决定了我们在确立目标的时候，必须有所取舍，有所割爱。纵然你兴趣万千，你也只能“三千宠爱在一身”，选择你最钟爱的东西作为你的奋斗目标。十鸟在林，不如一鸟在握，所以我们在确立目标的时候，一定要很好把握“舍得原则”，毫不吝惜地舍弃那些看似宝贵，实际上却会干扰我们前进方向的东西，而留下你此生最想兑现的梦想，然后倾注全力去作不懈的追逐。一块磁石绝无可能同时向两个不同的方向发散磁力，而只能对准一个确定的目标。如果意欲同时向两个目标进击，必然会造成心智上的自相矛盾，情绪上的犹豫不决，这就是在无形中分解乃至毁灭自身的内在磁力，达成目标的可能性也就几乎等于零。

有个父亲带着三个儿子到草原上去猎杀野兔。在到达目的地，一切准备停当，即将开始行动之前，父亲向三个儿子提出了这样一个问题：“你看到了什么呢？”老大回答道：“我看到了我们手里的猎枪，在草原上奔跑的野兔，还有一望无际的草原。”父亲摇摇头说：“不对。”老二的回答是：“我看到了爸爸、大哥、弟弟、猎枪、野兔，还有茫茫无际的草原。”父亲又摇摇头说：“不对。”而老三的回答只有一句话：“我只看到了野兔。”这时，父亲才说：“你答对了。有了明确的目标，才会为行动指出正确的方向，才会在实现目标的道路上少走弯路。”

故事里父亲的说法显然颇有道理，它跟刘向《淮南子》中“逐鹿者不顾兔”的观点可谓有异曲同工之妙。因为只有目标专一，穷追猛攻，方能手到擒来，达成所愿，而不至于犯顾此失彼，捡了芝麻丢了西瓜的毛病。事实也确实是这样，如果在前行的路途中见花就爱，见花就采，目标过于繁多，那就势必会分散我们的精力，阻碍我们前进的脚步。只有将那其艳堪比玫瑰，或是其香能赛牡丹，真能入我们眼帘和渗我们心灵的花朵，作为我们的最爱去全力追逐，一意求之，方能真正实现我们的心中之所愿。宋代改革家王安石说：“人之才成于专而毁于杂。”那个曾经留下“立雪程门”动人故事的杨时，和大文学家苏东坡，则分别从正反两方面对王安石的这一观点作了进一步的阐发，杨时说：“君子之学贵一，一则明，明则有功。”苏东坡说：“不一则不专，不专则不能。”曹雪芹在《红楼梦》中，则以文学的语言这样生动地写道：“任凭弱水三千，我只取一瓢饮。”所有这些见解，尽皆剀切详明，切中要害，值得我们在确立明确清晰目标时时刻铭记，并切实践行。

无所不在等于无所在

在跟青少年同学交谈时，有一些同学常常会提出这样一个问题：自己并不是一个目光短浅的人，也盼着日后能有所作为，所以一直都很努力，很刻苦，可是一段时间下来，却依然没有什么明显的收获。原因究竟何在呢？在跟他们作了更深入地一番细谈之后，发现这里面固然有着诸多因素的影响，但没有确立明确的奋斗目标，不能不说是其中极为重要的一个原因。

德国著名哲学家、思想家康德曾说："没有目标而生活，恰如没有罗盘而航行。"法国著名作家蒙田也说："灵魂如果没有确定的目标，它就会丧失自己，因为，俗语说得好，无所不在等于无所在。"这就告诉我们，设定目标乃是成功的基石，只有设定了目标，方能创造美好的人生。那么，该如何设定目标呢？这里面就有好些问题值得研究。

首先，所设定的目标必须是明确的，稳定不变的。

在美国的一个农场里，农场主对新来的帮手罗斯克说："你把田都犁歪了，在这样的弯沟里，玉米会长得乱七八糟。你要看着田地尽头的某样东西，以它为目标，朝它前进。这样，你才能犁出一条笔直的犁沟来。""好的，先生。"罗斯克就遵嘱干了起来。过了一会儿，农场主回来一看，只见田里的犁沟比刚才还要弯曲。他急忙叫住罗斯克："停住，赶快停住，你怎么没有一点长进呢？"罗斯克挠了挠头说："我可是绝对按照你告诉我的方法在做，我把田地尽头的那头牛作为了目标呀！"是呀，农场主说得没错，要找个目标才能够将田犁得笔直。可是，要命的是，罗斯科所选的是一头在草地上吃草的牛，它总是在不时地移动着，这就使罗斯克不得不在这个目标和那个目标之间不停地疲于奔命，因此他也就必然会将田犁得弯弯曲曲了。

罗斯克所盯的目标是牛，乍看似乎是非常明确的，可实际上呢，因为他盯住的并不是卧躺在地上憩息的牛，而是在草地上随意吃草的牛，因此他所盯的目标其实是并不固定，并不明确的。这样，尽管他对牛盯得很紧，盯得很累，但他越是盯得紧，盯得累，出的问题也就越大，事情也就办得越糟。可见，不管所设的目标是大是小，都应该稳定不变，十分明确，而不应该游移不定，似清不清。如果说罗斯克盯住的是一棵固定不变的大树的话，那情况岂不就完全不同了么？

其次，所设的目标要专一，要把自己的思想始终集中在一个地方。

著名的昆虫学家法布尔，一次遇到了一个愁苦的青年，这位青年说："我不知疲倦地把自己的全部精力都花在我爱好的事业上，结果却收效甚微。这是怎么回事？"法布尔赞许地说："看来你是一位献身科学的有志青年啊！"青年说："是啊，我爱科学，可是我也爱文学，对音乐和美术我也感兴趣，我把全部时间都用上了。"法布尔终于明白了他的问题所在，便从口袋里掏出一个放大镜说："把你的精力集中到一个焦点上试试，就像这块凸透镜一样，最终它会让你燃烧起来！"

的确，没有焦点，没有一心一意，不把自己的思想集中在一个方面，那是不可能真正做好事情的。有人说："最悲哀的情形，莫过于心神离散；最大的病态，莫过于反复无常。"此话说得一点不错，因为人是不可能在同一时间内，既抬头望天，又俯首看地，既左手画方，又右手画圆的。如果自以为有超群的能耐，就贪多求全，四面出击，其结果必然是徒劳无功，鲜有所得。在管理学中，有一个著名的手表定理——当一个人有一只手表时，可以知道现在是几点，而当他同时拥有两只不同的手表时，却无法确定——两只手表并不能告诉一个人更准确的时间，反而会让看手表的人失去对准确时间的信心。这就告诉我们一个极为深刻的道理：做事要目标专一。凸透镜只有聚焦了才能让纸燃烧起来，打仗只有选准了突破口才易于一举歼敌，同样的道理，一个人只有确立了一个专一的目标，才能最快地叩开成功的大门。"凡人做一事，必需全副精神注在此一事，首尾不懈，不可见异思迁，做这样，想那样，坐这山，望那山，人而无恒，终身一事无成。"晚清重臣曾国藩的这番话，乃是经验之谈，值得我们永远铭记。

最后，目标的实现往往有一个艰难的过程，因此一定要具有持恒不懈的刻苦追求精神。

国际影星史泰龙未成名前，是一个穷困潦倒的穷小子，可他为自己设定了一个成为电影明星的目标。为了实现这个目标，他逐家逐户地拜访好莱坞的所有电影制片公司，寻求可能的演出机会。好莱坞大约有五百家电影制片公司，第一轮全部拜访之后，没有一家电影公司打算录用他。可面对上百次冷酷的拒绝，他并没有丝毫的灰心丧气，而是回过头来，又从第一家开始逐门逐户地自我推荐。第二轮结束后，仍然没有任何一家电影公司答应录用他。于是，他便把自己的经历写成了剧本。尽管遭遇了一千多次的拒绝，但依然没能动摇他达到目标的决心，直到经历了1885次冷漠的拒绝后，终于有一家电影公司被他专一行事的精神所感动，答应使用他的剧本，并让他担任自己剧本中的男主角。这部影片的名字叫《洛基》，他在里面的表演非常成功，一经公演就轰动了电影市场，一夜之间，史泰龙就从无名的穷小子而摇身一变为电影明星，奠定了他国际影星地位。

显然，史泰龙的成功完全是得益于他专心不二的行动和百折不回的精神。他对自己目标的追求，可以说已达到了目不两视，耳不两听，精神专一，心无旁骛的程度，而历经坎坷、屡遭失败之时，他那不屈不挠、百折不回的精神，则更是非同凡俗，令人慨叹和钦佩。常人跌倒了三次、五次，也许就心灰意冷，偃旗息鼓了，可史泰龙在跌倒了1 885次以后，还在为目标的实现作第1 886次的搏击，并终于由此而感动了上帝，实现了他梦寐以求的成功。可以说，史泰龙就是那“雪压霜侵何所惧，天寒地冻自从容”的苍松，就是那“咬定青山不放松”，“千磨万击还坚劲”的翠竹，就是那“不惟有超世之才，亦必有坚忍不拔之志”的“立大事者”。史泰龙为达目标而不畏险阻、矢志不移的经历，可以说是为俄国著名作家契诃夫的“困难与折磨对于人来说，是一把打向坯料的锤，打掉的应是脆弱的铁屑，锻成的将是锋利的钢刀”这一名言作了最好的诠释。成人不自在，自在不成人，如果在追求目标的过程中，我们也能像史泰龙那样持恒不懈，“跬步不休”，那么，我们也就必将同样能“跛鳖千里”，终成大业。

眼中只有"靶心"，方能正中目标

目标一旦确立，无疑谁都希望能够早日达成。可是愿望是一回事，现实却往往又是另一回事，目标的达成还真不是那么轻巧容易。那么，要怎样才能使目标尽快达成呢？了解一下狼和豹捕获猎物的过程，对我们也许会有较大的启发。

狼在捕捉猎物时，与别的动物有着很大的不同。同样是出去捕猎，有的动物可能忙了半天也一无斩获，只能饿着肚子失意返回，可狼即使在最恶劣的情况下，也总能满载而归。是狼特别聪明吗？不见得，自然界中比它聪明的动物多的是。是狼比较庞大吗？更不是，比狼庞大的动物更是数不胜数。那为什么狼总能捕捉到猎物呢？看过《动物世界》这一节目，我们就会知道，这是因为狼的身上具备一种很可贵的精神——专注。狼在捕猎的过程中，只要是盯上了目标，哪怕是花上几天几夜，它们也绝不会有丝毫松懈，不让目标成为自己的腹中之物，它们是决不会善罢甘休的。

豹在捕捉猎物的时候，跟狼也有着相似的特点。一头豹看中了一只年轻弱小的羚羊，想将它作为自己的一顿美味午餐，于是便奋力上前追赶。而就在此时，它身边擦肩而过了许多羚羊，可它都全然不顾，甚至是对伸手可及的那些羚羊，它也不加理会，而只是一个劲儿地向预定的目标不停地追去，非擒获想要的那只羚羊不可。

狼和豹每次出击之所以都能有所斩获，关键就在于它们攻击目标时都有一种专注执着的精神。所谓"专注"，就是对主攻的目标总是集中精力，全神贯注，专心致志，绝不旁骛，始终不敢有丝毫的懈怠。所谓"执着"，就是对于事业、前途、目标等人生大事，绝不轻易改变自己的想法，决不随意终止自己的追求，而是始终坚持不懈，决不轻言放弃。狼和豹追击的目标一般都较为简单，尚且需要那样的专注执着，我们人追求的目标更为复杂，自然就更需要加倍的专注执着，更需要“此未终，彼勿起”，始终守一不移，心无旁骛了。

美国传奇式游泳运动员珍妮·伊文斯在15岁时就打破了400米、800米和1 500米女子自由泳世界纪录，并曾在1988年汉城奥运会上连续获得三枚金牌。获奖之后，她曾经这样说过：“只要你的眼神始终停留在上帝那里，你就会取得胜利。”她的这一话语，就正道出了追求目标时必须始终专注执着、心无旁骛的深刻道理。

其实，世上的众多事实，无一不充分地告诉我们：在追求目标的过程中，若是思前顾后，心猿意马，都必将以失败而告终；只有专注执着，心无旁骛，方能获得理想的结果。下面的这件事情，就特别具有说服力：

门下一下子结集了三位颇具天赋的女孩，这让韩国射箭队教练不由大喜过望。当时，这3位少女都不满17周岁，而且以最好成绩计算，她们都排名在世界前10名之列，换句话说，只要这3人发挥正常，奥运会上的女子射箭金牌将铁定落入她们的囊中。紧张的比赛开始了，主场观众的呼喊声此起彼伏，一声哨响后，观众们都静了下来，是队员们角逐的时候了。可令教练大为意外的是，第一位天才少女在首轮即遭淘汰，她的成绩非常糟糕，连平时的训练水平都没达到。教练仰天祈祷，心想自己是东道主，有3个名额参赛，虽已折了一位队员，但还有其他两位队员可以寄托。不料决赛才进行到一半，另一位少女的成绩也开始不稳定起来，而且越来越失去准头，眼看她是拿不到冠军了，于是教练只得把目光投向最后一名弟子。这名弟子没有辜负教练的希望，只见她异常的沉着老练，几乎每一支箭都命中靶心，结果终于如愿以偿地拿到了金牌，为举办此次奥运会的国家赢得了荣誉，她就是韩国公认的“神箭手”金水宁。事后，教练问前两位弟子失败的原因，第一位说她从一开始就想“保”，因为她觉得只要发挥出自己的最好水平，她就可以遥遥领先了，可惜她失败了。第二位弟子说，当她射出糟糕的一箭后，她很想“追”，以力保金牌不失，可惜她也失败了。问到金水宁时，金水宁平静地说：“我眼中只有靶心，连箭都看不见了。”教练拍拍她的肩膀说：“你已经知道什么是射箭了。”距离汉城奥运会10多年过去了，当年英姿飒爽的金水宁已经变成了有两个孩子的主妇，可为了即将到来的雅典奥运会，这位老将又重新复出，担当了国家队的核心，她的成绩，依然是最好最稳定的。说到自己保持良好成绩的诀窍，金水宁还有一句倍受观众熟悉的话，那就是：“我决不留恋射出去的箭。”

以上三位女选手应该说都是顶尖的射箭高手，可为什么前两位失败了，而唯独最后一位获得了成功？根本原因就在于：前两位选手的心中存有太多的杂念，分散了她们的注意力，影响了她们的专注度，以致使她们的努力偏离了正确的方向；而最后一位高手呢，她“只看得见靶心”，一心扑着目标而去，真正达到了庄子所说的“用志不分，乃凝于神”的境界，这就确保了她箭无虚发，百步穿杨，获得了最后的圆满成功。至于后来她从“只看得见靶心”，又进而上升到“决不留恋射出去的箭”的层级，那就更是一种飞跃，一种升华——这说明她没有躺在以往的功劳簿上，而是将双眼紧盯住了更新更高的目标。对于目标，她一直都如此高度专注，这样绝不旁骛，自然也就深深地感动了上苍，使上苍不得不对她格外地垂青了。

从事体育运动需要专注执着，心无旁骛，学习知识，进行科学研究等，也无一例外地需要具备这样的精神。譬如牛顿，他的天赋并没有明显的超人之处，可学习和研究时却特别专心致志，简直是达到了如痴如迷的地步。他常常一连几个星期都留在实验室里，直到实验完成。有时候他迷着搞实验，甚至连自己有没有吃饭都搞不清楚。有一次，他更是竟然把手表当作鸡蛋，放到了锅里去煮。又如爱迪生，在举行婚礼的时候，脑海里突然浮现出一个解决自动电报机的方案，他就把新娘和来客扔下不管，一个人悄悄地钻进了实验室里，害得新娘和来客都不高兴，害得家里人急得派人四处寻找。再如我国著名科学家李四光，一次为撰写学术论文，竟忘记天晚该回家了，他正凝神思考时，忽然一个小女孩静悄悄地站到了他的桌边，他也未加理会，只是边写边说道：“你是谁家的小姑娘啊？天这么晚了，快回家吧，不然你妈妈该等着急啦！”直到小女孩埋怨他说：“爸爸，妈妈不是等我着急，是等你在着急哪！”李四光这才恍然大悟，知道是自己的女儿来催他回家去。专注执着无他求，心无旁骛仅一念，正是因为在研究学问和搞科学实验时具有了如此可贵的品性和精神，所以这些名家巨匠才在他们各自的研究领域里取得了那么卓著的成就。

成功是一座瑰丽的城堡，唯有专注执着地用一砖一瓦悉心建造，才能使它坚固宏伟；成功如一张细密的蛛网，只有心无旁骛地用一丝一缕精心编织，才能张开蛛网捕捉到想要猎取的目标。世间万事，但凡谋略已定，就一定要精神专注，全力以赴，一门心思地抓，一心一意地干，而绝不能思绪不定，心猿意马，犹疑不决，这就正如歌德所说："应该把精力集中在有价值的东西上面，把一切对你没有好处和对你不相宜的东西都抛开。"学习知识和求取学问，乃是尤其要动脑子，特别要费心思的事情，因此我们也就愈发要专心致志，手、眼、心、脑全都聚精会神；愈发要心无旁骛，天、地、景、境力争无往不达。哲人有言："目标能把握心灵的方向，唤醒身上的精灵。"只要我们"眼中只有'靶心'"，专注执着地使劲，心无旁骛地努力，不左顾右盼，不瞻前顾后，心无杂念地把自己的精力完全凝聚到一个焦点上，我们就必将会具备"行到水尽处，坐看云起时"的淡定，拥有"不管风吹浪打，胜似闲庭信步"的从容，目标的达成显然就不再那么困难，成功的到来必然就不再那么遥远。

抵御干扰诱惑，一心奔向目标

要实现目标，一定要专注执着，心无旁骛，可在很多时候，人们却又往往专注不起来，极易心有旁骛。这究竟是什么道理呢？我们觉得，主要原因不外乎是：在实现目标的过程中，既容易受各种障碍的干扰，又难免受许多外物的诱惑。

先说受各种障碍干扰的情况。

人大多有怠惰之心，有懒散之意，某一事情略一做久，往往就会感到憋闷，就会觉得难受，此时只要外界稍有动静，就易魂灵出窍，心驰神往，一心以为有鸿鹄将至了。这就是因为外界的干扰而引起的分心，而引起的注意力的分散。不过，这样的干扰还算是小的，除此之外，还有更多更大的干扰摆在我们的面前。在实现目标的过程中，可以说是困难重重，障碍多多，只要意志稍有不坚，也就更易一再受到干扰，不能再专注执着，心无旁骛了。即使是一些著名人物，也往往在所难免。譬如居里夫妇在发现镭元素之前，连续四十八次实验都失败了，这时，居里先生就颇为泄气，不想再干下去了。幸好居里夫人是好样的，她说："纵使再过一百年才能找出这个元素，我只要活着一天，就绝不放弃这个实验。"此话深深地打动了居里，终于使他和居里夫人一起坚持了下来，并获得了最后的成功。

有时候，摆在面前的障碍还可能是惊心动魄的险情，那对我们就更是严峻的考验了。

一艘三桅帆船在南海陷入狂风暴雨之中，船长为了减少风雨对船身的威胁，就命令水手们卸下了两面船帆，当他们正要卸下第三面船帆时，却发现齿轮出现了毛病，根本无法操作船帆的升降。为了解开系住船帆的缆绳，船长只好选派一名年轻的水手爬到桅杆的顶端。船身在风雨中剧烈地摇晃着，这位水手即将爬到桅杆的顶端时，不由胆怯起来，他紧紧抱住桅杆，不敢再移动一点。虽然甲板上的人们都为这个年轻水手加油打气，但年轻水手却手脚颤抖地大叫："没办法，这儿太高，太摇晃……"一位老水手便对年轻水手说："全船人的生命都操在你手中，现在听我的话，千万不要往下看，集中你的注意力在桅杆的顶端，只看着那条你要解开的缆绳就可以了！"年轻水手听从了老水手的忠告，抬头只看着桅杆顶端的缆绳。结果，他三两下就爬了上去，顺利地解开了系住的缆绳，巨大的船帆很快就落了下来。就这样，这艘三桅帆船终于得以转危为安。

船上老水手的话，表面上是提醒年轻水手怎么解开缆绳，其实是道出了心无旁骛地执着于目标的极端重要。由此我们即可懂得，一旦困难挡道，一旦险情骤降，如果只是盯着困难看，老是绕着险情想，势必就会愈怕见鬼愈见鬼，种种杂念就全都会蜂拥而至，搅得我们忧心忡忡，六神无主，手忙脚乱的压根儿不知如何是好，目标的实现自然也就因此而根本无从谈起。所以，每遭困难，每遇凶险，我们应该两眼依然紧盯着前方的目标，心中仍旧执着于向往的目标，努力做到"泰山崩于前而色不变，麋鹿兴于左而目不瞬"。这样心无杂念地把自己的精力完全凝聚到了一个焦点上，我们就不仅具有了"任凭风浪起，稳坐钓鱼台"的乐观豁达，而且还会充满"好风凭借力，送我上青云"的满腔豪情，那么目标的达成也就不再是什么困难的事情了。

如果一受到障碍的干扰，就分心了，就退缩了，那么等待我们的就只能是失败。只有在障碍的面前不分心，不退缩，一心一意地坚持下去，我们才有获取成功的希望。有位老教授在讲公共课《社会学》的时候，给学生出了这样一道题目：如果一件事的成功率是 1%，那么反复尝试 100 次至少成功 1 次的几率大约是多少？备选答案有 4 个：10%，23%，38%，63%。经过十多分钟的热烈讨论，大部分学生都选了 10%，少数人选了 23%，极个别人选了 38%，而最高的成功率 63%，却被冷落一旁，无人问津。老教授对此没发表任何评价，只是在沉默片刻后，微笑着公布了正确答案：如果成功率 1%，意味着失败率 99%。按照反复尝试 100 次之后来计算，那失败率就是 99% 的 100 次方，等于

37%，最后我们的成功率应该是100%减去37%，即63%。全班哗然，全都极为震惊：一件事倘若反反复复地尝试，它的成功率竟然由1%，奇迹般地上升到了不可思议的63%。这就启示我们，遇到了障碍，我们不要分心，即使是分心了，也不要放弃，仍然要专注执着、心无旁骛地继续搞下去。这就正像一句名言所说的："要在这个世界上获得成功，就必须坚持到底，剑至死都不能离手。"我们可以承认失败，但绝不能够选择放弃，因为一旦选择了放弃，就是永远放弃了成功的机会，而专注执着地追求下去呢，成功就会在前方向我们招手。

再说受许多外物诱惑的情况。

据说，非洲草原上有一种花，色彩绚丽，芳香扑鼻，路过的飞虫往往经不住它的诱惑，纷纷扑上去疯狂吮吸，谁知这种花却分泌出黏液粘住飞虫，而将花瓣悄悄合拢，使飞虫成为她的腹中之物。就这样，许多飞虫因为禁不住诱惑，而一一死于非命。虽说诱惑是最美丽的毒药，往往能致人于死命，然而从古至今，却仍然有许多人抵挡不住它的攻势，而葬身于美丽的诱惑之中。现今的社会，虽说经济发展了，生活提高了，但思想境界和精神追求，很多人却并没有随之得到相应的提升。物欲的泛滥，权力的崇拜，名利的追逐，器物的膜拜，常常使不少人头晕目眩，迷失方向，远离本真，忘却目标。

有个财迷，一次去拜访一位部落首领。短短的一番言谈之后，部落首领便尽知来者的贪欲之心，于是便说，你从这儿向西走，走到你觉得满意的地方就做一个标记，只要你能在太阳落山之前回来，从这儿到那个标记之间的地就都是你的了。太阳落山了，可财迷却没有走回来，因为他走得太远，累死在路上了。

这个财迷何以会人财两空？就是因为他禁不住物欲的诱惑，而完全迷失了生活的方向，完全失去了对目标的适度掌控。心有欲念，本乃人情之常，但一定要适可而止，恰好可以，一到适当的程度，就即刻停下，千万不可肆意放纵，越轨过头。千万要记住，唯有适可而行方始步，量力而行却止履，方能够不被物欲所累，达成自己的目标。

美国著名射击运动员埃蒙斯，连续12年参加三届奥运会，比赛开始的时候都非常顺利，成绩也稳居前三。但是，挺有意思的是，他三次都在最后一枪上出现了重大失误。解说员说“这是宿命”，可实际上呢，却是埃蒙斯的心态在此时此刻出现了问题。我们觉得，在发最后一枪时，埃蒙斯已经不能够专心致志，心无旁骛了，或许是他在想着鲜花，或许是他在念着奖牌，也或许是他在提前享受别人对他的顶礼膜拜。总之一句话，是在最为关键的时刻，埃蒙斯被奖牌、荣誉、鲜花和掌声之类的诱惑压垮了，致使他12年没能走出失误的怪圈，错失了真正的荣耀，留下了终生的遗憾。

那么，青少年同学在学习过程中会不会也被物欲所累呢？回答是肯定的。譬如，在上课听讲时，脑子里仍在想着某某同学穿的裙子实在是太漂亮了，要是自己也能买上一条，那必将会更加光彩照人，结果老师讲的话语一句也没能听得进去。再如，在晚自修时，手中虽然握笔在做着题目，可心中却一直在悬想着意甲联赛的一场巅峰对决，想着它是如何精彩绝伦，如何引来全场山呼海啸的叫好之声，以致稀里糊涂的将题目大多做错了。又如，进入考场，一扫试卷，觉得难度不大，高分定可在握，身子骨便轻飘飘起来，仿佛已看到了同学钦佩的目光，已听到了老师热情的表扬，可结果呢，却因为这盲目的自我陶醉，而差错频出，考得大失水准。以上这一切，就全都是外物的诱惑给我们带来的不良影响。它们就有如一条条绳索，一道道枷锁，会束缚我们的心灵，捆绑我们的手脚，给我们造成令我们悔恨不已的严重危害。

《管子·内业》篇说:“君子使物，不为物使，得一之理。”意思是说，君子使用万物，而不受外物支配，就是因为掌握了专一的原则。我们在读书学习和求取知识的过程中，就必须“外不着相，内不动心”，“见素抱朴，少私寡欲”，不喜虚荣，不慕浮华，将自己的整个身心全都扑到我们所追求的目标上，真真正正地做到专注执着，心无旁骛。人生既是永恒的超越，又是不断的回归，只要将这样的理念深深地植入我们的心中，那么我们勤奋努力所迸现的火花，就必将积燃成炬，闪耀光华。

实现目标也要凭智慧

行军打仗，需要有勇有谋，实现目标，也同样需要智勇双全，即既要有实现目标的无畏勇气，又要有实现目标的高超智慧。实现目标的智慧相当之多，在这篇文章中，我们只想着重谈谈这样两方面的智慧：一是分解目标，分步实施，积小为大，尽量减少实现的难度；二是切勿好高骛远，而要不断积储力量，待等火候到家了，再发起有力的冲刺。

先说分解目标，分步实施，积小为大，尽量减少实现的难度。

美国有位名叫罗伯·舒乐的博士，在自己身无分文的情况下，却立志要在加州建造一座水晶大教堂。这座教堂的预算造价为700万美元。舒乐博士首先在一张白纸上，写下了自己实现目标的奇特计划：寻找1笔700万美元的捐款；寻找7笔100万美元的捐款；寻找14笔50万美元的捐款；寻找28笔25万美元的捐款；寻找70笔10万美元的捐款；寻找100笔7万美元的捐款；寻找140笔5万美元的捐款；寻找280笔2.5万美元的捐款；寻找700笔1万美元的捐款。他把700万美元这个大目标，一次又一次地分割成小的和更小的目标，最终分割到1万美元。每次募捐1万美元，这个目标实现起来显然就不那么困难了。就这样，他一万美元一万美元地募捐，一点一滴地筹集。历时12年后，一座最终造价2000万美元、可容纳1万多人的水晶大教堂终于竣工了。这座水晶大教堂成为世界建筑史上的奇迹和经典，也成为世界各地前往加州的人必去的游览胜景。

筹建那么一座大教堂，应该说是一件非常不容易的事情，可罗伯·舒乐博士却取得了非同寻常的成功，而其成功的诀窍，就在于他采用了分解目标的高招。他巧妙地分解了目标，也就化大为小，化难为易，不至于老虎吃天，无从下口了。这样，最后他也就积少成多，积小成大，举重若轻地出色完成了一件看似不可能完成的伟业。

与罗伯·舒乐博士相较，日本山田本一有关这方面的故事就更为生动有趣，更具引人入胜的魅力了。1984 年，在东京国际马拉松邀请赛中，名不见经传的日本选手山田本一出人意料地夺得了世界冠军。当记者问他凭什么取得如此惊人的成绩时，他说了这么一句话："凭智慧战胜对手。"当时许多人都认为这个偶然跑到前面的矮个子选手是在故弄玄虚。马拉松赛是体力和耐力的运动，只要身体素质好又有耐性，就有望夺冠，爆发力和速度都还在其次，说用智慧取胜确实有点勉强。两年后，意大利国际马拉松邀请赛在意大利北部城市米兰举行，山田本一代表日本参加比赛。这一次，他又获得了世界冠军。记者又请他谈谈经验。山田本一性情木讷，不善言谈，回答的仍是上次那句话："用智慧战胜对手。"这回记者在报纸上没有挖苦他，但对他所谓的智慧还是迷惑不解。10 年后，这个谜终于被解开了，山田本一在他的自传中是这么说的：每次比赛之前，我都要乘车把比赛的线路仔细地看一遍，并把沿途比较醒目的标志画下来，比如第一个标志是银行；第二个标志是一棵大树；第三个标志是一座红房子……这样一直画到赛程的终点。比赛开始后，我就以百米的速度奋力地向第一目标冲去，等到达第一个目标后，我又以同样的速度向第二个目标冲去。40 多里的赛程，就被我分解成这么几个小目标轻松地跑完了。起初，我并不懂这样的道理，我把我的目标定在 40 多公里外终点线上的那面旗帜上，结果我跑到十几公里时就疲惫不堪了，我被前面那段遥远的路程给吓倒了。

山田本一说的虽然只是在马拉松赛跑中如何获胜的道理，但对于无论从事什么工作的所有的人来说，却都有着它的普遍适用性。在现实生活中，不管是做什么事情，我们之所以会半途而废，往往并不是因为事情的难度真就那么大，而是因为我们觉得成功离自己实在太过遥远。换句话说，我们有时并不是因为失败而放弃，而是因为畏难而失败。如果我们也能像山田本一那样把"赛程"的"长途"分解成若干"短途"，并且把每一个"短途"的终点作为新的"短途"的起点，那么，即便再长再远的路，不也就都能轻而易举地走完了么？这也就是说，只要我们先将目标一点点地分解，并分步加以实施，那么尽管每次得到的只是微不足道的一点点，但一次又一次的一点点、一点点累积起来，不就足以使我们最终获得最圆满的成功么？就拿我们的学习来说吧，在面对一大堆题目，特别是有一定难度的题目时，如果眉毛胡子一把抓，要想一口同时将它们吃掉，那就不仅将有很多题目难以找到解决的办法，而且还会严重影响我们做题的情绪和心态。这时候，我们就必须学会分解目标，然后各个加以击破。我们可以在老师或同学的帮助下，将众多的题目分解为简单的、稍难的和最难的三种不同的档次，然后先做那些最简单的。只要这些题目解决了，迈过了第一道坎，实现了初段的目标，我们心理上就会产生一种成就感，就会徒增继续奋战的信心和勇气。接着，再去做那些稍难的和最难的题目时，因为有了前面小胜的基础，即使所遇到的题目确实有些难度，但我们或许就不会觉得有预想的那样困难了，甚至很有可能会出现驾轻就熟乃至势如破竹的大好局面。一句话，这样分解了目标，一步一步地分步进击，也就能化难为易，积小胜为大胜，如愿地达到预期的目标了。

接着说切勿好高骛远，而要不断积储力量，待等火候到家了，再发起有力的冲刺。在这一方面，捷克小伙子齐克的经历，能给我们很好的启示。

齐克酷爱登山，十八岁时，他就和同伴一起攀登上欧洲第一高峰——勃朗峰。后来，他们又再接再厉，先后成功登顶九座海拔超过四千米的欧洲山峰。当欧洲已不能满足他们的征服欲望时，他们便把目光瞄准了世界第一高峰——珠穆朗玛峰。攀登珠峰需要申请签证与批文，而且对运动员的申请条件和资格也卡得比较严，于是齐克求助于他的父亲——他是国际登山者协会的常务理事。齐克在电子邮件中对父亲说："作为一名登山运动员，没有征服珠峰，就不算成功。"不久，齐克收到了父亲的回复。父亲在信中给他讲了一个故事：法国一家报纸曾举办过一次智力竞赛，问如果卢浮宫失火，当时情况只可能救一幅画，那么你救哪一幅？多数人都说要救达·芬奇的传世之作《蒙娜丽莎》，著名作家贝尔特却说："我要救离出口最近的那幅画。"结果，贝尔特以最佳答案赢得金奖。看着父亲的信，齐克陷入了沉思。他读懂了这个故事的含义，知道父亲是想告诉他，奔向成功的最佳目标不是最有价值的那个，而是最有可能实现的那个。凭心而论，以他们这帮登山运动员当时的实力和装备，征服珠峰的可能性非常微小，与其光靠一腔热情做没希望的事，不如先踏踏实实地奔向眼前能够实现的目标。于是，他对其他三个伙伴说："我觉得我们应该先试着征服乞力马扎罗山，不一定非要一步登天。"他的建议遭到了同伴的鄙夷与不屑，他被同伴奚落为"目光短浅，胸无大志者"。结果大家不欢而散，分道扬镳。此后几年，齐克先后征服了海拔 5 895 米的乞力马扎罗山和海拔 6 893 米的盐泉峰，被国际登山者协会吸收为理事，还被任命为捷克国家登山队的副教练。2008 年初，齐克再次实现了突破，在没有后援的情况下，成功登上了海拔 8 172 米的世界第七高峰——道拉吉里峰。回来后，齐克随手翻看报纸，到处都是关于他本次登山的报道和图片。对此，齐克已经习以为常，不足为奇了。然而，当他看到《捷克探险报》上的另一则消息时，却一下惊呆了。"与齐克登上道拉吉里峰几乎同一时间，另外三名攀登珠峰者不幸遇难，在海拔八千三百米处坠崖身亡，他们叫……"没错，他们正是齐克以前的登山伙伴。2008 年 6 月，齐克朝着他的最高目标珠穆朗玛峰进发。凭借娴熟的技巧和丰富的经验，他一步一步地朝前攀登，直达海拔 8 500 米处……站在珠峰峰顶，齐克不禁想到了长眠于山底的同伴，百感交集：他一度是被他们看低的人，但正是他，达到了他们所没有达到的高度。

齐克的经历充分说明，凡事都要量力而行，以适度为好。这就好比喝茶一样，茶叶放多了会苦，茶叶放少了无味，一定要正好适度才行。目标一定要适度，标准太低，也就失去了确立的意义，标准过高，就不仅没有实现的可能，而且弄不好还会发生令人痛心的灾祸——齐克先前的三个登山伙伴，不就遭到了那样的厄运么？所以，在向目标进军的时候，必须完全卸下不顾主客观条件而硬着头皮跟外界对抗的戾气，必须多拥有一些无需对别人察言观色的镇定从容，必须多积聚一些稳扎稳打、无需声张的厚实本领。这样，我们才能不急不躁，循序渐进，于最后顺理成章地取得水到渠成、瓜熟蒂落的理想结果。若是急于事功，要想一步登天，那么不仅登不上去，反会重重地摔将下来，甚至会摔得非常之惨。世间万物的成长，都有一个必然要经历的过程，没有哪一株草破土后能在瞬间变得成熟，没有哪一朵花含苞后能立刻变得娇艳，没有哪一棵树发苗后能转眼变成参天大树，也没有哪一个人入学后能一下成为耀眼之星，全都需要花费一定的时间去完成量的积累，尔后才能在量的积累的基础上，完成由量变到质变的转换，才能如己所愿地达成内心所预期的目标。历古以来的众多名人和伟人，并不都是一生下来就特别优秀的，即便他们有着过人的天赋，也还是必须在历经了无数苦难的磨砺，付出了许多的心血和汗水之后，才得以业有所成，崭露头角，才得以载入史册，名垂千古的。所以，作为并非一定有超人之智的广大青少年来说，就更加需要始终抱定踏踏实实苦干实干的宗旨，一步一个脚印地切切实实往前走，而千万别奢想着不费吹灰之力，就能一镢头刨出个金娃娃来。诚能如此，那么幸运女神就一定会实心实意地护佑我们，确保我们喜笑颜开地抵达那成功的彼岸。

切忌随人脚后行

科学技术的发展一日千里，迅猛异常，要在激烈的角逐中立于不败之地，在求取知识和科学研究的过程中，就一定要“须教自我胸中出，切忌随人脚后行”，充分发挥可贵的独创精神。

独创精神从何而来？这就得注意独立思维能力的培养。所谓独立思维，就是既尊重他人的意见，重视已有的成果，但又绝不为他人的意见、已有的成果所束缚和限制的一种具有创造性见解的思维。这种思维的内容和方式往往出乎人们的意料之外，而其结果又总是合乎客观事物发展的情理之中。由于这种思维的作用，众人的陈见就会被打破，谬误的观点就会被匡正，而全新的理论和发明就会随之而诞生。

真正的独立思维，必须具备这样几个特点：

一、多疑善问

“打开一切科学的钥匙都毫无异议的是问号，我们大部分的伟大发现都应归功于问号，而生活的智慧大概就在于逢事都问个为什么。”巴尔扎克对多疑善问的这一评价，无疑是极为恰如其分的。古往今来，科学上的重大突破，理论上的卓越建树，技术上的伟大发明，往往都是从疑问开始的。试想，电磁场、原子能量的发现，相对论、量子论的提出，生物进化论、元素周期表的创立，有哪一样不是对某种现象或是前人观点大胆疑问的结果呢？疑是开山的斧，问是耕地的犁，只要我们挥舞起疑问这把利器，濯濯童山就会长出茂林秀竹，整个世界都将彻底改变模样。

多疑善问为什么具有这样神奇的力量呢？法国作家阿波利奈尔对此

作了很好的回答：“怀疑把我们引向研究，研究使我们认识真理。”问题提出来了，势必就要左思右想，上下求索。一旦时机成熟，对问题的研究有了质的飞跃，那就会瓜熟蒂落，水到渠成，提出一个新颖的见解，乃至创立一个全新的理论。世界上的许多事物，当我们囿于传统的藩篱，不敢越前人的雷池于一步时，我们往往就无法了解它的奥秘。而事实上，这种奥秘很可能仅与我们隔着一层薄薄的窗户纸，只要用疑问的手指轻轻地将它点破，那乍看似乎神奇莫测的奥秘便会赫然显现在我们的面前。

多疑善问，要善于用自己的眼睛去看别人见过的东西，在别人司空见惯的东西上发现出问题来。爱因斯坦为什么会创立相对论？难道不就是因为他对人们司空见惯的时间和空间问题提出了疑问？多疑善问，还要善于从前人的研究成果乃至名人权威的见解中发现出问题来。“糟粕所传非粹美，丹青难写是精神”，即便是权威的科研成果，也免不了有谬误之处，因此一个真正能独立思考的人，就一定要“双眼自将秋水洗”，尽可能做到“一生不受古人欺”。在这方面，物理学家托马斯·扬的做法是很值得称道的。他曾说：“尽管我仰慕牛顿的大名，但我并不因此非得认为他是万无一失的，我……遗憾地看到他也会弄错，而他的权威也许有时甚至阻碍了科学的进步。”正因为他有这样的勇气，所以他纠正了牛顿的所谓光的“微粒说”的错误，从而在发展光的“波动说”方面做出了巨大的贡献。

二、敢于抗压

“庸夫总欲平平过，实境偏偏曲曲程。”求取知识和科学研究的道路何以这样坎坷曲折？就是因为在这样的路途中会遇到困难挫折的考验，会遭到公众舆论的非议，会受到权威名人的反对，甚至会遭到反动势力的迫害。

贝多芬说过：“卓越人的一大优点是：在不利与艰难的遭遇里百折不挠。”情况确实是如此。法拉第从事转磁为电的实验，费时十年之久，其间经历的挫折和失败简直难以数计，但他并没有为这些挫折和失败所压倒，而是始终进行着义无返顾的不屈努力，最后终于如愿以偿，满载而归。“试玉要烧三日满，辨材须待七年期”，挫折和失败并不可怕，只要有坚韧不拔的抗压精神，就一定能在满目荆棘的道路上开拓出崭新的天地。

公众的舆论对于真正的求知者和科学研究工作者来说，也同样是一种巨大的压力。但是名人权威的制约和反对也许是一种更大的压力。然而，真正富有独立思维精神的求知者和科学工作者，即使面对这种压力，也是“欲传春消息，不怕雪埋葬”，决不轻易退缩的。魏格纳在酝酿大陆漂移说之始，门得列耶夫在进行元素周期律研究之初，富兰克林在他的《电学实验和研究》出版之后，都遭到了名人权威的反对乃至气势汹汹的攻击，然而他们都“千磨万击还坚劲，任尔东西南北风”，毅然在反对和攻击声中前进，并终于牢牢地站稳了脚跟。

反动势力的残酷迫害，对于真正的求知者和科学研究工作者更是十分严峻的考验。“黑云压城城欲摧”，这乃是反动势力猖獗一时所造成的紧张局面，“山雨欲来风满楼”，则可以说是敢于独立思维的求知者和科学工作者对反动势力的勇猛挑战，两者的斗争是你死我活，势不两立的。滚油浇身，布鲁诺仍说“高加索的冰川，也不能够冷却我心头的火炬”；身陷囹圄七年之久，孙冶方还说“我是一不改志，二不改行，三不改变自己的观点”，在与反动势力的殊死搏斗中，他们可真算得上是“蒸不烂、煮不熟、捶不扁、炒不爆、响当当一粒铜豌豆”了。

三、善于自变

契诃夫说过：“对自己的不满足，是任何真正有天才的人的根本特征之一。”因此，即使在学习和研究的领域里取得了一定的成绩，也还是要永不自满，善于自变。只有这样，才有可能见到由傲来峰西面攀登泰山时所目睹的奇妙景象：初看傲来峰峭壁千仞，以为上与天通；及至翻到傲来峰顶，才见扇子崖更在傲来峰上；及至翻到扇子崖，观南天门更在扇子崖上。如此愈翻愈险，愈险愈奇，最后才能赢来“会当凌绝顶，一览众山小”的成功喜悦。如果自满自足，不思自变，那就会如蚕之吐丝成茧，牢牢束缚自身，落得个“自谓已穷千里目，谁知才上一层楼”，难以再有长进的可悲结局。

在与论敌论战的过程中，一旦发现自己的认识存在错误，就勇敢地承认错误，并毫不吝惜地放弃自己原有的观点，这也许是难度更高的一种自变。但是为了学识的增长，为了科学的进步，为了事业的成功，我们必须竭尽全力去完成这种自变。因为对于一个真正的善于独立思维的求知者和科学研究工作者来说，再没有比承认真理、发展真理更为重要的事情了。与至高无上的真理相比，什么个人的名誉和威望之类，统统不过是过眼烟云而已，根本不足挂齿的。

四、勇于创新

在求取学问和科学研究的过程中，如果说只是死板地按常规走路，那对某些问题势必一筹莫展，百思不得其解。在这时候，就需要“寂然凝虑，思接千载；悄焉动容，视通万里”，把眼界和思路放得开一些。对于这一点，许多科学家都有深切的体验。在美国著名的贝尔实验室树立的贝尔雕像下方，就写着发明家留给后人的这么一条警言：“有时，需要离开常走的大道，潜入森林，你肯定会发现前所未有的东西。”

非欧几何的创立，就完全是勇于创新，另辟蹊径，进行超越常规的独立思维的结果。自欧几里得的《几何原本》问世后，证明它的“第五公设”一直是对数学家具有很大魅力的难题，可是它却像无底洞一般吞噬着人们的智慧，而不给予任何报酬。于是就有罗巴切夫斯基、鲍耶、高斯等人别出心裁地从“第五公设”的反面，从跟这个公设完全不同的角度去思考和探索，公开声明“第五公设”不可证明，并采用了相反的公理，从而创建了崭新的非欧几何学。

要步上勇于创新的道路，首先要有创新的渴望。有战斗的渴望，才有与敌人拼死搏斗的勇气，才有对创新的不懈追求。在这种强烈渴望的驱使下，巴斯德才揭开了瘟疫的黑幕，詹纳才找到了防治天花的途径和方法。

第二要有敏锐的洞察力，要留神研究工作中出现的意外现象。科学史上的许多科学成果是由于对意外现象的留神而取得的，丹麦物理学家奥斯特是在一次报告结束时偶然发现了电和磁之间的关系，德国物理学家伦琴也是在研究阴极射线时偶然发现了X射线。这些发现纯属偶然的机遇吗？不，这主要是由于这些发现者具有了敏锐的洞察力，他们能够抓住别人容易放过的机会，一眼看透那意外现象的内在意义。这正如巴斯德所说的那样："在观察的领域里，机遇只偏爱那种有准备的头脑。"

第三要具有广博的知识。许多科学史实表明，有重要的独创性贡献的科学家常常是兴趣十分广泛的人，或是研究过他们专修之外科目的人。"根之茂者其实遂，膏之沃者其光晔"，在其他条件相同的情况下，知识的宝藏越丰富，就越容易产生新的联想，就越容易提出独创的见解。

凡事贵在首创独到，领异标新，如果一味拾人唾余，步人后尘，那就必然会像一个软骨病患者那样，休想在求取知识和科学研究的领域里站直身子，更别想作出令人耳目一新的开创性贡献。因此，我们在进行独立思考时，一定要"收视反听，耽思傍讯，精骛八极，心游万仞"，大胆地驰骋想象，勇敢地探寻新路，以便通过刻苦的学习和反复的研究，能真正奉献出"一洗万古凡马空"的奇珍异品来。

古希腊哲学家亚里士多德早就给独创下了一个简单明了的定义："产生前所未有的事物。"人之所以有别于其他动物，独创可以说是最主要的区别之一。可这种独创能力并不是与生俱来的，而是得靠后天培养，特别是在青少年时期的培养显得尤为重要。著名物理学家李政道就曾说过，人身上的细胞大部分是可以换的，旧的死了，又长出新的来，而大脑的细胞是不能换的。年轻时脑细胞的零件效率最高，所以有人把这个时期叫做"最佳年龄"。如果一个人在求学读书时就把独创提到议事日程上来，那他就可以在刚刚进入"最佳年龄"时就有所作为。反之，如果学习时只想着靠死记硬背积累知识，而忽略了独创意识和能力的培养，那么等到将来想独创时，"最佳年龄"已经所剩无几，自然也就很难再有大的作为了。青少年最富想象，最具活力，最少保守思想，只要能够冲破一切陈规陋习的束缚，特别是冲破目前仍占统治地位的应试教育的束缚，那他们的聪明才智就一定能得到最大限度的发挥，朵朵独创之花就必将争奇斗艳，竞相开放。

独创，这是喷涌而出的漱玉灵泉，这是连阴天时云扯一缝阳光猛泄而撒落一地的赤金，这是秋天枝头上红艳艳亮晶晶的硕果，就让我们以满腔的热情，用它来装点美好的今天和更美好的明天吧！

创新思维——打开一切宝库的钥匙

地球上有着千千万万种动物，其中很多都具有远高于人类的各种高超本领。例如，鹰能雄健击长空，鱼能轻灵翔水底，豺狼虎豹有过人的凶猛，狗熊骆驼有非凡的耐力……然而结果呢，它们都或者成为人类的餐中佳肴，或者成为人类驯服的工具，或者成为动物园中供人观赏的对象，全都成了人类的手下败将。人类之所以能够征服所有这些动物，成为万物的主宰，并非是凭靠自己肢体的力量，而是依靠了人脑所具有的思维作用。思维是人类最本质的特征，是人类最强大的力量。思维是照亮成功之路的明亮火把，目标的确立需要明晰的思维，机遇的把握需要敏锐的思维，知识的运用需要灵活的思维，只有具备了标新立异、不同凡响的思维，我们才能踢开所有的障碍，绕过所有的陷阱，在追求成功的路途上疾驰猛进，日行千里。这就正如著名作家巴尔扎克所说："思维——这是打开一切宝库的钥匙。"

思维重要，而创新思维尤为宝贵。所谓创新思维，是指以已获信息和已有知识为基础，以超常规甚至反常规的眼界、视角、方法去观察和思考问题，提出与众不同的解决问题的方案、程序或重新组合已有的知识、技术、经验等，来获取创造性的思维成果，从而实现人的主体创造能力的思维方式。创新思维的"新"，主要体现在观察问题和思考问题的角度、方法的"新"，解决问题方案的"新"，或是思维成果的"新"，因此它往往能突破同质性而达到求异性，突破单一性而趋于多样性，突破分离性而趋于联结性，突破对立性而趋于互补性，突破孤立性而趋于整体性，最后达到"见人之未见，思人之未思，行人之未行"的境界。

创新思维是宝贵的，可真要做到创新思维，却又并不那么容易，这是因为人们在思考问题的时候，往往易于为思维定势所掣肘，很难跳出常规思维的窠臼。所谓思维定势，就是按照积累的思维活动经验教训和已有的思维规律，在反复使用中所形成的比较稳定的、定型化了的思维路线、方式、程序和模式。所以，心理学上通常把思维定势解释为“是过去的感知影响当前的感知”。一般来说，思维定势对常规思考是有利的，因为它能使我们在思考同类或相似问题的时候，省去许多摸索、试探的步骤，不走或少走许多弯路，缩短思考的时间，用举一反三、触类旁通的方法，高效地理解和解答学习和研究中所碰到的问题。然而，思维定势的形成,也有其很大的弊端,那就是容易使人养成一种呆板、机械、千篇一律的思维习惯，一旦遇到新旧问题形似质异的情况，思维定势就往往会使人陷入旧思考程序的无形框框之中，严重妨碍和束缚创新思维，造成知识和经验的负迁移，因而也就难以涌现新的思维，做出新的决策。这就正如心理学家所说的那样：“只会使用锤子的人，总是把一切问题看成是钉子。”

有关思维定势的负面影响，在日常生活中可以说是屡见屡闻。有位老师在课堂上做过的一个实验，就很能说明这一问题。这位老师问同学们：“来”字加三点水是“涞”，读“lái”，那么“去”字加三点水读什么呢？同学们大多不假思索地说读“qù”。老师就告诉同学们，不要不假思索就脱口而出回答问题，大家还是先在纸上写一写，看看到底读什么？同学们写了后，都不禁哑然失笑了，不好意思地说读“法”。这些同学为什么会犯这样简单的错误？岂不就是因为受了思维定势影响的结果么？

其实，不仅青少年同学会受思维定势的影响，就是一些成人，甚至是一些名人，也同样会被思维定势束缚了手脚。美籍俄国人，世界著名的科普作家阿西莫夫，从小就很聪明，年轻时多次参加“智商测试”，得分总在 160 分左右，属于天赋极高的人。有一次，他遇到一位汽车修理工，是他的老熟人。修理工对阿西莫夫说：“嗨，博士，我来考考你的智力，出一道思考题，看你能不能回答正确。”阿西莫夫点头同意。修理工便开始说题：“有一位聋哑人想买几根钉子，就来到五金店，对售货员做了这样一个手势，左手食指立在柜台上，右手握拳做出敲击的样子，售货员见状，先给他拿来一把锤子，聋哑人摇摇头，于是售货员明白了，他想买的是钉子。聋哑人买好钉子，刚走出商店，接着进来一位盲人，这位盲人想买一把剪刀，请问盲人将会怎样做？”阿西莫夫顺口答道：“盲人肯定会这样——”他伸出食指和中指，做出剪刀的形状。听了阿西莫夫的回答，汽车修理工开心地笑起来：“哈哈，答错了吧，盲人想买剪刀，只需要开口说‘我买剪刀’就行了，他干吗要做手势呀？”

阿西莫夫所犯的这个错误，跟上面故事中那些同学所犯的错误，其性质不就有着惊人的相似之处么？两者都是因为思维定势从中捣了鬼——即把人的思维向一个方向固定好，使你就按照这个方向跑，按照这个方向去思考。

正因为思维定势有着这样的弊端，所以各国的学校教育就都在防止这一弊端方面作了很多努力。美国的基础教育对此就尤为注重，许多教育工作者在教学时都想方设法把学生的思维引向自己的反面，竭力活跃学生的思维，充分激发学生的创新力，从而使他们克服思维定势。譬如在一节作文课上，老师要求学生描述一场想象中的精彩足球赛，绝大多数同学都大展其能，把在电视中看到的精彩足球比赛，加上多种多样的形容词语，绘声绘色地写在了作文本上，可最后老师却把最高分给了一个似乎“最偷懒”，也似乎最不会描写的学生。这位学生的作文只有这么短短的一句话：“很抱歉，由于突降大雨，人们盼望已久的这场球赛只得改期举行。”老师为什么把最高分给了这篇只有短短的一句话的作文呢？就是因为这个学生一反众人之所思，别出心裁地写出了一个令人匪夷所思，却又不得不拍案叫绝的场景和画面。其眼光的独到和思想的卓异，确实能让人感到眼睛为之一亮。

突破思维定势，不仅能显现独到的眼光和卓异的思想，有时候还能化解一些看似几乎无法化解的难题。且请看这样一个故事：从前，在欠债不还便足以使人入狱的时代，伦敦有位商人欠了一位放高利贷的债主一笔巨款。那个又老又丑的债主看上了商人青春美丽的女儿，便要求商人用女儿来抵债。商人和他的女儿听到这个提议后都十分恐慌，狡猾伪善的高利贷债主便故作仁慈，建议这件事听从上天来安排。他说，他将在空钱袋里放入一颗黑石子和一颗白石子，然后让商人的女儿伸手摸出其一，如果她摸中的是白石子，她不但可以回到父亲身边，债务也可以一笔勾销；但是，假如她拒绝探手一试，她父亲就要锒铛入狱。虽然是极不情愿，但商人的女儿还是答应试一试。在花园中铺满石子的小径旁商定协议后，高利贷债主便随即弯腰捡起两颗小石子放入了袋中。此时此刻，聪明的少女对债主的一举一动自然是格外高度关注，她敏锐地察觉那放入袋中的两颗石子竟然全是黑的。发现了这一秘密后，女孩冷静异常，未发一语，可她的脑子里却像风车似地飞速旋转了起来，在认真地思考着应对之策。一阵沉思后，她便成竹在胸地伸手探入袋中，看似漫不经心地从中摸出了一颗石子。正当众人急欲上前看个究竟时，只见女孩脚一歪，手一松，那颗石子便一骨碌滚落到了路上的石子堆里，分辨不出是哪一颗了。“噢，看我笨手笨脚的，”女孩说道，“不过，没关系，现在只需看看袋子里剩下的这颗石子是什么颜色，就可以知道我刚才选的那一颗是黑是白了。”当然，袋子里剩下的石子一定是黑的。这时候，债主自然不能承认自己的诡诈，因而也就只好无奈地承认女孩选中的是白石子了。一场债务风波，就这样有惊无险地落幕了。很显然，债主设下的陷阱是非常凶险的，若是用常规思维的模式去处理的话，那肯定将被其暗算，难逃一劫。可商人的女儿绝顶聪慧，她采用逆向思维的方法，不再把问题的关键放在选出的石子上，而是换了一个角度来思考问题：“袋子里剩下的石子是什么颜色？”且又巧施手段，让选出的石子倏忽间丢失在路上的石子堆里，使人无法辨认，结果终于逢凶化吉，把最险恶的处境化解成最有利的情况。这就是剑走偏锋，不按常理出牌所产生的奇效，这就是突破思维定势，运用创新思维所取得的胜利。

既然思维定势有着那样的弊端，既然创新思维有着这样的好处，所以我们在学习的过程中就一定要突破思维定势，勇于创新思维。为达到创新思维的目的，我们必须在以下几方面下刻苦的工夫：首先，要学习和掌握丰富的知识。这是因为一个人的认知能力不仅直接影响创新思维的结果，而且也是思维创新能否实现的前提条件，而较强的认知能力又来源于知识和经验的积累，大脑中如果没有知识信息储存，思维将无法进行，更别说创新了。其次，要努力培养良好的思维习惯，培养广泛而持久的兴趣，目标明确的动机，积极饱满的情感，和坚定不移的意志，以不断强化推动思维创新发展的内在心理动因，增强创新思维的自觉性。再有，就是要有意识地学习发散思维和逆向思维等创新思维的方法，以使自己勤于思考、敢于创新和善于创新的思维能力不断有所提升。知识丰博了，动因增强了，方法在握了，我们的思想自然也就插上了劲健的翅膀，可以在创新思维的天地里尽情地自由翱翔了。

巧思妙想，突破思维定势

在学习和工作中，由于经常反复思考同类或类似的问题，往往会形成格式化、固定化的思维模式，这种思维模式，就是我们通常所说的思维定势。这种思维定势一旦形成，我们的心智就会被蒙蔽，我们的视野就得不到拓展，我们就很有可能被引入思维的死角里去。而一旦进入这样的死角，正常的思维就会受到阻滞，我们就会好像被带入一个只有一面开窗的屋子，只能从一面看到大海，而不知其他三面还有冰川、森林和山峦。也就是说，思维定势会使我们囿于无形的框框之中，只是按照固定的程式去看待一切，去解决问题，结果也就必然很难找到一个符合客观实际的正确答案。

世界是丰富多彩的，解决问题的方法就理应是多种多样的，所以我们一定要突破思维定势，千方百计地巧思妙想，竭尽全力去寻求各种各样解决问题的途径和方法。如何巧思妙想呢？现择要介绍以下几种方法:

发现法。就是用发现的眼光去读书学习，就是在对现象对问题先提出自己的独立见解之后，再去学习别人的东西，跟它作对照比较，作分析研究。何以要这样做呢？这是因为在你一点也不知道别人的学说时，你很容易提出自己的见解，而如果一开始就去了解别人的学说，你就很可能会被别人牵着鼻子走，会围着别人的学说转。当年华罗庚被熊庆来识拔到了清华后，白天工作，晚上攻读，他读书的方法就与众颇为不同，他是看的时间少，关了电灯在黑暗里想的时间多。想什么？他就是用发现法在认真思索，自找问题，自求答案。德国著名物理学家海森堡说:“提出正确的问题，往往等于解决了问题的一半。”华罗庚这样自找问题、自求答案去读书，就不易形成思维定势，不易被书上的东西所束缚，结果不只读书的速度大大加快了，独立思考的能力也得到了飞速的提高。

充填法。这是指在仅仅认识或掌握事物的局部或片断的情况下，凭靠丰富的想象对该事物加以必要的充实和填补，使之构成一个完整的形象，若用爱因斯坦的话来说，那就是“摸着了半道门坎，就想象出宫殿的模样；看见了一颗星星，就胸汇万里银河”。“三顾茅庐”的故事，其史料源头是陈寿《三国志》中的十字记述：“先主遂诣亮，凡三往，乃见。”可经过罗贯中的想象充填，却成了脍炙人口的万言文章，单就景色而言，一顾为：“山不高而秀雅，水不深而澄清；地不广而平坦，林不大而茂盛；猿鹤相亲，松篁交翠。”二顾为：“时值隆冬，天气严寒，彤云密布。行无数里，忽然朔风凛凛，瑞雪霏霏；山如玉簇，林似银妆。”三顾为：“春色融融，映日迟迟，一片宁静，只见诸葛均飘然而去，真卧龙高枕草堂……”其想象之丰富，其充填之佳妙，真让人拍案叫绝。

联想法。世上的事物虽然各有所别，但又常常是相通相联的，因此我们完全可以通过由此及彼、触类旁通的联想，来克服思维上的障碍，达到解决问题的目的，这就是所谓“他山之石，可以攻玉”。书圣王羲之，曾静观鹅掌拨水，领悟出写字的运笔之法，又从鹅的转项之姿，悟出执笔转腕以结字的诀窍；唐书法家怀素以狂草出名，据说他曾观空中闪电和千姿万状的夏云，夜闻嘉陵江水声，而后草书愈佳；张旭亦以草书名世，相传他曾看公主与担夫争道，体会到字的结构要分清主次和讲究避让，又观唐代著名舞伎公孙大娘舞剑而笔势益俊。所有这些书界圣手，皆从联想中大得裨益。

类比法。就是借助于两个诸元构成的具体对象之间的某种同构关系，直接从一个对象的已知属性，推导出另一个对象的对应的未知属性。这种思维方法具有举一反三、触类旁通的作用，往往能由某一个别的物体推导出另一个具体事物。北京市实验中学初一学生刘俊就是用类比法发明了“凉粉、豆腐切割器”的。有一次她帮妈妈切凉粉，没想到凉粉又软又滑，切出来歪歪斜斜，大小不一，弄得妈妈哭笑不得。她便把这事儿记在心上，琢磨开了。几天后，她发现爸爸切松花蛋有个绝招：不用刀切用线勒，不但省力而且切口十分整齐。她由此想到，凉粉、豆腐的质地和松花蛋差不多，能不能也用这个办法呢？说干就干，她便用细尼龙线、小木条等制成了“凉粉、豆腐切割器”，还在北京市西城区青少年发明竞赛中获得了一等奖呢！

集思法。就是通过讨论研究，集合众人之思智，去解决思维过程中所遇到的种种困难。三个臭皮匠，顶个诸葛亮，众人的智慧常常能帮助我们找到解决问题的突破口。美国北部下暴风雪时，雪经常压断高压电线，造成重大损失。为此，美国通用电力公司召开工程智慧讨论会，以寻求解决之道。会上你一言我一语，各献计谋，后有人幽默地说，最简单的办法莫过于用大扫帚沿线清扫一回，马上有人接话说：“那得把上帝雇来扫。”这些怪念头和俏皮话，激发了一位与会者的思想火花：“要上帝抱着扫帚来回跑，真妙！我们开一架直升飞机不就行了吗？”结果，这一在集思中产生的妙法，果真使一个大难题迎刃而解了。

叶绍翁有诗云：“满园春色关不住，一枝红杏出墙来。”只要我们不做“只会使用锤子的人”，尽情放飞思维的翅膀，努力设法打破心理枷锁，突破思维定势，采用各种方法去破解读书时所遇到的种种难题，那我们学习起来就一定能左右逢源，得心应手，无攻不克，无往不胜。

逆向思维最具生机和活力

有些青少年同学说，读了《创新思维——打开一切宝库的钥匙》一文后，懂得了必须突破思维定势，大胆创新思维的道理，可究竟怎么才能做到突破思维定势，大胆创新思维呢？这个问题提得好，确实值得认真作番研究。要突破思维定势，大胆创新思维，涉及的方面相当之多，在这篇文章里，我们只想说说有关很好运用逆向思维的问题。这是因为，如果把创新思维比作一棵巨大的藤蔓的话，那么逆向思维就是这棵大藤蔓上最富生机、最具活力的一个分支，我们只有让这一分支更为茁壮，更具活力，才能让创造性思维的大藤蔓不断延伸，开出更璀璨的创造之花，结出更丰硕的创造之果。

所谓逆向思维，是指对现有事物或理论作相反方向思索的一种创新思维，或者说是指对司空见惯的似乎已成定论的事物或观点反过来进行思考的一种思维方式。逆向思维是创新思维中最主要、最基本、也是最特殊的一种思维方式，它的思维取向总是与常规思维取向相反，比如人弃我取、人进我退、人动我静、人刚我柔，等等。这种敢于“反常规而思之”的思维特点，决定了逆向思维特别有助于我们克服思维定势的局限，使我们得以以全新的角度、观念和思路去发现问题，分析问题，解决问题，从而树立新的思想，创立新的形象。这也就是说，运用逆向思维去思考和处理问题，实际上就是以“出奇”的方法去达到“制胜”的目的。所以，逆向思维的结果，常常会令人大吃一惊，喜出望外，有意外之得。在日常生活中，人们都习惯于沿着事物发展的正方向去思考问题，并寻求解决的办法，而其实呢，对于某些问题，尤其是一些特殊的问题，从结论往回反推，倒过来加以思考，从求解回到已知条件，反过去进行设想，或许会使问题显得更为简单，更易于解决。

为使以上所说更易为大家所明了，就让我们以司马光砸缸的故事来作一具体阐发。司马光砸缸的故事为什么那样被大家津津乐道？说到底，就是因为小小年纪的司马光，在营救落水玩伴时巧妙地运用了逆向思维。在通常的情况下，凡救落水之人，总是按常规思维思考，采用“使人离开水”的方法，可在当时的特定情况下，司马光却是断然无法做到：水缸那么高高大大，司马光那么又小又矮，叫他如何将掉入水缸中的玩伴救将出来？大声呼救吧，周围又空旷无人，即便喊破嗓子也是白搭。眼看常规的办法根本行不通，情急之下，司马光不得不开动脑筋，突破常规去另辟蹊径，结果他终于想出了一个“使水离开人”的妙法。于是，他使劲搬起石头，哐当一声将缸砸破，使水顷刻哗哗流泻，玩伴的一条性命也就因此获救。既然无法“使人离开水”，那就设法“使水离开人”——司马光这样一反常规之思，从反面去思考问题，去寻找答案的做法，终于使一个看似无法解决的难题一下轻松破解，这就充分显现了逆向思维的特点和优势之所在。

逆向思维逆转的范围非常之广，常见的有正反逆转、上下逆转、左右逆转、前后逆转、里外逆转、大小逆转和胜负逆转等，因此其优势也就极为众多，除上面所说的可以轻松破解一些看似无法解决的难题外，还可以独辟蹊径，出人意料地在别人没有注意到的地方有所发现，有所建树；或是在多种解决问题的方法中获得最佳的方法和途径；或是将复杂问题简单化，从而使办事效率和效果成倍提高；或是福至心灵，大开窍门，随之而有所发明创造。逆向思维最可宝贵的价值，就在于它是对常规认识的一种挑战，对一般认识的不断深化，并由此而产生“原子弹爆炸”般的巨大威力。

读到这里，也许有些青少年同学会说，逆向思维要对现有事物或理论作相反方向的思索，要想人之所未想，见人之所未见，要出奇出新，出见解，出思想，这可不是一件容易的事情，我们这些普通的孩子，能够做得到吗？我们说，只要你肯动脑，善思索，一样能够做得到。不信，且请先看发生在抗日战争时期的一个小故事：

在八年抗战期间，有一次，敌人把一个村庄包围了，不让村里的任何人出去，还派了一个伪军在村子通向外界的唯一通道——一座小桥上把守。那时正巧村里有一个重要情报要报告给在村外的八路军领导人，在敌人看守如此严密的情况下，怎样才能把情报顺利、安全地送出去呢？村里的一个小八路，勇敢地担当起了这个任务，他在黄昏时趁着夜色的掩护，不声不响的来到了小桥旁边的芦苇地，躲藏了起来。他认真地观察着小桥上发生的一切，注意到守关卡的敌人打起了瞌睡，凡是有村外的人来，他总是头也不抬就说："回去，回去，村里不让进！"如此几次，小八路心里有了主意。于是他钻出了芦苇地，悄悄地接近并上了小桥，就在敌人抬头发话之前，他突然转身向村里的方向走去，并且故意把脚步声弄得挺大。敌人听到后，还是头也不抬地说："回去，回去，村里不让进！"结果，小八路顺利过关，把情报安全地送了出去，为部队打胜仗立下了汗马功劳。小八路在反复观察了小桥上发生的一切后，"心里有了主意"，这"主意"——制造想进村的假象，以达到要出村的目的——就正是他逆向思维的产物。照此"主意"行动，他果然如愿以偿，在看似根本无法出村的情况下，硬是瞒过敌人出了村，将情报送到了村外八路军领导的手里。这就可见，对于我们青少年来说，只要肯动脑，善动脑，学会并灵活运用逆向思维也并不是什么高不可攀的事情。

如果你还是缺少底气的话，那不妨再看一看下面这则故事，这样你或许就能更坚定突破思维定势，学会逆向思维的信心了：

有一家人决定搬进城里去，于是就去找房子。全家三口，夫妻两个和一个 5 岁的孩子，他们跑了一天，直到傍晚，才好不容易看到一张公寓出租的广告。他们赶紧跑去，见房子出乎意料的好，于是就前去敲门询问。这时，温和的房东出来了，对这三位客人从上到下地打量了一番。丈夫鼓起勇气问道："这房屋出租吗？"房东遗憾地说："啊，实在对不起，我们公寓不招有孩子的住户。"丈夫和妻子听了，一时不知如何是好，只得默默地转身离去。那 5 岁的孩子，把事情的经过从头至尾都看在眼里，那可爱的心灵在想：难道真的就没有办法了么？片刻之后，他便举起那红叶般的小手，又去敲房东的大门。这时，丈夫和妻子已走出 5 米来远，听见敲门声不禁都回头望去。门开了，房东又出来了。只见自己的孩子精神抖擞地上前说："老爷爷，这个房子我租了。我没有孩子，我只带来两个大人。”房东听了之后，不由高声笑了起来，并十分乐意地把房子租给了他们住。

父母开口租房，遭受房东拒绝——“我们公寓不招有孩子的住户”，眼看是“山重水复疑无路”了，可孩子却心有不甘，一番思索之后，他又举手去敲门，并以巧妙的对答——“我没有孩子，我只带来两个大人”，机巧地征服了房东，终于峰回路转，呈现了“柳暗花明又一村”的全新局面。这一重大转折的出现，岂不是全靠孩子的逆向思维争得的么？这一方面显现了逆向思维的神奇作用，另一方面也说明逆向思维并不神秘，只要在关键时刻能摆脱正向思维的束缚，有意识地多从反面去思考，那么即便是孩子也是可以习得的。

总而言之，遇有难题思路转，逆向思维天地宽。加强意识勤练习，绝处逢生并不难。

学会逆向思维，开辟崭新天地

在通常情况下，正向思维大多能有效地解决大部分的常规问题，可一旦正向思维受阻，那就需要有求于逆向思维了。逆向思维，这是与正向思维相对而言的，它要求突破思维定势，突破思考问题的常规思路，从相反的方向去思考问题。这样的思维，往往能别开生面，独具一格，取得突破性的进展，有出乎意料的收获。

在日常生活中，人们实际上总是同时在与事物的正反两个方面打着交道，只是大多数人往往习惯于从正面去认识事物，去思考问题，而忽略了事物或问题的另一个方面，并由此形成了正向思维的定势。正因为此，说到正向思维，许多人都熟门熟路，颇有心得，而对逆向思维，不少人就觉得较为陌生，甚至颇感为难了。

其实呢，逆向思维也并不是什么难事儿，只要遇事不按习惯的套路去办，而能多动脑筋，从常人意想不到地方去琢磨，去思考，就完全可以在逆向思维方面做出极为佳妙的文章来。

有一位赶马车的脚夫，驱赶着一匹马，拉着一平板车的煤要上一个坡。无奈路长、坡陡、马懒，马拉着车上到坡的三分之一处后，就再也不愿意前进了，任脚夫怎么抽打，懒马依然原地不动。该怎么才能脱出这一困境呢？脚夫的脑子飞速一转后，便招呼同行的马车停下，从同伴那里借了两匹马前来相助。若按常规的思维方式，一匹马拉不上坡，让另两匹马前来相帮，那肯定是让它们直接来帮忙拉车的，可脚夫却并没有把牵引绳系在车上，而是系在了自己那匹马的脖子上。绳系好后，只听脚夫一声吆喝，借来的两匹马使劲一拉懒马的脖子，懒马便拉着装煤的车子很快上了坡，难题就这样很快地得到了解决。

乍一看，脚夫的做法真让人感到不可思议，因为他虽然借来了两匹马，可最后拉车的还是他自己的懒马，另两匹马不但没有使上劲，而且弄不好还很可能会拉伤了自己的马。可实际上呢，这却是脚夫运用逆向思维进行深入思考之后，所采取的一个出人意料的高招。脚夫认为，自己的马的力量同其他马的力量差之不多，车上装的煤也不相上下，别的马能上去，自己的马偏偏上不去，这完全是态度问题，而不是能力问题。因此，用借得的两匹马来拉懒马的脖子，这就逼使自己的懒马必须拼命拉着煤车前进，否则它的脖子就可能被另两匹马拉断，求生的欲望迫使它必须积极主动地拉车上坡。如果按常规思路去做，让另外两匹马直接帮助拉车，固然可以轻松地将车拉上坡去，但自己的懒马在尝到偷懒的甜头之后，以后再遇到上坡，就一定还会坐等别的马帮忙，那就势必将留下严重的后遗症。而系住它的脖子，让另外两匹马来教训它一下，则可以使它记住偷懒所吃的苦头，以后上坡时再也不敢偷懒，从而彻底根治它的懒病。我们不能不承认，脚夫运用逆向思维来解决懒马问题的招数，确实是棋高一着，顿见奇效。

驱赶马车可以运用逆向思维，在学习生活中，我们也同样可以使用这一有效的方法。譬如有个班级的同学在写《爱》这篇作文时，有的说，我多么希望得到爱，因为在现实生活中缺少爱——无论是父母的，还是教师的，或者是人与人的；也有的说，我得到了爱，因为生活中已经有人给了我无微不至的关怀，它给我带来了信心、力量和勇气；而有一位同学却说，我不需要父母或教师过分的爱，因为过分的爱限制了我的发展，过分的爱使我与同学朋友之间产生隔阂，希望父母不溺爱，教师能把爱洒向每一个学生。前两种说法是用正向思维写的，虽然都说得合情合理，但都是些习见习闻的内容，并没有什么新意可言。后一种说法就不同，它是从相反的方向立意的，这就避免了常见的单一与狭窄，显得独特新颖，高人一筹。

这就可见，逆向思维虽然神奇，却并不神秘，不管是在什么时候，什么场合，也不管是大人，还是孩子，只要肯于动脑，善于思索，就都有可能运用它来解决各种难题，求得新的突破。

苏霍姆林斯基曾经说过：“人的心灵深处，总有一种把自己当作发现者、研究者、探索者的固有需要。这种需要在中学生的精神世界中尤为重要。”为了满足这种发现、研究和探索的需要，我们就一定要学会用逆向思维来思考问题。这是因为逆向思维不仅可以使我们将复杂的问题简单化，使那些看似难以解决的问题轻松破解，而且还能使我们别具慧眼，在别人没有注意到的地方有所发现，有所建树，开辟出一片完全属于我们自己的崭新天地。

发散思维是神奇的“智慧魔方”

要创新思维，除了要学会逆向思维以外，还必须学会发散思维。

发散思维，又称辐射思维、放射思维、扩散思维或求异思维，是从一个问题（信息）出发，突破原有的圈子，充分发挥想象力，经由不同的途径、方向，以新的视角去探索，重组眼前的和记忆中的信息，产生出多种设想、答案，从而使问题得到圆满解决的思维方法。通俗地讲，发散思维就是辐射地思，多向地思，从中心向各个方向伸展出去，由一点思及一大片，由一片思及各方面。发散思维不受已知的或现存的方式、方法、规则和范畴的约束，力求从这种扩散、辐射和求异式的思考中，求得多种不同的解决办法，衍生出各种不同的结果。发散思维要求在思维时既要进行空间的拓展，也要进行时间的延伸。所谓空间拓展，即对思维对象进行多要素、多结构、多层次、多方位的思考。所谓时间的延伸，则指对思维对象进行时间上的二维思考，即一方面面向过去，回溯引起现实结果的多种原因；另一方面又面向未来，探测对象发展趋势的种种可能性。发散思维犹如光源向四面八方辐射光线一样，是一种从一到多的立体性思维，是一种综合的全方位高层次的思维，它往往能独辟蹊径，别开生面，取得令人耳目一新的可喜收获。

以上这些理论上的述说，或许稍显有些抽象，下面就让我们通过一个实例来作一具体的阐发。比如 1 加 1，若从数学的角度，按常规思维去思考，那肯定是等于 2，此外别无其他答案。可如果不仅从数学的角度去考虑，而用发散思维来进行思考的话，答案就绝不仅限于等于 2 了，它还可以等于零，小于 2，大于 2，甚至可以是负数，或是无穷大。说 1 加 1 可以等于零，是因为如果是 2 个互相推诿、互相扯皮的人合在一起，那他们的力量就会在无形中相互抵消，什么作用也起不了，这岂不就等于零了吗？说1加1可以小于2，是因为2个合在一起的人配合并不默契，并不协调，这样他们也就不可能将各自的优势和力量充分发挥出来，这岂不就小于2了吗？说1加1可以大于2，是说2个合在一起的人十分团结，总能互激互励，步调一致地合力奋斗，那么他们合起来的力量也就远远大于2个人的力量。说1加1可以是负数，是因为合在一起的2个人相互对立，互相敌视，一天到晚总是窝里斗，因此他们不仅什么事都搞不好，而且还会带来许多负面的影响。说1加1可以是无穷大，是说合在一起的2个人都品质特高尚，才华特横溢，因此他们也就能成为一个非同寻常的最佳组合，创造出其他人无法比匹的惊人业绩，如马克思和恩格斯合在一起，就创立了使世界彻底改变模样的伟大的马克思主义学说，其作用岂不就无穷大了么？这就可见，发散思维就是那五光十色的“万花筒”，就是那神奇无比的“智慧魔方”，它会使我们在思考问题时感到既有“风弄林叶，态无一同；月当流波，影有万变”的万千变化，又有“水泻千里，其源同一；万木繁盛，日以养之”的有迹可循，我们的思维就将由此而更显活跃，思想就将由此而愈趋深刻。

应该说，发散思维并不复杂，更不神秘，在生活里，在学习中，不管是幼小孩子，还是青少年同学，抑或是众多的成年人，都可以随时随地学习运用。

一位妈妈从市场上买回一条活鱼，女儿走过来看妈妈杀鱼，妈妈看似无意地问女儿：“你想怎么吃？”“煎着吃！”女儿不假思索地回答。妈妈又问：“还能怎么吃？”“油炸！”“除了这两种，还可以怎么吃？”女儿想了想：“烧鱼汤。”妈妈穷追不舍：“你还能想出几种吃法吗？”女儿仔细想了想，终于又想出了几种：“还可以蒸，醋熘，或者吃生鱼片。”妈妈还要女儿继续想，这回，女儿思考了半天才答道：“还可以腌咸鱼、晒鱼干吃。”妈妈首先夸奖女儿聪明，然后又提醒女儿：“一条鱼还可以同时有两种吃法，比如鱼头烧汤、鱼身煎，甚至还可以一鱼三吃、四吃，是不是？你喜欢怎么吃，咱们就怎么做。”女儿点点头：“妈，我想用鱼头烧豆腐，鱼身子煎着吃。”“行，今天就这么吃！”这妈妈和女儿的一番对话，看似极为普通平常，可只要仔细体味一下，我们即可发现，这实际上是妈妈有意识地在对孩子进行发散思维的训练，而女儿呢，也与妈妈配合得颇为默契，在发散思维方面有着非常出色的表现。

在家的孩子能进行发散思维，进了幼儿园，自然就更不用说了。一次，有位幼儿园的老师向孩子们提出了这样一个问题："雪融化以后是什么？"话音刚落，不少孩子就七嘴八舌地说："是水。"老师先肯定孩子们答得对，可随即又问道："还有其他的答案吗？"过了一会儿，终于有一个孩子答道："是春天。"老师听了，当即就挺高兴地表扬道："这孩子很聪明，答得非常好！相信大家也不会甘愿落后吧！"老师这么一说，一只只小手就争先恐后地举了起来，有的说"是小草出土了"，有的说"是柳叶发芽了"，有的说"是迎春花开放了"，有的说"是树上的鸟儿鸣叫了"，有的说"是美丽的蝴蝶飞来了"，有的说"是河里的蝌蚪游动了"，有的说"是农民伯伯开始春耕了"，有的说"是大地苏醒了"……一时间，教室里就像一锅烧开了的水，展开了一场发散思维的大比赛。

进了小学，孩子们发散思维的能力也就更强了。比如有个班级在学习《称象》这篇课文时，老师就引导大家来讨论这样一个问题：曹冲是怎么想出称象的办法来的？很快就有人说："他根据造大秤这个办法把船当成了大秤！"马上又有人接着说："没有人提得起大秤，他就让水来托住船。"老师觉得这学生答到了点子上，马上就补充说："对，曹冲巧妙地利用了水的浮力！"随后又趁势问道："那么曹冲又怎么利用船这个'大秤'，来称出大象的重量的呢？"一阵静默之后，即有同学回答说："他是把无法一次称出的大象的重量，替换成了可以分次称量的石头的重量。"随后又有同学附和说："对呀，对呀，这么一替换，称一块一块的石头，就比称一整头的大象容易多了！"这时，老师便总结性地说："曹冲称象，他的聪明之处就在于他以船为媒介，将一块块可称的石头替换了无法称的大象。'替'就是替代，'换'就是更换，一经替换，就使复杂的问题变得简单，难题也就迎刃而解了。"至此，围绕着曹冲称象问题的讨论似乎已经结束了，可这位老师仍继续引导同学们作进一步的发散思维："你要是曹冲，还能想出什么办法来？"这一下，犹如一石激起千层浪，教室里的讨论达到了最高潮："我可以不装石头，因为那得让人搬来搬去的，太麻烦了。直接让人站到船上去，不就方便简单了许多嘛？”“还可以用一袋袋粮食来代替大象！”这时连平时不大开口的一位同学也参与了进来：“只要是比较沉，但又便于搬运，且又容易计算重量的东西，就全都可以。”他的概括赢得了大家的一致赞许。随后，又有一位同学说：“老师，我能不能用弹簧代替水？放几个弹簧，然后再在上面放一张结实的板子，这样就可以代替水的浮力了。”“你想得很好，别人都是想办法替换重物，你想到了换一种承重工具，很有创意；只是这么做，恐怕稍微有点不安全。”这时，又有个学生抢着站起来说：“老师，我曾经见过一种地秤，连汽车的重量都能称出来，我们也可以把大象赶上去称嘛！”孩子的答案是对的，只是他没有考虑当时还没有地秤这种东西，不过他另辟蹊径的精神还是很可贵的，所以老师仍然给了他热情的鼓励：“好！你是现代版的小曹冲！”“嗨！要是能这么想的话，直接用计算机对准大象一扫描，再运用一下专门的计算机软件，不就轻松地解决问题了吗！”听了这位女同学的答案，同学们都笑了，老师也笑了：“我也没有限定这个曹冲的出生年月呀，你能这么想非常好。现代科学技术已经非常发达，这种问题早已难不倒我们了！”就这样，这节课在同学们的一片欢声笑语中结束了，大家的发散思维都在课堂上得到了很好的发挥。

以上的事实都充分说明：“在人的心灵深处，都有一种根深蒂固的需要，这就是希望感到自己是一个发现者、研究者、探索者。”（著名教育家苏霍姆林斯基语）而在儿童的精神世界中，这种需要就往往尤为强烈。而有了这一“根深蒂固的需要”，他们的思想就会像核裂变一样，具备不竭的智慧源泉，显现无限的智慧潜能。

这么说来，发散思维就是件非常容易的事儿了？不，情况也并非这样乐观。因为长期以来，由于受应试教育的影响，许多同学解答问题时总喜欢围绕着所谓的“标准答案”打转转，学习时总是唯书，唯上，迷信老师，迷信已有的答案，而不能很好地打破常规，弱化思维定势，发挥想象力的空间，大胆地别出心裁，异想天开。法国生物学家贝尔纳曾说过：“妨碍学习的最大障碍，并不是未知的东西，而是已知的东西。”情况确实是这样，一些知识相对多了点的初中和高中同学，学习上往往就会有较多的障碍。比如有这样一道智力测验题："用什么方法能使冰最快地变成水？"很多同学见了，往往就会回答用加热和太阳晒的方法，可答案却是："去掉两点水。"如果没有大胆的想象力，如果不作多向的发散思维，让自己的思想信马由缰，纵横驰骋，腾挪闪错，奇幻诡谲，那就显然很难做出独到而又正确的回答。

要进行发散思维，也得运用一些方法，如立体思维、多路思维、侧向思维和逆向思维等。

先说立体思维。立体思维要求人们思考问题时，必须跳出老框框，不受点、线、面的限制，能从上下左右、四面八方去思考问题。比如见到"用六根火柴搭出四个三角形"这道题后，多数人就急于拿火柴棍在桌上摆来摆去，可怎么也搭不出四个三角形来。为什么？就是因为他们的思维受到了平面的限制。如果他们能跳出"平面"，扩展到"空间"，想到"立体"，那很快就可以搭成一个三角锥体，排出四个三角形来。

接着说多路思维。如果说立体思维要求思考者向上下左右、四面八方想开去，那么多路思维就是要求思考者不要一条道儿走到黑，而要善于一路又一路地从多个方面去思考问题。比如面对粉笔，可以想到粉笔的作用，想到它是传播知识的工具；可以进而想到常使用它的老师，想到老师无私奉献的精神；还可以想出天外，想到世界上某些国家，因为从某种意义上说，它就很像一支粉笔，想到哪儿点点就到哪儿去点点，想到哪儿划划就到哪儿去划划，不过在肆意攻击和损害别人的同时，它也同时在不断地磨损着自己，一步步走向衰退。

再说旁通思维。旁通思维包括侧向思维、类比思维、相似思维和转移思维等，是从看似离得很远的其他领域的事物中获得启示，借机以挥，从而产生出新的设想的一种思维方法。像鲁班由一种可以划破手的草想到锯子的制造，像莫尔斯在发明有线电报遇阻后，从驿站换马一事中得到启发，终于使遇到的难题得到了解决。

至于逆向思维，前面已有专文谈及，这里就不再细说了。

发散思维需要运用方法，但如果仅着眼于方法的运用，那还是远远不能解决问题的。这是因为发散思维的价值更多取决于人本身的阅历、经验和对生活、对人性的认知。只有这些方面都不断丰富了，发散思维的价值才会越来越高，才会体现得越来越明显。这也就是说，发散思维本身是要借助于人的生活积淀和思维活力才能体现其价值的，如果一个人在这些方面什么都不具有，那么发散思维就是一个空架子，永远也不可能长大。

要坚信，只要我们能在丰富知识、积累经验方面狠下工夫，并在方法的运用方面潜心学习，那我们就一定能逐渐成为一个善用发散思维的高手。而一旦能娴熟地运用发散思维，我们就会发现智慧的能量是无穷无尽的：运用发散思维来观察生活，我们将随时会有许多新的发现；运用发散思维来阅读，我们将会进入一个超越时空的新境界；运用发散思维来作文，我们将会文思泉涌，下笔如有神相助；运用发散思维来解题，我们将会左右逢源，不费吹灰之力；运用发散思维来演讲，我们将会滔滔不绝，妙语连珠频频出；运用发散思维来创新，我们将会不时冒出金点子，经常收获累累的硕果。总而言之，学会发散思维，也就催生了创造性思维，会在方方面面都给我们带来许多我们意想不到的莫大惊喜。这就正如美国学者吉尔福特所说："凡是有发散性加工或转化的地方，都表明发生了创造性思维。"

美国朗讯公司的贝尔实验室，是一个令人肃然起敬的名字！那里培养了11位诺贝尔奖获得者，产生了改变世界的十大发明。贝尔实验室何以会取得这么卓著的成果呢？在贝尔实验室创办人塑像下镌刻着的一段话，就为我们提供了一个最好的答案："有时需要离开常走的大道，潜入森林，你就肯定会发现前所未有的东西。"我们觉得，发散思维就是让大家常常潜入"森林"，去发现和领略前人从未见过的绮丽风光的最好途径。方向既已明确，途径亦已了然，那还等待什么呢？就请大家赶快加入发散思维的行列吧！

学会发散思维，拓展思维空间

在传统教育实施的过程中，由于受标准化考试的影响，学校教育多半只注重培养青少年同学的聚合思维——即通过逻辑思维找出唯一的所谓标准答案，而忽视了发散思维的应有培养。在这种教育的主导下，很多青少年同学便形成了只会在预定的思维框子内循规蹈矩地去思考问题的习惯，一旦让他们换个场合或是换个角度去寻求答案，他们往往就会无所措手足，成为那“沉默的羔羊”。许多事实表明，只知聚合思维而不会发散思维的青少年同学，在思考问题时常常会出现这样一些弊病：一是依赖性，只是唯书是从，唯师是从，死记硬背书上的知识和老师所讲述的内容；二是单一性，往往思路狭窄，思维片面简单，不善于多方面、多层次、多角度地去思考问题；三是无序性，不善于对所学的知识进行及时的梳理，构建起应有的知识体系，所学的东西始终处于散乱无序的状态；四是肤浅性，对所学的知识，常常是只知其一，不知其二，只知其然，不知其所以然，因而缺少应有的举一反三和触类旁通的能力。

跟思考问题时思路只是朝一个方向聚敛前进，从而形成唯一的、确定的答案的聚合思维不同，发散思维是打破思维的定势，改变单一的思维方式，运用联想、想象、猜想和推想等尽力拓展思路，从问题的各个角度、各个方面、各个层次进行或顺向、或逆向、或纵向、或横向的灵活而敏捷的思考，从而获得众多答案或结论的一种思维。发散思维就好比是大自然最天才的“调色板”，它可以将不同的色彩和不同的季节组合，将不同的感官彼此交融，将不同的要素有序和无序地对接，使之成为一个有机的整体。有一首名叫《种太阳》的少儿歌曲，就突出地体现了发散思维的闪动灵光：“我有一个美丽的愿望／长大以后能播种太阳

/ 播种一个一个就够了 / 会结出许多的许多的太阳 / 一个送给送给南极 / 一个送给送给北冰洋 / 一个挂在挂在冬天 / 一个挂在晚上挂在晚上 / 啦啦啦种太阳 / 啦啦啦种太阳 / 啦啦啦啦啦啦啦啦 / 种太阳 / 到那个时候世界每个角落 / 都会变得都会变得温暖又明亮。”在这首歌词中，不仅当今与未来，空中与地上，南极与北极，白天与黑夜，寒冷与温暖，全都有机地交织在了一起，而且自然现象，美好愿望，儿童心理，人类本性，也都得到了高度的融合。这种天马行空般的发散思维，确实是让人大开眼界，大长见识，大呼过瘾。

由于发散思维具有以所思索的问题为中心，让思考活动像花园或菜地里的旋转喷头那样，朝多个方向作立体式的发散思考，从而产生大量新颖独特、富有价值的奇思妙想这样的明显优势，所以不仅历史上的很多发明创造都源于发散思维，就是在日常生活中，也时有一些因为发散思维的出色运用，而克服看似无法克服的困难，最终取得意想不到的成功的生动事例。譬如有一个向和尚推销木梳的故事，就很能给我们耳目一新的感觉：

一家著名跨国公司，高薪招聘营销人员。消息传出，应聘者趋之若鹜，但这些人拿到公司的考题后，却都面面相觑。原来公司要求每一位应聘者，10 日之内，尽可能多地把木梳卖给和尚，为公司赚得利润。面对这一考题，许多应聘者都百思不得其解：想那出家的和尚，剃度为僧，六根已净，光头秃顶，要木梳何用呢？既然如此，又何以能将木梳售给他们呢？于是大多应试者见难而退，仅剩下甲、乙、丙三人仍在坚持。按照公司要求，三位应聘者立即奔赴各地，各显神通地去兜售木梳。期限一到，三人返回交差。面对公司主管，甲满腹冤屈，涕泗横流，说道：自己前往寺庙推销，不料遭众僧责骂，被轰出山门。归途之中，偶遇一游方僧人，自己将木梳奉上，并含泪哭诉，这才使游僧动了恻隐之心，勉强买下 1 把。听罢甲的叙述，公司主管深表同情。轮到乙时，他声称，为推销木梳，自己不辞辛苦，深入远山古刹。由于此处山高风大，前来进香者头发被风吹得散乱不堪。见此情景，他灵机一动，忙去找到寺院住持，对他侃侃而谈：庄严宝刹，佛门净土，理应沐浴更衣，进香拜佛。倘若衣冠不整，蓬头垢面，实在是亵渎神灵，故应在每座寺庙的香案前，摆放木梳，供前来拜佛的善男信女，梳头理发。住持闻之，认为言之有理，便采纳了他的建议，总共买下10把木梳。公司主管听罢，点头称赞。最后轮到丙汇报，他不慌不忙，从怀中掏出一份定单，自称已卖出1000把木梳，并且还需火速发货，以解货源不足之急。闻听此言，甲、乙两人啧啧称奇，公司主管也大感意外。丙接着说道，为推销木梳，自己打探到一个久负盛名，香火极旺的名刹宝寺，向方丈进言：凡进香朝拜者无一不怀有虔诚之心，希望佛光普照，恩泽天下。大师是得道高僧，且书法超群，可将所题“积善”二字刻于木梳之上，赠与进香者，让这些善男信女，梳却三千烦恼丝，以显示我佛慈悲为怀，保佑众生，慈航普渡。方丈闻听，大喜过望，连连口称“阿弥陀佛”。此举一出，一传十，十传百，寺院不但盛誉远播，而且为求“积善梳”而进山朝圣者，简直挤破了脑袋。为此，自己因方丈之恳求急速返回，请公司多多发货，以成善事。众人听罢，全都如醍醐灌顶，甘露洒心，对丙的做法佩服得五体投地。

虽说这仅是一则故事，但其中却蕴含着许多值得我们深思的丰富内容。细细究来，应试者甲之所以遭众僧责骂，空手而归(只是在归途中因得怜悯而卖掉1把木梳)，就是因为他的思维完全陷入了和尚无发，因此无需买木梳梳头的单向思维的巢臼中。应试者乙之所以能卖出10把木梳，是因为他脱出了单向思维的巢臼，不是只考虑和尚与木梳的关系，而是由和尚想到了与和尚相关的香客，从而扩大了销售木梳的空间。应试者丙之所以能销出1000把木梳，且还供不应求，乃是因为他目光更加敏锐，思维更加活跃，把思想的触角伸得更远更广：从和尚与香客的普通交往，想到和尚与香客的心灵沟通，并进而想到由此发挥和尚的独特优势(“名刹宝寺”和“书法超群”)，别开生面地巧制“积善梳”，从而给香客以最大程度的心理满足和精神安慰。如此一来，木梳已不再是简单的梳头工具，也不再是一件普通的赠品，而是成了能彰显“我佛慈悲”的珍品，成了能给众多香客带来巨大福佑的宝贝。就是这样，在发散思维的引领下，本不值钱的木梳转眼间被赋予了无比的精神价值，就像鲤鱼登龙门似的，一下子身价顿增百倍，从而理所当然地成为了众人的抢手货。这就真可谓是：思路一开，别有洞天，思维化巧，木梳成宝。

可以毫不夸张地说，发散思维就好比是魔术师手中的那根魔棒，只要能灵活自如地挥舞起它，那么我们面前原本看似单一平板的东西，就会顷刻间变成一个色彩斑斓的神奇世界。只要具备了这种思维，就能激活大脑中的诸多储备，产生由一生二、由二生四……的连锁反应，并在由一生多的喜悦之中，使新生的众多信息又成为新的不同的思维发散点。这样点点相连，步步发散，我们思维的大树也就必然能枝繁叶茂，一片葱绿了。所以，在聚合思维大行其道的今天，我们青少年同学一定要学会发散思维，拓展思维空间，通过丰富想象，广泛联想，质疑善问，标新立异，大胆地对已知信息进行分析、综合、加工，从而生发成多个信息，探寻出多个途径和线索，巧妙而快捷地解决我们所面临的棘手难题，以扩展我们思维的张力，撞击我们智慧的火花，使我们的创新能力得到大幅的提升。

学会求异思维，力争出奇制胜

我国的传统教育，总是要求人们信于一统，定于一尊，因此在多彩、多元的客观存在面前，就往往只是强调和强求主观观念、主观意念上的一元和一统，而完全忽略了客观世界的丰富性和多样性。这种只着眼于求同思维的教育，阻碍了青少年独立思考和正确判识的能力，扼杀了青少年大胆创新和勇于开拓的精神，妨害了青少年创造性思维花蕾的自由绽放。所以，我们必须从根本上改变这种教育方法，而大力提倡与之大相径庭的另一种思维方式——求异思维。

求异思维，这是一种打破常规，沿着不同方向、不同途径思考问题的方法。它最显著的特征就是对人们普遍认为完美无缺的定论提出质疑，它最大的功能就是追求与众不同，出奇制胜。它常常是由对现成的规范提出疑问而引起的，往往在一般人觉得不是问题的事物上看出主要问题，并在没有现成答案的问题上找出新的答案。这种思维能使人们冲破凝固化和一统化的思维模式，把思维从狭窄、封闭、陈旧相因的体系中解放出来，在一个新的领域中进行思维的创造性、开拓性的辐射与复合，因此它能给青少年带来巨大的思维空间，极大地提高青少年分析问题和解决问题的能力，很好地培养和增强青少年的创新意识。

敏于生疑，敢于存疑，善于质疑——这是求异思维的内核之所在。这里所说的“疑”，是指的不唯书、不唯上、不人云亦云，敢于对人们普遍认为完全正确的定论提出质疑，敢于向权威的观点大胆地提出挑战。不疑就不会有异，没异就不会有新。生疑—质疑—解疑—发现—创造，这是所有创新活动的必经历程。敏疑、敢疑、善疑的求异思维，可以说是孕育一切创新的源头，只有有了它，方能“见人之未见，思人之未思，行人之未行”，源源不断地生发出新异、多彩、多元的新构思、新思想、新思维。

求异思维是一种极富创造性的思维，它不受习惯思维的影响，不受传统思维和已知结论的束缚，总是从一点向四面八方发散开去，从不同的角度、不同的方向提出问题，并进而从多方面寻求解决问题的方法和途径，所以它的思维空间特别宽阔，常常能从已知的领域中脱颖而出，获取全新的设想，绝妙的答案，非凡的创造。在《三国演义》的“空城计”中，司马懿为什么会上当？就是因为他按照固有的经验，用求同思维的方式对所面临的情况做出了错误判断。在司马懿看来，诸葛亮一生谨慎，从不弄险，这次兵临城下，形势极端险恶，而他却城门大开，在城楼上端坐抚琴，可见里面必有伏兵。正是这样的求同思维，使司马懿自己给自己设下了一个套子，从而也就错失了一举擒住诸葛亮的良机。而诸葛亮之所以能险中求胜，化危机为转机，关键就在于他出神入化地巧用了求异思维：既然世人都认为他从不冒险，疑心极重的司马懿当然就更不例外，因而他就偏偏打破常规，巧妙地设了一个空城计，兵不血刃地击退了司马懿。所以我们不妨说，司马懿的失败就是求同思维的失败，诸葛亮的胜利就是求异思维的胜利。

要学会求异思维，必须不满足于去想“这个问题原来是这样的”，而要多去想想“这个问题为什么不可以是那样的”，以揭露事物的本质及其内在联系，并在这个基础上产生新颖的、超出一般规律的思维成果，从而达到出奇制胜的目的。

学会侧向思维，顿觉别有洞天

有位心理学家曾做过这样一个实验：把狗和鸡关在两堵短墙之间，并在它们的前面用铁丝网隔开，放上一盆饲料。鸡一见饲料，马上就直冲过去，可左冲右突了好一阵，也没能吃到食物。狗先是蹲在那儿直盯盯地看着食物和铁丝网，接着又看了看周围的短墙，随后便转身往后跑，绕过墙去到铁丝网的另一边，结果很方便地吃到了食物。

我们人在面对棘手的问题时也常常会出现类似的情况，如果死抱着正面进击的方法一味蛮干，定会碰壁而归，一无所获，倒是运用侧向思维的方法，采用迂回包抄的战术，往往易于获得成功。

侧向思维，方法种种，当视具体情况灵活运用。在这篇文章中，我们想着重介绍以下两种：

一是可以抓住关联点作侧向寻找。譬如要怎样才能在 1 ~ 2 天内找一个最合适的位置，在一座城市里开一家新电影院，这就是一个不小的难题。什么是最合适的位置呢？那就是人气最旺，人流量最多的地方。如果按照常规思维，用测算人流的方法去寻找，就得每天派人到各处去实地考察，这就费时花力，短时间内根本得不出结果。该怎么办呢？日本东宝电影公司的老板就想出了一个高招，他直接让下属分头去这个城市的派出所进行调查，调查的目标非常简单：看看哪个地方平时丢钱包最多。乍看起来，丢钱包跟建电影院似乎风马牛不相及，调查它干什么？可实际上呢，他却是抓住了事物的内在关联点在做文章：钱包丢得最多的地方，必然是人流最大、消费活动最旺盛的地方，因此也就是最适合建电影院的地方。具体来说，他的思路是：首先确定目标——人流最多的地方；然后认定哪里是人流最多的地方——最拥挤最易丢钱包的地方；最后确定从何处能快捷地找到丢钱包最多的地方——派出所。顺着这样的关联点侧向思考，难题很容易就解决了，新开的电影院当真成了众多电影院中最火的一家。

二是可以作兴奋点的侧向导引。英国作家毛姆，虽说著作颇多，可刚开始时却销路不畅，根本卖不出去，情急之下，他就开动脑筋想办法。一天，他突然心生一计，就去到一家发行量最大的报纸上登了一则征婚启事：本人是一位年轻英俊、很有教养的百万富翁，欲寻一位毛姆小说中女主人公式的女孩为终身伴侣。这则启事一登出来，如水击石，打动了很多女孩的芳心。可是大家都不知道毛姆小说女主人公是什么模样，于是便纷纷去买毛姆的小说。就这样，毛姆的小说被抢购一空，一版再版，毛姆也就此而国人皆知，家喻户晓，奠定了文学大师的地位。毛姆的聪明，就在于他巧妙地把卖书广告变成了征婚广告，而这就正是侧向思维的成功运用：你卖书，怎么吹你的书好，人家都不会感兴趣；思维一转，你搞征婚，大家的好奇心和兴奋点就被激发起来了，就都想去看看这个女主人公究竟怎么出色，毛姆也就因此而大获成功。

综上可见，在正向思维无法奏效的情况下，我们不妨多动动脑子，通过侧向思维来寻找新的前行通道，这样往往就能顿觉豁然开朗，步入一个别有洞天的全新天地。

展开想象的翅膀

在学校里，有一些同学读书也认真，学习也刻苦，可成绩却像蜗牛爬坡似的，总是非常缓慢地上升着，而很难有重大的突破。此中虽有诸多因素，但读书时过分死呆一板，作业时过分循规蹈矩，而缺少应有的想象力和创造力，却不能不说是一个相当重要的原因。

其实，读书学习也好，搞科学研究也好，想象力都是必不可少的。

丹麦有一位叫做第谷的天文学家，他的工作十分辛勤，又有非常出色的观察能力，他用三十年的功夫精密地观察了行星的位置，积累了许多宝贵的资料，不过，由于缺乏丰富的想象力，他始终没有能由此而得到一个正确的结论。他的助手开普勒的情况则与第谷不同，他对观察的兴趣远没有第谷浓厚，他的技术也远不如第谷高超，然而他的想象力却异常丰富，他充分利用了第谷所积累的资料，让自己的思想插上了想象的翅膀，冲出了地心说和日心说的窄狭天地，大胆提出了“火星运动轨道是椭圆，太阳位于椭圆的一个焦点上”的假设，结果终于得到了成功，引导到了行星运动三定律的发现。这个事实说明了什么呢？它雄辩地告诉我们：“想象力比知识更重要，因为知识是有限的，而想象力概括着世界上的一切，推动着进步，并且是知识进化的源泉。”（爱因斯坦语）

科学家进行科学研究不能没有想象力，我们读书学习也同样需要想象力。看一看发生在幼儿园的一则故事，就更有助于我们正确地认识这个问题。一天，幼儿园的老师问一群孩子：“花儿为什么会开？”第一个孩子说：“花儿醒了，它想看看太阳。”第二个孩子说：“花儿一伸懒腰，就把花骨朵给顶开了。”第三个孩子说：“花儿想跟小朋友比一比，看看哪一个穿的衣服更漂亮。”第四个孩子说：“花儿想看一看有没有小朋友把它摘走。”第五个孩子说：“花儿也有耳朵，它想出来听一听，小朋友们在唱什么歌。”年轻的幼儿园老师听了这些回答后，被深深地感动了，因为她原来准备的答案十分简单，简单得简直有几分枯燥——“因为天气变暖和了。”试想，如果只是按照老师的“标准答案”回答，正确固然是正确，但那将是多么的单调，多么的乏味。而孩子们展开想象力所作出的回答，竟是那样的丰富多彩，那样的令人拍案叫绝。这就可见，在学习过程中展开大胆的想象是何等的重要。幼儿园的小朋友在上课时都能这样大胆地想象，那么小学生、中学生在读书学习时，不就能更好地展开想象的翅膀，在广阔的知识天地里自由地翱翔么?

有人认为：创造力 = 知识量 × 发散思维能力。所谓“发散思维能力”，其实就是大胆的富有创造性的想象力。应该说，提出这一公式的人是颇有见地的。如果我们在求知学习和科学探索的过程中插上了想象的翅膀，那就必将能突破前人的框框，挣脱现实的束缚，像雄鹰那样凌空飞翔，跃入那未知的宽广世界，瞥见那令人赏心悦目的宏伟壮丽的景象。而如果缺乏丰富的想象力，只是摄取前人的成果，作些知识的堆垒，完全被积习和现实所羁绊，那么我们虽然也可以像老母鸡那样生产一个个“蛋”，却绝不可能享受到那腾空一跃的巨大欢乐，绝不可能有什么重大的突破和惊人的发现。

青少年时代本就是一个多梦的季节，只要我们脚踏实地，放眼未来，砸碎心灵枷锁，突破思维定势，凭借事实的空气展开想象的翅膀，大胆幻想，勇敢翱翔，世界上就很少有办不到的事情，昨天的梦想，今天会变成希望，而明天就可能变为光辉的现实。

让想象力重新催生出茁壮的新芽

虽说在全球21个受调查国家中，中国孩子的想象力排名倒数第一，虽说我国著名教育家、武汉大学原校长刘道玉也曾表示，中国孩子的想象力状况令科学界忧虑，可实际上，我国孩子的想象力也并非从娘胎里一出来就处于非常糟糕的状况。如若不信，且请看以下的一个故事：

一位记者为了搞调查，在黑板上画了一个圆圈，向不同的人发出同样的提问：这是什么？机关干部的回答是："没经过研究不能解答你的问题。"大学生的回答是："只有傻瓜才回答你的问题呢！"中学生回答是："这是一个零。"最后，记者向小学生提出这个问题，孩子们纷纷争抢着回答："是太阳！""是月亮！""是足球！""是烧饼！""是鸡蛋！""是歌唱家的嘴！"……

从这个故事中，我们可以明显看到，在众多的人群中，孩子的想象力最为丰富，而随着年龄的增长，人们的想象力反倒是在逐渐地退化，甚至趋向完全的丧失。

也许有人会说，孩子们的想象力真就那么丰富么？那好，就让我们再来看一看发生在一所小学校园里的另一则故事吧：

在一所小学里，有位老师上课时首先用梦幻般的语言对学生说："下面让我们进入蒲公英的世界。在美丽的田野上，无数的蒲公英种子带着一个个洁白的小降落伞，在蓝天下随风轻扬，好像无数的小精灵在翩翩起舞，简直美丽极了……"稍停片刻后，老师便话头一转问："假如你就是一颗蒲公英的种子，你想飞到哪里去呢？"正陶醉在老师所描绘的美景中的孩子们听老师这么一问，一个个都争先恐后地开了腔，整个教室一下子就像炸开了锅一般。有的说要飞到花园里，开出美丽的花朵，让花园变得更加漂亮；有的说要飞到青藏高原去，在高原上扎下根，让那里增添一点更美丽的色彩；有的说要飞到森林里，去看看那神奇的大森林，并跟一棵棵大树展开对话；还有的说要飞到太空里去，瞧瞧宇宙究竟是什么模样，也让宇宙知道地球上有这么美丽的花朵……孩子们这思接千载、视通万里的丰富想象，让老师感到十分欣喜，他正想稍作小结，并加以热情鼓励时，忽然小龙同学举手说，要飞到波光粼粼的湖里去，在湖里自由自在地游泳，并和小鱼一起做游戏，还可以顺水而下，和水波一起看看蓝天、白云，和小鸟说说话……老师听小龙这么一说，更是喜形于色，情不自禁地称赞道："这个想象，新奇，独特，活泼，生动，极具引人的巨大魅力，小龙可真是个会动脑筋的好孩子……"谁知老师刚说到这里，就有同学站起来说，小龙的想象确实是奇特，可蒲公英的种子能在湖里生存么？老师见这位同学提出了这一问题，当即说道："好，这个问题提得好！这就提醒我们注意，想象要大胆，要奇特，但也要科学，要合理，要有实现的可能性，要不然想象就会变成没有价值的胡思乱想。就目前的情况来看，蒲公英的种子在湖里确实是难以生存的，但随着科学的发展，将来是否能在湖里生存，目前还很难断言。譬如古人提出'千里眼'、'顺风耳'的时候，那也是看似不可能实现的空想，然而现在不是全都变为现实了么？所以，尽管小龙的想象目前来看还有缺陷，但他这种敢于大胆想象的精神还是非常难能可贵的！"孩子们一个个都眨巴着眼睛，静静地听着，红扑扑的小脸上还露出了会意的微笑。

这虽然只是一堂课的片断实录，但窥斑可以见豹，我们完全可以由此知道，只要给孩子们提供一个合适的环境，营造一种良好的氛围，孩子们是完全可以精骛八极，心游万仞，让想象的翅膀自由翱翔的。

那么，原本极具想象力的孩子们，他们的想象力何以会随着年岁的增长而逐渐退化，乃至完全丧失的呢？细细究来，应该说是既有外部的原因，亦有内在的因素。

外部的原因主要是指家长不得当教育的扼杀和学校应试教育的摧残。孩子的求知欲是非常旺盛的，他们在幼小时往往都会连珠炮似地向父母提出"这是什么"和"那是为什么"之类的种种问题，有些父母因为怕麻烦，不仅不好好回答，还会说出"烦死了"、"笨死了"之类伤害孩子心灵的话语，这就等于在无形中亲手掰掉了孩子茁壮成长的嫩芽——这就是不得当的家庭教育对孩子想象力的扼杀。至于学校应试教育对孩子想象力的摧残，那就更为严重了，这就诚如上文提到的教育专家刘道玉一针见血指出的那样："'一考定终身'的应试教育严重束缚了学生的想象力和创造力……""一考定终身"，这就逼着孩子们成天在书山题海中跋涉，逼着孩子们动足脑筋向"标准答案"靠拢，如此一来，他们的思想就被禁锢，手脚就被束缚，大胆想象的翅膀就被彻底地折断了。

那么内在的因素又是什么呢？最主要的就是怕有差错、怕出洋相和怕丢颜面的思想在作祟。敢于大胆想象，勇于提出与众不同的看法，这就难免会出现差错，甚至还会招来各种非议，诸如"实在可笑"、"想入非非"和"爱出风头"之类的责难很可能会轮番袭来。在这样的一些压力面前，有些孩子感到难以招架，就犹豫了，退缩了，放弃了，于是想象力也就随之而逐渐退化，乃至完全丧失了。

病因搞清了，我们也就不难找到疗救的方法。为解决外部原因，我们就应借助中央号召"各级政府、各有关部门、社区和家长都要积极行动起来，以对中华民族未来负责的高度责任感，下大决心，花大力气，形成共同推进素质教育的强大合力"的强劲东风，主动投入推进素质教育的洪流之中，努力从被动应试的桎梏中挣脱出来，让自己重新插上想象的翅膀。为解决内部因素，我们就应让贝弗里奇在《科学研究的艺术》一书中所说的"想象是一切希望和灵感的源泉……万万不可因怕出洋相或怕他人说'想入非非'而放弃自己的设想"这样一段话语成为我们行动的指南，勇敢地向怕这怕那的错误思想大胆宣战。只要我们这样双管齐下，采取切实的行动，那么我们被扼杀和摧残的想象力，就一定能重新催生出茁壮的新芽来。

谢绝上帝赠送的礼物

孔子说："学而不思则罔，思而不学则殆。"孟子说："心之官则思，思则得之,不思则不得也。"这就可见思考在学习知识时所起的重要作用。

那么，在读书学习时，该如何思考才切实有效呢?

一是不管学习什么知识，不仅要知其然，更要知其所以然。对于这个问题，著名数学家华罗庚有十分精辟的阐发，他说："在学习书本上的每一个问题，每一章节的时候，首先应该不只看到书面上，而且还要看到书背后的东西。这就是说，对书本的某些原理、定律、公式，我们在学习的时候，不仅应该记住它的结论，懂得它的道理，而且还应该设想一下人家是怎样想出来的，经过多少曲折，攻破多少关键，才得出这个结论的。而且还不妨进一步设想一下，如果书本上还没有做出结论，我自己设身处地，应该怎样去得出这个结论？"恩格斯曾经说过："我们所需要的，与其说是赤裸裸的结果，不如说是研究；如果离开引向这个结果的发展来把握结果，那就等于没有结果。我们只有了解结论是怎样得来的，才能真正懂得结论。只有不仅知其然，而且还知其所以然，才能够对问题有透彻的了解。"这是求知途中过来人的肺腑之言，经验之谈，可谓是千金难买，对我们有着普遍的指导意义。

二是要善于质疑提问。爱因斯坦曾对给他写传记的作家塞利希说过："我没有什么特别的才能，不过喜欢寻根刨底地追究问题罢了。"他对一位物理学同行也说过："空间、时间是什么，别人在很小的时候就已经搞清楚了，我智力发育迟，长大了也没有搞清楚，于是一直在揣摩这个问题，结果比别人钻研得深一些。"而事实也确实如此，正是由于爱因斯坦对人们司空见惯的时间和空间问题提出了疑问，这才建立了相对论，为我们进一步揭示了空间与时间对运动着的物质的依赖关系的具体形式，以及空间与时间的联系的具体形式，加深了人们对物质和运动的认识，把牛顿建立的经典力学大大向前推进了一步。如果没有铧犁的翻耕，板结的土地上就不能播种庄稼，如果不提出质疑的问题，那么在求知的领域里也就不可能有真正的收获。所以，我们如果真想要读有所得，学有所获，那就一定得像连珠炮一般接连不断地提出一个又一个的问题来。如若不然，那我们播下的就必将是一颗颗“死豆”，智慧的种子就永远不可能萌发。

三是要学会不断地反思。“反思”，在系统论中就是“反馈”。知识是一种信息，对这种信息靠一次简单的输入是不能真正掌握的，往往需要两次、三次，甚至多次的“回炉”，而每次“回炉”也并不是简单的重复，而是不断地提炼和升华。这种“提炼回炉”的过程，也就是“反馈”和“反思”的过程。华罗庚曾多次强调读书要有两个过程：一个是“由薄到厚”，另一个是“由厚到薄”。所谓“由薄到厚”，是指积少成多，循序渐进，这是学习的第一步。所谓“由厚到薄”，是指学习到了一定的阶段，必须对所学的知识进行一番分析比较，整理归类，把它提炼成几组公式，几个原理，几种方法。打个比方来说，就是要像“接线路”那样，将所学的知识进行归类整理，该并联的并联，该串联的串联，以使电路（思路）更加贯穿，电流更加畅通。而每接通一组线路，也就使知识之网和智慧之网更加密了一次。“反思”的关键是“接线”。任何一门学科，它的知识都是有内在联系的，归在一类的定理、公式、法则不是彼此孤立、互不相干的，不能平摆浮搁，它们之间相互并列的就该“并联”在一起，上下通气或互为因果的就该“串联”起来，节与节可以“接线”，章与章也可以“接线”，甚至学科之间也可以“接线”。通过这样的“接线”，我们就可以找到章节和学科的中心主线。而能否抓住主线，就是衡量我们思考深浅的尺度。做好了“接线”工作，将知识理成了线，结成了网，那么再复杂的内容在我们脑子里也就都可以融会贯通，了如指掌了。

四是要很好克服从众心理。有位社会心理学家曾做过这样一个实验，他在墙上画出 AB、CD、EF 三条线段，找 5 个学生分别进去辨认，指出哪个线段最短。前 4 位事先早已串通好了，他们都说 AB 线段最短，只有第 5 个人是蒙在鼓里的受试者，他进去后发现，不论怎么看，都是 EF 线段最短。可他在回答心理学家时，却说是 AB 线段最短。心理学家告诉他，实际上他看的没错，确实是 EF 线段最短。那么第 5 个人为什么明知 EF 线段最短，却回答 AB 线段最短呢？第 5 个人说："前 4 位都说 AB 短，我也就认同了。"这，就是心理学上讲的从众心理。它是指当内在信念与外在言行发生冲突时，受他人的影响使自己在认识上独立思考能力降低，在行动上自我控制能力减弱的一种心理现象，具体表现为或盲目地服从权威，或被迫屈从于大多数的看法，人云亦云，随波逐流。很显然，这种从众心理是独立思考的大敌，倘若一个人的思维与行为一味地迷失在随俗的小河里，到头来花自飘零水自流，那就永远只能做一个拾人牙慧的可怜的跟屁虫。所以，要独立思考，就非突破从众心理这一障碍不可，否则一切都无从谈起。

一位哲学家说得好，假如上帝把真理交给他，他会谢绝这份礼物，宁愿自己费力去把它找到。书本上的知识，可以说就是上帝给我们的礼物，我们难道能现现成成、轻轻松松地去得到它吗？不，我们一定要通过绞尽脑汁地费力寻找，通过切实有效地深入思考，最终将它货真价实地握在自己的手中。

揭开灵感的神秘面纱

常有人说，许多精妙诗文和科学发明，都是灵感突发的产物，一些青少年同学听说后，便对灵感产生了极为神秘和好奇的感觉。

究竟有没有灵感呢？科学研究表明，灵感是在人们头脑中普遍存在的一种思维现象，是人类一种特有的思维形式和思维方法，尽管它曾使无数人大感惊诧、玄妙和神秘，但它确实是客观存在的。

荣获戴维逊奖的我国数学家侯振挺求证世界数学难题“巴尔姆断言”的经历，就很能说明这个问题。当侯振挺被“巴尔姆断言”深深吸引之后，他便夜以继日，废寝忘食，一头扎进了对它的证明工作。时间一天天地过去，证明它的轮廓逐渐在头脑中形成，只是还有一些问题证明不了，就像一座大山挡住了去路。那时他正在外地实习，便把当时的进展写成一份文件，让一位同学顺路带回学校去请教老师。可就在送那位同学去火车站的时候，奇迹突然发生了，下面便是他所作的自述：“就在火车将要开动时，在我那始终思考这个证明的头脑里，忽然闪过一星火花，刹那间似乎在那挡路的大山里发现了一条幽径，于是我留下了那份写给老师的文件，立刻在车站旁的石条上坐下，拿出笔推导起来。果然，那一星火花照亮了前进的道路，曲折的幽径越来越宽。十几分钟以后，这最后一座大山终于被我抛到我的后面去了，‘巴尔姆断言’完全得到了证明。啊！好容易！只十几分钟就完成了！”试想，那头脑里“忽然闪过的一星火花”，不正是灵感的闪现么？而侯振挺最后攻克“巴尔姆断言”，不又正是凭靠了这一灵感么？

乍看起来，灵感的产生确实有点神奇莫测，而其实是有科学根据的。从心理学角度看，灵感是“人的精神与能力之特别充沛的状态”，“是浓厚的情绪的充沛状态”，是思维活动中由思想集中、情绪高涨而表现出来的创造能力。具体来说，它的产生既有其心理机制，又有其生理机制。灵感产生的心理机制大体是这样的：一个人长期地思考某一复杂的问题，久久不能解决，在中途休息或娱乐时，显思维虽然不再去想了，可潜意识还在一个劲儿地思考，还在一遍又一遍地高速度进行着各种信息的排列组合，而当潜意识对问题的思考有了一定的结果后，它便立即与显思维沟通，将这结果输送给显思维，这样神奇的灵感也就应运而生了。从生理机制方面来看，灵感就是大脑皮层的细胞建立起来的新的联系。按照巴甫洛夫所提示的高级神经活动规律，人脑长期紧张工作形成的优势兴奋中心区一旦被抑制，就会自动地引发这个中心区外围皮层的优势兴奋，这时常规思路外围的知识和经验就可能被激发出来，就可能出现打破常规思维信息的闪现，而这种新的信息的闪现，就有可能导致灵感的产生。由此看来，灵感看似突然地从天而降，带有一定的神秘色彩，而实际上却是“长期思考，偶然得之”的产物。从哲学角度上讲，灵感是偶然性中寓有必然性，是从感性认识到理性认识的飞跃。从客观规律上讲，灵感则是事物发展的一个必然进程——瓜熟蒂落，水到渠成。

虽说灵感是一种客观存在，不过要得到她却并非易事，只有那些“为伊消得人憔悴，衣带渐宽终不悔”的人，在作了“众里寻他千百度”的苦苦追寻后，才能在那“蓦然回首”间，惊喜地发现“那人却在，灯火阑珊处”。所以，如果我们当真想要得到她，拥有她，那就一定得像侯振挺以及所有那些得到她垂青的人那样，不管是寒冬还是酷暑，不管是黎明还是黄昏，都专心一意地去追寻她，殚精竭虑地去捕捉她。

要了解灵感的脾气和秉性

在撩开了灵感的神秘面纱，窥见了她的大致轮廓后，相信大家一定都有这样一个心愿：近距离地细细察看她与众不同的具体特征。

那么，灵感究竟具有哪些与众不同的特征呢？

一是突然来临，不期而至。这一特点是由灵感产生的心理机制决定的：显思维停止了思考，而潜意识却在积极活动，人们虽处在休息状态中，可潜意识却将其思维成果突然输送给了显思维，头脑中忽然间冒出了问题的答案，这就不能不使人感到灵感的偶然性，突发性。阿基米德洗澡时突然悟到了测定金王冠体积的方法，并由此发现了浮力定律，魏格纳看世界地图时忽然想到地球的大陆原本可能是连在一起的，并由此而提出了“大陆漂移说”，就都是灵感的突然来临，不期而至，这就正如两句古诗所说的那样：“晴空一鹤排云上，便引诗情到碧空。”

二是伴随激情，令人亢奋。头脑中灵感的产生，是让人茅塞顿开的思想火花，是智慧之光的瞬间闪烁，是意识活动的质变和飞跃，因此它常常伴随着巨大的激情爆发，能使人顷刻间处于一种特别亢奋的状态。阿基米德在想到“溢出去的水的体积就是自己身体的体积”这一道理之后，便一丝不挂地冲出浴室，跑上街头，奔向自己的家中，其亢奋之情状，岂非连笔墨都难以形容么？德国著名诗人歌德，也曾这样描述过他获得创作灵感时的情景：“诗意突如其来，我感到一种压力，仿佛非把它写出来不可，这种压力就像一种本能的梦境冲动，在这种梦游症的状态中，往往面前斜放着一张稿纸而没有注意到，等注意到时，上面已写满了文字，没有空白可以再写什么了。”

三是独来独往，不受控制。前面我们已经说过，灵感的产生，主要是由于潜意识的触发，而潜意识是难以捉摸，不易把握，不依我们的意志为转移的，所以灵感的出现也就不能为我们的思想所左右，任凭你有多大的本领也无法将她召之即来。有时候即便我们望穿双眼，千呼万唤，她也无动于衷，不予理睬；而有时候呢，却在我们不经意间，她竟不请而来，翩然而至，给我们意外的惊喜。俄国著名作家果戈里，早就想写一部讽刺沙皇统治下俄罗斯官僚机构黑暗腐败的作品，可他始终找不到一个合适的故事把那些生动的素材串联起来。一天他跟普希金闲聊，普希金说他搜集素材时，有人曾把他当成“私访”的“钦差大臣”，想不到这笑话一下子触发了果戈里的灵感，他顿感文思泉涌，不到两个月就写成了传世名作《钦差大臣》。这可真是：“踏破铁鞋无觅处，得来全不费工夫。”

四是来去匆匆，一闪而过。灵感的出现，是来也匆匆，去也匆匆，稍纵即逝，一闪而过，不只给人以一种神龙见首不见尾的神秘感，而且有如惊鸿一瞥，全然不管你是否能够抓住她。正因为此，灵感的出现也就常常令人们猝不及防。爱因斯坦在一次作客时突然来了灵感，一时找不到纸，他不得不在主人家的新桌布上写开了公式。门捷列夫去办与周期律毫不相关的事情，在很快就要上火车时，突然产生了元素体系的思想，他不得不竭尽全力，尽快在极短的时间内巩固闪现于心中的猜想，而且随后便马上派人把一份元素表送到印刷厂付排，唯恐她“散似秋云无觅处”，“明朝相忆路漫漫”。

也许每一位青少年同学都希望能得到灵感的垂青，而要做到这一点，首先就必须了解灵感的这些脾气和秉性，如若对所有这一切都茫无所知，那又如何去追寻她，捕捉她，赢得她的青睐呢？

灵感是顽强劳动获得的奖赏

为了能更好地得到灵感的垂爱，我们不仅要了解灵感的产生过程和灵感的具体特性，而且还必须知道让灵感闪烁出星星点点火花的具体方法。

要让灵感闪烁出星星点点的火花，首先得进行长期刻苦的追求，付出大量艰苦的劳动。就说侯振挺吧，他为什么能突发灵感，证明"巴尔姆断言"？还不是因为在此之前，他每天"早起晚睡，夜以继日，利用了全部可以利用的时间，吃饭、睡觉、走路，头脑中总是萦绕着'巴尔姆断言'"，进行了长期刻苦追求，付出了大量艰苦劳动的结果么？正是付出了这种努力，使思维高度饱和，形成了"盘马弯弓，一触即发"的氛围，这才促成了灵感的翩然光临。俄国著名画家列宾说："灵感，不过是顽强劳动获得的奖赏。"可谓是一语中的的至理名言。

要让灵感闪烁出星星点点的火花，还得要掌握丰富的知识，具备扎实的基本功。王勃之所以能一气呵成写出《滕王阁序》那样的妙文，写出"落霞与孤鹜齐飞，秋水共长天一色"那样的佳句，固然与当时的景色、环境以及他的心情有关，但同时也离不开他丰富的知识和厚实的基本功。试想，如果不具备这后一方面的条件，他有可能在那么短的时间内落笔生花，妙语连珠么？有可能让"龙光射斗牛之墟"、"徐孺下陈蕃之塌"、"酌贪泉"、"处涸辙"等典故，像珍珠般漂亮地镶嵌在行文之中么？灵感活跃于知识的联系网中，只有有了广阔的知识面，扎实的基本功，才能有知识点的深入，有超常规的发见，从而使灵感欣欣然来到我们的面前。

要让灵感闪烁出星星点点的火花，还得在日常生活中养成勤于思索的习惯，善于从自然现象或是他人的谈话中触发创新的联想。牛顿因苹果落地的触发而诞生了万有引力的思想，雷内·拉爱耐克因空心木的触发而创造了听诊器，鲁班因有刺草叶的触发而发明了锯子，魏潮洲因蚂蚁排成一字长蛇阵搬运食物的触发而研制出“山甲牌蚂蚁净”……所有这些，就都是因自然现象的触发而产生了创造发明的灵感。跟人谈话也能触发灵感，如水结构学的诞生，就是英国物理学家贝尔纳在和前苏联热力学家福勒闲谈时触发了灵感后，深入研究的产物。“水当无华，相荡乃成涟漪；石本无火，相击而后发光。”所以，我们要善于通过言谈和与外物的碰撞触发，使灵感的火花熠熠放光。

要让灵感闪烁出星星点点的火花，同时还得放松身心，保持上佳的精神状态。大量的事实表明，灵感往往出现在人们紧张思索后的暂时松弛状态中，譬如旅行、散步、洗澡、赏花和睡觉等。为什么呢？这是因为长时间专注地思考某个问题，会造成大脑中的血液缺氧，使思维变得迟钝，这时停止思考让大脑轻松一下，大脑血液中的含氧量就会增加，思维就会随之变得清醒敏捷，因而也就容易产生灵感。贝多芬在月夜的乡间小路上散步，耳闻农家女的琴声，顿发乐思，写成有名的《月光曲》。凯库勒在乘马车回家的路上迷迷糊糊做了一个梦，在梦中梦见了苯的环状结构分子式。达尔文在旅行途中，解决进化论的思想跳进了他的脑子里。草圣张旭在观赏公孙大娘的剑舞中获得灵感，由此草书大进。所以，欲擒故纵，注意劳逸结合，亦不失为诱发灵感的一种妙法。

灵感的火花令人神往，但她并非是科学家和文学家的专利，广大青少年同学也同样可以拥有。只要懂得了上述的追寻方法，不断地去实践，去探寻，那么灵感就终将会主动地找上门来，给我们以丰厚的回报。

“我心有主”，恪守道德操行

在学校里，常会看到这样一种现象：在通常的情况下，许多同学都能听从老师的教导，遵守学校的纪律，表现都还是不错的，可一遇到某些特殊的情况，他们就有可能会随波逐流，跟着他人做出一些越轨的事情，诸如乘车时乱轧乱挤不排队，争吵时污言秽语满口出之类。若是对他们的这些行为有所批评的话，他们还往往会十分委屈地说：“人家都能那样做，我为什么就不能呢？”

人家都那样做的事，是不是就一定能那么去做呢？很显然，回答只能是否定的。这是因为，在很多时候，人家做的事并不一定都合道，并不见得都在理，因此面对它们，我们也就必须认真思考，细加分辨，审慎判断，正确选择，绝不能听风就是雨，一窝蜂地跟在人家的屁股后面转。这也就是说，遇事一定要心有定见，万不可盲目跟风。看一看下面这则故事，相信大家定会得到较大的启发。

宋元之际，混战不休，世道纷乱，可青年学人许衡仍坚持去河阳向一位老者请教学问，他一心想着将来要辅助一位英明的君主，统一天下，让老百姓重新安居乐业。当时正是三伏天气，酷热异常，许衡和行人都走得汗流浃背，口渴难忍。后忽见路边正好有棵梨树，行人便都去摘梨止渴，唯许衡不为所动。有人问他：“你为何不摘梨呢？”许衡答道：“不是自己的梨，岂能乱摘？”那人笑他迂腐：“世道如此纷乱，管他谁的梨？它已没有主人了。”许衡却说：“梨虽无主，但我心有主。”听许衡这么一说，刚才还露一脸嘲笑状的人，笑容立刻僵住，正摘梨的手也不禁为之一颤。而许衡说完，就头也不回地继续朝河阳方向走去。后来，元朝统一了天下，许衡就因为品德高，学问好，当上了元世祖忽必烈的大学士，成为元朝有名的开国大臣之一。

一两只梨子，不过是区区微物，然而即小可以见大，由此便可尽显许衡不为一梨而玷污自己心灵的美好德行，令我们不能不对他陡生无比的敬佩之情。这，或许就是他“梨虽无主，我心有主”这一铿锵有力的话语，在历经数百年的沧桑，穿越时空的隧道之后，迄今依然如此强烈地震撼着我们心灵的缘故。“我心有主”中的“主”，就是主见，就是主张，就是信念。有了这样的主见、主张和信念，就能不管外部环境发生怎样的变化，都不为外物所驱，不被名利所困，始终坚持自己的处世准则，始终恪守自己的道德操行，努力做到“一念之非即遏之，一动之妄即改之”。坚持了这样一种信念，加强了这样一种修养，达到了这样一种境界，自然也就握有了可以斩断所有诱惑之剑的利器，可以牢牢地守住自己美好的精神家园，可以稳稳地开创自己向往的宏伟事业了。

“我心有主”，这是培育一个人道德品格的阳光与泥土，也是人生最高尚的精神亮点。始终不忘“我心有主”，永远恪守道德操行，那就不管在什么样的情况之下，都能特立独行，时出非凡之言，常有非凡之举，并终创非凡之业；如若不然，那就必将只能人云亦云，随波逐流，免不了成为一个无所作为的平庸之辈。

为自己升起信念的旗帜

一旦成绩不好，泄气显然不行，埋怨也断然无用，究竟该怎么办才好呢？德国著名诗人海涅小时候的一段经历，能给我们提供一个正确的答案：

海涅小时候并不是一位好学生，特别是他写的作文，从来都是老师讥笑的话题。这事儿给了他很大的打击，因此每到语文课，他不是旷课，就是跟同学打闹，甚至还搞一些恶作剧，想方设法要让老师出丑，以一泄胸中的怨怒之气，以致有几次差点要被学校开除。升入中学后，虽然他仍然写不好作文，但老师却从他那跨越时空的大胆想象中，看到了一棵诗人的苗子，于是便鼓励他说："就这样写下去，你一定能成为歌德一样伟大的诗人！"尽管他当时并不知道歌德是何许人物，但他知道"伟大"是个很了不起的字眼，所以便眨巴着眼睛问道："我能成为一个伟大的诗人？"老师异常坚定地对他说："能，一定能！"接着又拉过他的手说："不过有一条你必须记住，那就是一定要向歌德学习。"此后，老师便不失时机地一步一步告诉他应向歌德学习什么。由于有了对老师的信任，海涅竟一丝不苟地按照老师的话去做。老师说讲话要像歌德一样文明，他就再也没有说过一句污言秽语；老师说要像歌德一样学好知识，他上课认真听讲的程度就超过了班上任何一名同学；老师说要像歌德那样善思考、勤写作，他就专门为自己准备了写作本子，一年要写掉好几本。经过多年的努力，海涅当真写出了《北海纪游》、《德国，一个冬天的童话》和《旅行记》等在世界上产生巨大影响的诗歌和散文作品，被公认为是继歌德之后德国最重要的诗人。海涅成名之后，给当年的老师写了一封满怀感激之情的信，其中有一段话尤为意味深长："后来我才知道，你给我讲的那些有关歌德的故事是不真实的，但它对我的益处却是真实的。正是有了这一个又一个信念的激励，注定了我的昨天，也注定了我的今天。”

有关海涅的这则故事为我们揭示了这样一个道理：一个人即使是遭遇了极大的困难，即使是陷入了人生的低谷，也绝不能心灰意冷，破罐破摔，而一定要努力为自己升起一面信念的旗帜，让它鲜亮地高高飘扬。信念是生命的脊梁，只要心中的信念之灯永不熄灭，那么无论外界的环境怎样的恶浪滚滚，无论自己的遭际怎样的厄运连连，我们也依然能杀出重围，开创全新的局面。这就正像郑秀芳所说的那样：“只要厄运打不垮信念，希望之光就会驱散绝望之云。”

信念，是人们在一定的认识基础上，对某种思想理论、学说和理想所抱的坚定不移的观念、真心诚意的信服和坚决执行的态度。信念能不断地把积极的信息传递给脑子和神经系统，使人们竭尽努力去达成自己所期望的结果，所以信念是意志行为的基础，是心理动能的源泉，是信心和勇气的助推器，是引领我们从事一切活动的精神支柱。信念就好比是人生征途中的一颗明珠，既能在阳光下熠熠发亮，也能在黑夜里闪闪发光，不仅能给我们强大的吸引力，而且能为我们指引前进的方向。信念又好像是熊熊燃烧的烈火，既能给人以热力，又能给人以光亮，使我们勇敢地走出黑暗，走出死寂，一步步走向光明和希望。无怪印度著名诗人泰戈尔要这样满怀深情地用诗的语言来赞美信念：“信念是鸟，它在黎明仍然黑暗之际，感觉到了光明，唱出了歌。”

信念的力量就在于，即使遭受厄运，也能点燃希望的火炬；信念的魅力就在于，即使身陷窘境，也能保持高洁的品行；信念的伟大就在于，即使阻力重重，也能为我们开启卓越的大门。美国第16任总统林肯曾说：“喷泉的高度不会超过它的源头；一个人的事业也是这样，他的成就不会超过自己的信念。”所以，不管遭遇了怎样的坎坷，陷入了怎样的绝境，我们都一定要让自己插上信念的劲健羽翼，顽强地穿过风雨，奋力地跃上云天。

信念永驻，谱写生命赞歌

在前行的路途中，几乎每一个青少年同学都希望自己能一帆风顺，马到成功。可任你的愿望怎么美好，现实生活却往往非常残酷，它总不让你轻轻松松就遂己所愿。青春就像是一条波涛汹涌的大河，而青少年呢，却只是一群热情远远大于理智的水手；青春就好比一片浩瀚无垠的天宇，而青少年呢，却只是一群羽翼未丰的雏雁。正因为如此，尽管人人都向往着一往无前，所向披靡，屡有斩获，早奏凯歌，可实际上呢，却是大海有风暴，天空有乌云，前行的征途总是坎坷崎岖，布满了荆棘和陷阱。岁月的河流可以说是一浪接着一浪，每个人的生命都将经受难以胜数的失意和磨难，而并非每一个水手都能在惊涛骇浪中“直挂云帆济沧海”，也并非每一只雏鹰都能在蓝天上“振翅西飞去，天高不知处”。所以，每个青少年在追寻梦想的过程中，绝不能将自己的行程想象得出奇的轻快，过分的美好，而必须作好迎接挫折、失败乃至种种意外不测的充分准备。

有个护士，在她所在的急诊室的特殊岗位上，就更多地体验到了人的生命是多么的宝贵而又脆弱。在去年9月的一天，她就目睹了一幕人间惨剧：一名17岁的品学兼优的男孩子，因为高考之前三天突发重感冒，高烧不退，严重影响了他的考试成绩，结果榜上无名，他便萌生了轻生的念头。趁家中无人之际，他从四楼的窗口纵身跳了下去……经过抢救，命是保住了，但布满荆棘的灌木丛刺穿了他的双眼，他的余生从此将在黑暗中度过。曾经是英俊活泼的翩翩少年，刹那间成了一个令人怜悯的盲人，这是让人无论如何也接受不了的事实。几天时间，他一言不发，粒米未进。护士知道，寻死的念头一直未从他的脑海中除去，望着他年轻而憔悴的脸，便给他讲了这样一个故事：

六年前的一个雨夜，22岁的我经历了人生的第一次真正的痛：我那同龄的好友躺在急救室里，在死亡的边缘挣扎，两三个医生护士忙着为她输液、洗胃。刺鼻的农药气味弥漫了整个急救室，我真不知道平时连吃羊肉都嫌膻味重的她是怎样把那一大瓶农药喝下去的。我只知道，她和心爱的丈夫刚刚结婚，还未过完“蜜月”……他们俩满心欢喜地走在街上，她有些口渴，想吃一个奶油冰淇淋，丈夫笑着穿过马路去买。可万万没有想到的是，当丈夫高兴地举着奶油冰淇淋向她摇动并往回走的时候，丈夫只顾看着她，却不料从马路那边飞驶过来一辆大货车。瞬间，丈夫就被轧在车轮底下，鲜血和脑浆流了一地，丈夫手里还紧紧地攥着那个变了模样的冰淇淋……当时她惊恐地呆住了，等她明白过来发生了什么事情时，便立即昏厥了过去……她真的是失去了活下去的所有希望和勇气，感到万分的悔恨和内疚。她走进一家农资商店，买了一瓶农药，趁家中无人之际，一口气喝了下去……然而，就在九个月后的一天，我和这个好友恰巧又在医院相遇。她是来生孩子的，她刚刚有了一个可爱的儿子。回想起九个月前的那一幕，我们俩眼里含着泪，互相紧握着手，默默无语，感慨万千。良久，好友才说出一句话：幸亏我没有死去，后来我才知道我的身体里已经有了他的孩子，为了他，我也要活下去……

听完了护士的讲述之后，意欲轻生的男孩久久不语。他双眼紧闭，但眼皮不停地跳动着，显然，他的心也在怦怦跳动……转眼之间到了新年，无数温馨的祝福令护士感到拥有友谊的春天是多么美好。其中有一张贺卡是火红火红的颜色，打开一看，一行盲文映入眼帘。这是护士有生以来第一次见到盲文。在盲文的下方，那个17岁的男孩，不，应该是18岁了，用歪歪扭扭却坚定有力的笔迹写下了一句话，字迹重叠，几乎令人无法辨认，但护士还是很快很准确地将它认了出来——命运出错，我不能出错。

是的，命运之神有时候确实是异常的无情，它往往会在某个不知名的弯道处为我们设置一个又一个难以逾越的障碍。面对这样的障碍，有些人看似坚固的心理防线就会如同孩童的积木般轰然坍塌，从此一蹶不振；有些人就会望而生畏，退缩不前，做一天和尚撞一天钟；有些人更是彻底地被压趴了，走上了轻生之路，再也没有能站立起来；可也有些人，信念依然如不倒的磐石巍然耸立，继续用汗水乃至血泪浸透的音符，谱写出更为悦耳动听的进行曲。同样是鲜活的生命，何以在前三种人那里，就黯淡得像不发光的月亮，脆弱得如秋风中的游丝，消沉得像一声幽微的叹息，而在最后一种人那里，却坚强得令人震撼，坚韧得让人难以想象，璀璨得有如正午的太阳那样光彩夺目？关键就在于前三种人缺少信念，心志脆弱，不堪一击；而后一种人则始终热爱生命，信念坚定，全力拼搏。

说起热爱生命，信念坚定，全力拼搏，我就会不由自主地想起杰克·伦敦的小说《热爱生命》来。在这一作品中，作者给我们讲述了这样一个故事：一个美国西部的淘金者在返回的途中被朋友抛弃了，他独自跋涉在广袤的荒原上。冬天逼近了，寒风夹着雪花向他袭来，他已经没有一点食物了，而且他的腿受了伤，鞋子破了，脚在流血。他只能歪歪斜斜地蹒跚在布满沼泽、丘陵、小溪的荒原上，非常艰难地前行着。就在他的身体非常虚弱的时候，他又遇到了一匹狼。他发现这匹病狼跟在他的身后，舔着他的血迹尾随着他。就这样，两个濒临死亡的生灵拖着垂死的躯壳在荒原上互相猎取对方。为了活着回去，为了战胜那匹令他作呕的病狼，最终他终于拼尽全力咬死了狼，喝了狼的血，在与狼的战斗中获得了胜利。作品生动逼真地写出了无名主人公生命的坚韧与顽强，充分展现了人性深处的熠熠闪光的东西，奏响了一曲生命的赞歌，充溢着撼人心魄的力量！

《热爱生命》启示我们，生命本身蕴涵着巨大的潜在能量，只要把这能量充分激发出来，就足以使我们勇敢地去面对和击溃所有的一切障碍，即便是想要吞噬我们的荒野、猛兽，或者是饥饿、疾病，也都通通不在话下。而在背后支撑我们生命，为我们提供能量的，无疑就是那坚定的信念。只要我们能像《热爱生命》中的主人公那样，即便是身处绝境之中，也依然信念不倒，不轻易放弃自己的生命，那么就算是在无以复加的困境之中，也一定能绝处逢生。“会挽雕弓如满月，西北望，射天狼。”只要信念永驻，勇气常在，那么在我们的面前，就永远没有比脚更长的路，没有比人更高的山。

块块都是好肉，人人皆为好料

在学校里，经常会看到这样一些同学，他们或因为某些生理上的缺陷，或因为学习成绩的不太理想，就觉得自己这也不行，那也不是，因而显得十分的猥琐自卑，甚至是完全陷入了自暴自弃的境地。有一些人，更是在极端的痛苦中走上了一条不归之路。譬如某校的高二学生张某，就在一个深夜里跳楼自杀了。他父母在清理他的遗物时，发现他在日记中这样写道："生活为什么这么无聊？读书到底有什么用？""我到底还有什么用？……成绩这么差，我真的是废物。"这些同学为什么会陷入这样的困境，乃至于走上这样的绝路呢？我们认为，关键就在于他们不能正确地认识自己和自身的价值，不能很好地肯定自己，悦纳自己，为自己确立一个明确的努力目标。

"金无足赤，人无完人"，任何一个人身上都是优点和缺点并存的，所以我们绝不可因为自身生理上这样那样的缺陷，或是学习成绩怎样怎样的不理想，就把自己看得一团漆黑，一无是处，将自己一下子打入那十八层地狱去。而是要认真去研究在这个世界上独一无二的你，无条件地接受属于你的一切，在承认你缺陷和不足的同时，努力去发现自己的长处和优势，从而找到你应有的人生价值。为很好说明这一问题，不妨让我们先来看一看美国 NBA 球员博格斯的一段经历：

在高个如林的 NBA 中，矮小的蒂尼·博格斯绝对是一个异类，他身高只有 1.60 米，是 NBA 有史以来创纪录的矮子，但他却是 NBA 表现最杰出、失误最少的后卫之一，不仅控球一流，远投精确，而且在高个阵中带球上篮也毫无所惧，甚至还在比赛中结结实实地盖了身高 2.13 米的尤因的大帽。那么，博格斯是不是天生的篮球好手呢？当然不是。他之所以能取得那样的成就，完全是他善纳自己缺陷和刻苦练习的结果。博格斯小时候就长得特别矮小，但他却十分热爱篮球，从小就梦想着有一天可以去打NBA。他的同伴们得知了他的这一想法后，全都忍不住哈哈大笑，有人甚至竟笑倒在地。因为他们认定，一个1.60米的矮个子，是绝无可能去打NBA的。可同伴们的嘲笑并没有能阻断博格斯的目标，反而更激发了他顽强的斗志，使他练得更为刻苦认真：他睡觉抱着球，出门带着球，即使是去倒垃圾，也是左手拎着垃圾袋，右手依然在运球。为使球技更超群出众，他还煞费苦心，想出了一些练球的巧招和高招：他不仅在摆满椅子的球场上，没日没夜地练习快速移动，还特意请人站在椅子上，逼着自己增加出手的弧度，免得被盖。这么着比一般人多几倍时间的苦练巧练，终于使他在篮球场上将自己矮小的劣势，彻底地转化成了令他人望尘莫及的优势：行动灵活迅速，像一颗子弹一样；运球重心最低，不会失误；个子小不引人注意，投球常常得手；能投篮、助攻、抢断，当发动快攻时，一些大个子不如他跑得快。就这样，他在NBA中闯出了自己的一片天空，成为了联盟中的一个传奇。

矮个博格斯何以能在NBA中如此出类拔萃，取得这么骄人的成就？他自己的一番表白，就正好道出了其中的奥秘：“身材矮小并不代表一切，只要你付出比大个儿更多的心血，并为实现自己的梦想努力奋斗，你也有可能成为NBA选手或是体育明星。”

琢磨着博格斯的这一经历，我不由又联想起盘山禅师的一则故事：一天，盘山禅师奉师父之命外出购物，路过市场时偶然听得顾客与屠夫的一席对话。顾客对屠夫说：“精的割一斤来。”屠夫听了，放下刀，双手交叉作礼问：“客官，哪块肉不是精的？”顾客一下愣住了，而盘山禅师却由此福至心灵，顿然开悟：块块都是好肉，人人皆为好料，只要潜心修行，准成佛界精英。

博格斯的经历和盘山禅师的故事，都告诉我们这样一个道理：衡量世上万物的价值，并没有一个绝对的标准，只要物得其用，只要人尽其才，那么不管是什么物，什么人，都会体现出很高的价值。所以，我们绝不能因为自己有这样那样的缺陷或不足，就常在别人的眼光里讨生活，就只在别人的参照里寻找自己的定位，而要很好地内视自己的心灵，发现真实而独特的自我。敢于面对自己的优点和弱点，敢于坦诚地直面人生的坎坷曲折，做一个完全真实的自己，这才是实现自我的必由之路。为此，我们万不可心无定见，随波逐流，更不能自轻自贱，自暴自弃，而要学会独立地思考，学会辩证地分析，学会在苦痛中变得坚强，学会在自省中增强自信，以便时时为自己点亮心路上的一盏明灯，不断地激发出自身无限的潜能和无可估量的价值。一定要坚信：天生我材必有用，哪一块不是好肉？

哲人有言："自我缺席的生活最可悲。"所以，我们一定要全面地认识自己，学会用欣赏的目光多看看自己外在形象和内在素质方面的优势，而绝不能老盯着自己的缺点和不足，而萎靡不振，而自甘沉沦。决定人生高度的不是一个人的才能，而是一个人对人生的态度。所以，即便是在处于人生谷底时，也要多看看自己的优点，多发挥自己的优势，积极去迎接生活的挑战，充分去展现自身的价值。倘能如此，那么我们就一定能始终在人生的旅途上健步前行，经风不折，遇霜不败，逢雨更娇，历雪更艳。

每一棵草都会开自己的花

在学校里，我们时常会见到这样一些同学，他们或因为学习成绩老掉在后面不见起色，或因为笨嘴拙舌不善于言辞，或因为五音不全不擅长唱歌，或因为长相上有这样那样的缺陷而不怎么帅气漂亮，就总觉得自己丢人现眼的抬不起头，并由此认为自己将来也一定不会有什么大出息。

事情果真如这些同学所想象的那样么？回答只能是否定的。不信么？那就让我们先来读一读《没有一种草不会开花》这篇文章：

那时我们还居住在深山里的乡下，我们都还是十五岁左右的孩子。那是个春天，草儿刚刚被融雪洗出它们嫩嫩的芽尖，一群一群的燕子刚刚从遥远的南方迢迢地回到我们村庄的檐下，校园里的树上刚刚冒出一簇簇鸟舌一样的叶羽。老师告诉我们说，学校准备组织我们十几个学生，搭车到百里外的县城去参加全县的作文竞赛。我们一听又兴奋又担忧，兴奋的是我们能够第一次坐上大汽车了，能够有机会去县城看看繁华了，担忧的是，我们这群山里的孩子，作文能赛过城里的那些少年们吗？头发花白的老校长明白了我们的忧虑，他把我们这群孩子聚集在一块儿，对我们说："咱们都是山里的孩子，你们都常常上山下田，孩子们，你们谁能说出一种不会开花的草儿呢？"不会开花的草儿？我们都歪着小脑袋想，蒲公英是会开花的，它的花朵金黄金黄的，秋天时结满降落伞似的小绒绒呢，汪汪狗草也是会开花的，它狗尾巴似的绿穗穗就是它的花朵呢。噢，对了，就连那些麦田里的荠荠草也是会开花的，它的花洁白洁白的，有米粒那么大，像早晨那被阳光镀亮的一颗颗晶莹的露珠。我们想来想去，把田畦里、山岗上甚至地塍边的每一种草都想遍了，可是谁也没有想出有哪一种草是不会开花的。我们想了半天，都摇摇头说："校长，没有一种草是不开花的，所有的草都会开自己的花朵。"老校长笑了，说："是的，孩子们，没有一种草不会开花的，其实每一种草都是一种花朵啊，栽在精美花盆里的花是一种草，而长在田塍边和山野里的草也是一种花啊。孩子们，不论我们生活在哪里，你们和其他人都一样，都是一种草，也都是一种花，记住，没有一种草不会开花的，再差的花朵也是一种草啊！"校长这一番温暖人心的话语，一下就驱散了我们心头的忧虑，使我们每个同学都在竞赛中发挥了自己的最好水平。此后的几十年间，当我从深山里的乡下走进都市里的大学，当我从一名乡下青年成为城市缤纷社会的一员，听到一次次雷鸣般掌声的时候，我没有自卑，也没有浮躁过，我总想起老校长的那句话："没有一种草是不会开花的，而每一种花朵也是一种草啊。"

"没有一种草不会开花的，其实每一种草都是一种花朵"，上文中老校长的这句话说得实在是太好了。下面的这个故事，可以说就是对这句话的更具体更生动的阐释：

有个学生，是个很不出众的孩子，皮肤黑黑的，还有些耳聋。因不怎么听见声音，他总是竭力张着他的耳朵，微向前伸了头，作出努力倾听的样子。这样的孩子，成绩自然好不了，所有的学科竞赛，譬如物理竞赛，化学竞赛，他都是被忽略的一个。甚至，学期大考时，他的分数，也不被计入班级总分。所有人都把他当残疾，可有，可无。他的父亲，一个皮肤同样黝黑的中年人，常到学校来看他，站在教室外，他回头看看窗外的父亲，也不出去，只送出一个笑容。那笑容真是灿烂，盛开的野菊花般的，有大把阳光气息在里头。老师好奇他绽放出那样的笑，便问他为什么不出去跟父亲说话？他回答老师说，爸爸知道我很努力的。老师轻轻叹一口气，心里有些感动，又有些感伤，并不认为他可以改变自己什么。学期要结束的时候，学校组织学生手工竞赛，是要到省里去夺奖的，这关系到学校的声誉。平素的劳技课，都被充公改上了语文、数学，学生们的手工水平，实在有限，收上去的作品，都很令人失望。这时，却爆出了冷门，有孩子送去手工泥娃娃一组，十个，每个泥娃娃都各具情态，或嬉笑，或遐想，活泼，纯真，美好，让人惊叹。作品报到省里后，顺利夺得特等奖。全省的特等奖，只设了一名，其轰动效应，可想而知。学校开大会表彰这个做出泥娃娃的孩子。热烈的掌声中，走上台的，竟是黑黑的他——那个耳聋的孩子。或许是第一次站到这样的台上，他神情很是局促不安，只是低了头，羞涩地笑着。让他谈获奖体会，他嗫嚅半天，说，我想，只要我努力，我总会做成一件事的。刹那间，台下一片静，静得阳光掉落的声音都能听得见。从此，面对不管什么样的学生，老师都再不敢轻易看轻他们中任何一个。

草的生长跟人的成长还真有着惊人的相似之处。一棵小草，一心想着长大，开花，可是或由于风雨的吹打，或由于虫子的叮咬，或由于干旱的侵扰，或由于雷电的袭击，它总不能称心如意地想怎么长就怎么长，想什么时候开花就什么时候开花。它或许曾因此而伤心过，甚至还耷拉过脑袋，但它并没有因此而绝望，而放弃，它依然在承受着雨露阳光，汲取着水分养料，顽强地成长壮大，直到开花结籽。同样，或是由于自身条件有这样那样的不足，或是由于外界环境有这样那样的制约，一个人的成长也绝不会一帆风顺，尽如所愿，而往往会遇到各种各样的障碍、挫折、失败，有时甚至会跌入深深的低谷。这时候，我们就必须向小草学习，学会像它们那样在低落中安慰自己，在失败中鼓励自己，在彷徨中重又坚定，在郁闷中再次奋起。总而言之，我们一定要坚信，每一棵草都会开自己的花，哪怕是最不起眼的牛耳朵，也会把黄的花，藏在叶间，开得细小而执着。每一个人都会有绽放自己光彩的一天，即便是曾经的“笨蛋”，也会成为登上伟大科学家的峰巅，让世人称羡不已。眼下我们之所以还没有开花，之所以看似难以成才，那是因为我们还有些重要的缺陷没有克服，还有些必要的储备没有充足，甚至连自己的闪光点还没有被真正发现。只要在这一些方面下够了工夫，有了长足的进步，那我们就一定能开出美丽芬芳的花朵来。

世上没有垃圾，只有放错地方的资源。世上也没有“蠢才”，只是他们的“闪光点”暂时还没有被发现。其实，每一个青少年都是一棵生机勃勃的绿草，只要一个劲儿地不停生长，就总有一天会开出那美丽的花朵；每一个青少年都是一座蕴量可观的富矿，只要持恒不懈地不断开挖，就都具有前景无限的开采价值。

在各自的天地里展示独有的风韵

在学校里，我们常常会遇见这样一些同学，他们或是由于童年和少年时一直被人忽略，或是由于长期以来家庭始终处于贫困之中，或是由于自己没有美丽的容貌和强健的体魄，或是虽已学习多年，却并没能打下良好的学业基础，或是虽也暗暗使劲，却仍没有显现出众的才华……因此就总是蔫头耷脑的，不时露出一副自卑甚至猥琐的模样。对那些他们眼中的"幸运儿"，他们常常是仰头相望，充满着羡慕之意，而自己在学习和做事时，却总缺少一份担当和执着，缺少一份坚定和勇气。他们心里一直隐隐觉得，即便自己再怎么努力，前景也不会怎么光明，自己也不会有多大出息。

而其实呢，每个人的一生中，都难免要面对一些缺憾和不如意的事情，即便是一些所谓的"幸运儿"，也并不例外。谓予不信，且请看这样一则寓言：

猪说假如让我再活一次，我要做一头牛，工作虽然累点，但名声好，让人爱怜；牛说假如让我再活一次，我要做一头猪，吃罢睡，睡罢吃，不出力，不流汗，活得赛神仙；鹰说假如让我再活一次，我要做一只鸡，渴有水，饿有米，住有房，还受人保护；鸡说假如让我再活一次，我要做一只鹰，可以翱翔天空，云游四海，任意捕兔杀鸡。

这则寓言反映了一种挺有意思的现象，那就是：有眼不识自身宝，风景都是别处好。应该说，上苍其实还是蛮公平的，世上的芸芸众生，一般都是各有其所长，也各有其所短，所以，即便是自己当真有这样那样的缺陷，也不要只是去羡慕别人如何如何风光，而要好好地算一算上天给了自己多少的恩典。这样，你就会发现，就算是与那些所谓的"幸运儿”相比，你也并不见得真就那么窝囊，因为你所拥有的，绝对比你没有的要多出许多许多。就算是那些缺陷的部分，虽说并不可爱，但只要你能善待它，悦纳它，设法转化它，那它们也可能会给你带来意外的惊喜。生活虽然不可能如自己想象的那么美好，但也断然不会像自己认为的那么糟糕。所以，真的不必成天去艳羡别人，而过分地小看自己。只要珍爱自己所拥有的，穷追自己所渴求的，用勇敢的心去做最好的自己，那就一定能用坚定的自信，活出让人眼睛为之一亮的别样风采；那就一定能在十几二十的年轻生命里，做出一些到八十岁想起来都会微笑的事情来；那就无论生活留给我们怎样的缺憾，我们都能为自己找寻到最温暖最美好的归宿。

如果放大我们身上的缺陷和不如意，那么我们就将永远生活在痛苦的阴影之中。只有直面和悦纳这些缺陷和不如意，我们的面前才会阴霾散尽，丽日朗照，感到无比的豁达快乐。看一看戴尔·卡耐基所写的以下这篇文章，我们就将会更明白此中的道理：

我认识爱波特已经有几年了。那次他告诉我一个动人的故事，我永远也不会忘记。他说：“我总是爱烦恼。但是在 1934 年的春天，我在威培城西道菲街散步的时候，目睹了一件事，使我的一切烦恼烟消云散。此事发生于 10 秒钟内。我在这 10 秒钟里学到的东西，比从前 10 年学到的还要多。那时我在威培城开了一间杂货店，过了两年，我不但把所有的积蓄都亏掉了，而且还负债累累，要七年之久才能还清。一个星期六，我的杂货店关门了。我正向银行贷款，准备回堪萨斯再找工作。我走起路来像一个受过严重打击的人，已经失去了一切信念和斗志。可是，我突然看见一个没有腿的人迎面而来，他坐在一个木制的装有轮子的可以旋转滑走的盘上，两只手各撑一根木棒，沿街推进，我碰见他时，他刚刚过了马路，走了几尺路，就向人行道移过去，我们的视线刚好相遇了。他微笑着，向我打了个招呼。‘早，先生，天气很好，不是吗？’他很有精神地说。我停住脚步望着他，这时，我感觉到我是多么的富有呀，我有两条腿，我可以走。我觉得自怜是多么可耻。我对自己说：他没有腿都能快乐、高兴和自信，我有腿，当然也可以。我感到我的胸怀因此开阔起来了。我本来只想向银行借一百元，但是，我现在有勇气向它借二百元了。我本来想到堪萨斯城试着找一份工作，但是，现在我自信地宣布我想到堪萨斯城获得工作。最后我钱也借到了，工作也找到了。”后来，我把下面的字贴在我的浴室镜子上，每天早晨刮脸的时候我都读一遍：“我忧郁，因为我没有鞋。直到上街遇见一个人，他没有脚！”……

对于爱波特来讲，开了两年的店不但把所有的积蓄都亏掉了，而且还负债累累，要七年之久才能还清，这应该说是一个惨痛的遭遇和不小的打击，他因此而抑郁不快完全可以理解，但由此而丧失信念和斗志就非常不妥了。为什么？因为与失去双脚的人相较，他的失去最多也不过像是丢失了一双鞋子而已，根本就不足挂齿，犯得着如丧考妣，痛不欲生么？他的腿还在，依然可以跑，可以跳，可以飞奔向前嘛！这就告诉我们，不管遇到什么样的情况，我们的两眼绝不能老是紧盯着自己的缺失，而要多看看自己的拥有，并充分利用自己的拥有，通过发愤努力，把自己做到最好。这就正如李镇西老师在《做最好的老师》一书中所说的那样：“每个人都是一棵树。你也许不是最美丽的，但你可以最可爱；你也许不是最聪明的，但你可以最勤奋；你也许不会最富有，但你可以最充实；你也许不会最顺利，但你可以最乐观……我所谓的‘做最好的自己’，强调的是自己和自己比——昨天的自己和今天的自己比，不断地超越自己。‘做最好的自己’，便意味着要尽可能在自己的职业中达到自己力所能及的最好程度。”是的，做最好的自己不在乎你昨天是怎样的一个人，也不在乎你底子有多薄，基础有多差，只要你充满自信，只要你不断努力，你就可以比不努力的你更好，只要你坚持努力，你就完全可以成为最好的自己。

再说，金无足赤，人无完人，世上的任何一个人，都会有这样那样的缺陷，而绝不可能完美无缺。所以，即使自己有缺陷，甚至是有较多的缺陷，也还是要千方百计地发挥自己的所长，努力做最好的自己。

1972 年，新加坡旅游局给总理李光耀打了一份报告，大意是说：新加坡不像中国有万里长城、有秦始皇兵马俑，不像埃及有金字塔，不像日本有富士山，除了一年四季直射的阳光，什么名胜古迹也没有，要想发展旅游事业，实在是巧妇难为无米之炊。李光耀看后大笔一挥，只在报告上批了一行字：“你想让上帝给我们多少东西？阳光，我们有阳光就足够了。”旅游局看了报告上总理的批文，细细地思考了一阵儿，终于恍然大悟：总理的意思再明白不过，是让我们利用自己的优势——阳光——大做文章。后来，新加坡利用一年四季直射的阳光种植花草，在很短的时间里就发展成为世界上著名的“花园国家”，连续多年旅游收入名列亚洲第三位。

这就可见，决定成败的不是尺寸的大小，而在于做一个最好的你。成功的标准并不是单一的，社会给每个人提供了不同的舞台，只要你在自己的舞台上竭尽全力扮好自己的角色，将自己的价值发挥到极致，那么不管他人是否能给你送上鲜花和掌声，你都可以问心无愧地自己为自己颁奖。千重要，万重要，最重要的就是如何给自己在这个拥挤的世界上找到真正属于自己的一席之地。比如梅凌寒怒放，兰幽香扑鼻，竹坚贞挺拔，菊贞秀淡泊，它们就都在各自的天地中展示了自己独有的风韵；又如鹰击长空，鱼翔浅底，虎啸深山，驼走大漠，它们也同样在各自的领域中尽显了自己独特的魅力。成功虽有大小之异，却并无轻重之别，所以我们也就不必过分在意自己是否超越了别人，而要特别重视自己是否超越了自己。珍爱自己拥有的，穷追自己渴求的，要活，就一定要活出生命的价值，要做，就一定要做最好的自己。这样，即便你是一棵没有大树伟岸的小草，你也能成为辽阔草原的一个引人瞩目的亮点；即便你是一条没有大河气势的小溪，你也同样能成为浩瀚大海的一朵美丽非凡的浪花。

有时候需要的仅是一点勇气

有一些青少年同学，胆子似乎特别小，不管做什么事情，他们脑子里所想的，首先是书上怎么讲的，老师怎么说的，家长怎么叮嘱的，只要看似稍稍越出了书本、老师和家长所划定的范围，他们便畏畏缩缩，怕这怕那，不敢越雷池于一步，说什么也没有采取行动的勇气了。我们觉得，这些同学很有必要读一读下面的这则故事：

有一次，一位名叫马维尔的法国记者去采访林肯。马维尔问："据我所知，上两届总统都想过废除黑奴制度，《解放黑奴宣言》也在他们那个时期就已草就，可是他们都没提笔签署它。请问总统先生，他们是不是想把这一伟业留下来，给您去成就英名？"林肯答道："可能有这个意思吧。不过，如果他们知道拿起笔需要的仅是一点勇气，我想他们一定非常懊丧。"马维尔还没来得及问下去，林肯的马车出发了，他一直没弄明白林肯这句话的含义。林肯去世50年后，马维尔才在林肯致朋友的一封信中找到了答案。林肯在信中谈到幼年时的这样一段经历："我父亲在西雅图有一处农场，上面有许多石头，正因如此，父亲才得以以较低的价格买下。有一天，母亲建议把上面的石头搬走，父亲说，如果可以搬走，主人就不卖给我们了，它们是一座座小山头，都与大山连着。有一年，父亲去城里买马，母亲带我们在农场里劳动。母亲说，让我们把这些碍事的东西搬走好吗！于是我们开始挖那一块块石头。不长时间，就把它们给弄走了，因为它们并不像父亲想象的那样，是一座座小山头，而是一块块孤零零的石块，只要往下挖一英尺，就可以把它们晃动的。"林肯在信的末尾说，有些事情，一些人之所以不去做，只是因为他们认为不可能。其实，有许多不可能，只存在于人的想象之中。

读到这封信的时候，马维尔已是76岁的老人，就是在这一年，他正式下决心学习汉语。据说三年后的1917年，他在广州旅行采访，是以流利的汉语与孙中山对话的。

林肯和马维尔的经历与经验告诉我们，坚定正确的勇气是一种生生不息的希望，有时候要想获得成功，我们所需要拥有的，也许仅仅只是对勇气的一点展露。林肯的一生，特别是他的前半生，磕磕碰碰，起起落落，几乎一直与失败作伴，可他硬是不被那各种各样的“石头”所吓倒，而始终在搬走心中的“石头”上下工夫。结果，他屡败屡战，屡战屡起，终于登上了美国总统的宝座。他所凭靠的，不就无非是那坚定的信念和不灭的勇气么？无怪曾任美国总统的杜鲁门要说：“林肯有勇气去做大多数人反对的事情。”

人生的道路曲曲折折，起起伏伏，所以，我们必须有足够的勇气来面对生活：在迷迷茫茫，不知所措的时候，应拿出勇气来拨开迷雾，探寻前进的方向；在平平庸庸，得过且过的时候，应以足够的勇气打破沉寂，设法突破现状；在取得成绩，飘飘欲仙的时候，应勇于作冷静的思考，大胆地剖析自我，超越自我；在屡屡受挫，心灰意冷的时候，更应以前所未有的勇气审视和激励自己，以便重捡起信心，昂首前行。事实上，世上所有的成功人士之所以能够缔造有口皆碑的丰功伟业，就都是因为他们比别人多了一点勇气，多付出了一点决心和行动。

勇气何以会有这么大的作用？这是因为，勇气是扫除障碍的开山斧，是促人奋进的助推器，是迈向成功征程的问路石。人的一生，很像是在迷雾中行走，远远望去，只觉前面迷蒙一片，既辨不清方向，也不知是吉是凶。可是，当你鼓起勇气，放下忧惧和疑虑，一步一步大胆地向前走去的时候，你就会发现，每走一步之后，你就能把下一步的路看得清楚一点，你就能多少窥见一些吉凶的征兆，你的忧惧和疑虑就会渐渐地减少，脚步也就会由此而变得轻松和快捷。所以，勇气就像是一把神奇的钥匙那样，能为我们打开心灵的幽谷，使我们较快地步出阴暗逼仄的通道，进入一个豁然开朗的全新境地。应该说，在很多时候，勇气比智慧更重要。真正的勇气是一种精神的力量，人格的力量，只要拥有了这种力量，我们就能奋勇地越过由无数困难堆成的高山，就能用我们看似平凡的双手，创造出原本连想都不敢想的人间奇迹。总之，只要挟一往无前之志，具百折不回之气，我们就能成为命运的主宰，欢乐地拥抱我们梦寐以求的胜利，而将那失败和平庸一一都拒之于门外。相反，如果一个人没有一丁点儿勇气，那他就会像失去了脊梁似的，直不起腰来，挺不起背来，始终只能缓慢地匍匐前行。阳光照不到他的脸面，他也就永远得不到幸运女神的垂青。

德国著名作家歌德说：“你若失去了财产——你只失去了一点，你若失去了荣誉——你就丢掉了许多，你若失去了勇敢——你就把一切都丢掉了。”但愿每一个青少年同学，都能为了实现自己的梦想，而永远高扬勇敢的大旗，昂首阔步向前进。

有勇气，就能创造奇迹

在谈到每个人立身于世，都必须要有勇气的时候，有些青少年同学往往会说，大人物需要勇气，做大事需要勇气，我们都是些平平常常的青少年，做的都是些普普通通的小事儿，大可不必需要什么勇气。这样的看法显然有失偏颇，因为不光成就大业的大人物需要勇气，不光干轰轰烈烈的大事业需要勇气，就是做一个平平常常的小人物，干一些普普通通的小事情，其实也都是需要一点勇气的。

放暑假了，小明每天在家不是玩电脑就是看电视，父母既担心他看坏了眼睛，又害怕他被那些古装肥皂剧看傻了脑袋，于是就为他报名参加了一个初小衔接班。小明被逼无奈，满脸不高兴地迈出了门。可回来时，他却神采奕奕，一副快乐的模样。第二天一早，闹钟还没闹，他就穿戴整齐地在洗手间洗漱了，一改了过去要催10多遍又拖又拽才肯起床的坏习惯。放学回家，小明更是掏出了他平时最恨的英语课本，静心地进行着复习。父母见了，都惊讶极了：儿子怎么一下子就开窍了呢？他们忍不住问儿子，可小明居然笑而不答。晚上在露台乘凉的时候，儿子这才小鸟依人地靠到妈妈的身旁说："妈妈，你知道我今天为什么这么早上学吗？"妈妈即刻反问："为什么呀？"儿子一脸陶醉地说："妈妈，因为早读时我要领读。""哦……"还没等妈妈问其他的问题，儿子又接着说："妈妈，我现在是班长，要负责点名，登记，还有领读。""你是班长？"妈妈非常震惊，因为儿子很淘气，从一年级到六年级，他只当过小组长，而且还没当满一个月就被撤了。哈！现在是哪位老师这么长有慧眼呢？妈妈不由得很好奇地问："儿子，你是怎么当上班长的呢？""第一天上课的时候，我们的班主任问全班同学，你们谁想当班长？

可没有人回答。她问第二遍的时候，我大胆地举起了手。她就说，很好，这位同学很勇敢，站起来做个自我介绍吧。就这样，我就当上班长了。”小明接着又介绍说，“我们的班主任是英语老师，她的英语教得好玩极了。”到这时候，妈妈这才明白了儿子“旧貌换新颜”的原因，不禁无限感慨地想：“成功有时候只需要多一点点勇气……”

小明是个够平常的同学吧，去上初小衔接班也是件够普通的事情吧，可就是这么一个平常的同学去做这么一件普通的事情时，因为多了一点点勇气，所带来的变化却是那样的出人意表，甚至是那样的令人惊讶。请千万别小看这“多了一点点勇气”，只要小明能顺着这样的势头继续发展下去，或许他当真就在通往成功的道路上迈出了至为重要和极为坚实的一步。这就可见，即便是一个极为平凡的普通学生，在成长的路上也是需要多一点点勇气的。

不仅在一些重要的成长节点上需要勇气，即便是在日常生活的一些小事上，其实也是需要一点勇气的。在学习时遇到了疑难问题，不怕露丑地提出来，这就需要勇气；一旦犯了错误，不遮遮掩掩地坦白承认，这也需要勇气；对老师和家长的话不唯唯诺诺，能大胆提出不同的意见，这同样需要勇气；不怕别人说三道四，在那大庭广众之中，亮一亮不怎么动听的歌喉，这依然需要勇气；敢于毛遂自荐，独自担当老师交给的某项任务，这就更是需要勇气；甚至是暗夜里一个人走一段黑路，也还是离不开勇气……这也就是说，不管是在什么时候，什么场合，做一些非常普通的事情，都是需要有一点勇气的。

人人需要勇气，事事需要勇气，可勇气并不是从娘肚子里带来的，而是在后天的努力中不断培养起来的。在寒冷的西伯利亚，有一种鹿叫做花腹鹿，它们的腹部有着美丽的花纹，但这花纹并不像斑马的花纹一样与生俱来，而是经过反复的磨难后才形成的。当它们还是幼鹿时，被父母带去跳跃荆棘丛，矮小的幼鹿在跳跃时腹部被荆棘划破，伤口纵横交错，而伤口痊愈后交织的疤痕，便成了让人们十分惊奇的美丽花纹。在漫长的生命历程中，人也和小鹿一样，同样会遭遇许多挫折，面对挫折，与其选择回避，不如鼓起勇气，去正视它，迎击它。因为只有经历了种种磨难，才有可能一步步更接近成功。即便命运刺了我们一刀又一刀，我们仍然要鼓足勇气去面对和搏击，以让伤口也同样绽放出另一种美丽。

“勇敢产生在斗争中，勇气是在每天对困难的顽强抵抗中养成的。我们青年的箴言就是勇敢、顽强、坚定，就是排除一切障碍。”只要让奥斯特洛夫斯基的这一名言时时在我们的耳际回响，我们就可以渐渐抵达“有勇气，就能创造奇迹”的境地了。

想喝甘美清泉水，须把垂死置度外

人们的思维大多是有惰性的，每遇问题，往往偏向于简单的、重复的、机械式的思考，习惯于用老眼光来看新问题，用曾经被反复证明有效的旧概念去解释变化世界的新现象，广大青少年同学也不例外。正因为这样，在前行的征程中遇到了各种各样的障碍之后，尽管在超越和战胜它们的时候可以有不同的路径，不同的方法，可大多数人往往会图省力，求安稳，寻找那最保险的通道，采用那最轻易的方法——这就是惰性思维使然的结果。这么去做，虽然省力安稳，保险轻易，可最后至多也只能勉强过关而已，决不会有什么特别理想的收获，更不可能有令人意外的惊喜。另有一些人则不同，他们通常能摆脱惰性思维的束缚，在超越和战胜障碍时甘愿花大力，敢于冒风险，总是想方设法另辟蹊径，用最具创造性的方法去勇闯新路。他们的这种做法，虽然难免会有遭遇碰壁乃至失败的可能，但却常能享受“无限风光在险峰”的快乐，得到令人意想不到的收获。

从前，有个探险家在沙漠中迷失了方向，他饥渴难忍，濒临死亡。可求生的本能驱使他不愿束手待毙，决心以更顽强的努力寻找一丝生机。他拖着沉重无比的脚步艰难地前行着，终于意外地找到了一间废弃的小屋。这是间久无人居、破败零落的小屋，在屋前他发现了一个汲水器，于是便竭尽全力拼命抽水，可却滴水全无。正当懊恼至极，忽又发现旁边有个水壶，壶口被木塞塞住，壶上有一张纸条。他好奇地将纸条打开：“你先要把这壶水灌到汲水器中，然后才能打水。但是，在你走之前一定要把水壶装满。”他小心翼翼地打开水壶，里面当真有一壶水。他一阵惊喜，可也因此而面临极为痛苦的抉择——是否该按纸条所说，将这壶水倒进汲水器？如果倒进去后汲不出水来，岂不白白浪费了这救命之水？相反，要是把这壶水喝了下去，起码可以暂时保住自己的性命。此时，冒险的本能让他顿时涌起一股前所未有的冲动，他咬牙决定按纸条所说的去做。他宁愿带着完美的遗憾渴死，也不愿辜负每一个美丽的梦想。果然，汲水器中真的涌出了源源不断的清冽甘泉。他舒舒服服地喝了个痛快，然后把水壶重新装满，并在纸条后面加上了一句话："请相信我——只有把垂死置之度外，你才能喝到甘美的泉水。"就这样，他不仅没有饥渴而死，还在养精蓄锐之后，如愿地完成了这一次艰巨的探险任务。

这位探险家的可贵，一是在饥渴难忍，濒临死亡之际，他没有听天由命，束手待毙，而是竭尽努力去寻找一丝生机，后来终于发现了一个汲水器和一壶水；二是在面临要否将一壶水倒进汲水器这一问题时，他一反慵懒的惰性思维，甘冒风险地做出了大胆而又正确的抉择，最后终于从水井中汲出了源源不断的清冽甘泉，并由此而得以完完全全地化险为夷。可以毫不夸张地说，这位探险家的成功和胜利，就是把垂死置之度外、甘冒风险精神的成功和胜利，就是冲破惰性思维束缚、敢于创新思维的成功和胜利。

在探险这样的事情上，需要把垂死置之度外的勇气和甘冒风险的精神，需要冲破惰性思维的束缚，敢于创新思维，在做其他许多事情的时候，情况亦同样如此。公元前 49 年，罗马共和国元老院向在高卢担任行省总督的恺撒发出命令，令他立即撤回罗马，并表示如不执行，将宣布恺撒为国敌。在这情势严峻的紧要关头，胸怀大志的恺撒，经过一番紧张的思考之后，决意冲破"任何将领都不得带领军队越过卢比孔河"（高卢与意大利的界河）的罗马法律，不仅讲出了"渡河之后，将是人世间的悲剧；不渡河，则是我自身的毁灭"的名言，而且豪气冲天地将手中的长剑一挥，向自己从高卢带来的军团发出了渡河进军的命令。一时之间，他麾下那些年轻骠悍的勇士们，便像飓风一样狂卷过卢比孔河，以闪电般的气势击溃了罗马军队。而正是此一壮举，成就了恺撒强大的罗马帝国，同时也使他名垂青史，成为了罗马共和国末期最杰出的军事统帅和政治家。这就可见，为了实现自己的人生目标，就要敢于标奇立异，冲破所有的思想藩篱，同前进道路上的一切艰难险阻做殊死的搏斗，直至最后的胜利。这是因为，当一把锋利无比的达魔克利斯之剑高悬在我们头顶，而且随时都有可能掉下来的时候，我们除了奋起抗争，夺取胜利之外，再也没有别的选择！

现实总是那么残酷无情，总是有太多的磨难，太多的考验，太多的不可预测的风暴，随时摆在每一个人的面前，不管你愿意还是不愿意，想得通还是想不通，有能力还是没能力，你都得去坦然面对，都得去勇敢经历。困难、挫折、失败，其实都并不可怕，可怕的只是面对困难时的畏惧，面对挫折时的沮丧，面对失败时的退缩。很多时候，不是世界冷漠地拒绝了我们的热情，而是我们误解了岁月对我们设置的重重考验；不是幸运女神对我们不屑一顾，而是我们在困境中缺少了以奋进的脚步放飞理想的勇气。幼鹰能够飞翔是因为被逼落悬崖，蝴蝶能够羽化是因为经历了破茧之痛，机遇和胜利始终只垂青那些勇于向困境乃至向死亡挑战的人，怯懦者则永远与它无缘。英国哲学家培根说过："超越自然的奇迹多是在对逆境的征服中出现的。"所以，不管遭遇多大的困苦，我们都要以最积极的心态，最大胆的思想，最无畏的勇气，去挑战苦难，去突出重围，从而不断地超越自我，开创一片真正属于自己的崭新天地。

哪怕是棵小草，也要为国添新绿

“天下兴亡，匹夫有责。”这是明清之际的思想家顾炎武留下的名言。三百多年过去了，可这掷地有声的八个字，依然时时在我们的口头流传，刻刻在我们的耳际回响。这究竟是什么道理呢？我们觉得，其中最关键的一点，就在于它道出了这样一个颠扑不破的真理：人生在世，对社会，对国家，必须具有高度的责任感。

一个人好不容易来到这个世界上，也不过是来去匆匆的几十年时间（至多也只是上百年吧）。既然如此，我们就必须珍爱自己的生命，让自己的一生活得更具光彩，更有意义，以使自己不枉来这世上走这一遭。有人曾问古希腊著名哲学家亚里士多德：“你和平庸的人有什么不同？”哲学家不假思索地回答道：“他们活着是为了吃饭，而我吃饭是为了活着。”这就告诉我们，一个人活在世界上，不能仅是为了吃饭，为了享受，因为如果那样的话，就会流于平庸，甚至与猪狗无异。生我们的是这块土地，养我们的也是这块土地，没有祖国大地的滋养，就没有我们的一切，所以我们应该倾尽自己的全力，回报生养我们的祖国，哪怕我们是一棵小草，也要为她增添一丝新绿，哪怕我们是一滴水珠，也要为她荡起美丽的涟漪——这就是我们的责任，中华儿女义不容辞的责任！

翻开历史画卷，我们即可发现，许多仁人志士之所以能功业赫赫，名垂青史，其根本原因就在于他们无不具有热爱家园、报效祖国的赤诚感情。

岳飞“精忠报国”，率领岳家军驰骋疆场，所向披靡，直杀得金兵如惊弓之鸟，金兀术仰天而叹：“撼山易，撼岳家军难！”陆游的一生，一腔爱国热情倾笔端，几度“铁马冰河入梦来”，直到临终前，还留下了“死去原知万事空，但悲不见九州同。王师北定中原日，家祭无忘告乃翁”的千古绝唱。文天祥兵败被俘后，在敌人的土牢中被关了整整三年，劝降者络绎不绝，可他仍屹然不为所动，刑前还写下了凸显其高风亮节的《正气歌》，“人生自古谁无死，留取丹心照汗青”，忠义昭然，为世人万代传诵。

为了祖国的独立，为了人民的解放，无数共产党人更是进行了艰苦卓绝的斗争，谱写了许多可歌可泣的动人篇章。徐特立给学生作时事报告，讲述帝国主义列强对我国的侵略，越讲越激昂，越讲越悲愤，拍案捶胸，声泪俱下，用菜刀在众人面前“砰”的一下砍断自己左手的一节手指，并用断指在白纸上写下了“驱除鞑虏，恢复中华”八个血字。方志敏不仅以无比的英勇开辟了赣东北革命根据地，而且面对敌人的屠刀呼喊出“敌人只能砍下我们的头颅，决不能动摇我们的信仰”的壮语，还在敌人的监牢里写下了《可爱的中国》和《清贫》等文稿，充分表达了他对祖国的忠诚和挚爱。杨靖宇为了保卫祖国，抗击日寇，率领东北抗日联军纵横在南满大地，转战于茫茫林海，他的英名使日伪军闻之丧胆，使抗日军民为之振奋，而在他牺牲后，敌人发现他的胃里除了尚未消化的树皮、草根和棉絮外，竟然一粒粮食都没有。

帝国主义赶跑了，反动派打倒了，中国人民站起来了，我们还要不要报效自己的祖国呢？答案是显而易见的，且有许多人已为我们做出了出色的示范。被称为“两弹之父”的钱学森，在美国学成后立即要求回国，但美国当局认为他一个人“抵得上五个师”，硬是横加阻拦，后来在我们党和政府的关怀下，他终于回到了祖国的怀抱，和邓稼先等人一起为研制两弹一星做出了卓越贡献。著名科学家彭加木原名彭加睦，他自愿放弃出国深造的机会，主动要求到边疆工作，并在决心书上正式改名为“加木”，他说：“加木，合起来就是‘架’字，我要为上海和边疆之间架设桥梁，我要跳出小家庭到边疆去，为边疆添草加木。”他在边疆奋战了20年，最后在罗布泊地带不幸以身殉职，实现了他“誓为祖国埋忠骨”的夙愿。青年科学家陈章良，曾在美国获得博士学位，当时许多美国公司都以高薪争着聘请他，可是他一一谢绝了，他说：“我要回到生我养我的祖国，我要为她效力。”回国后他很快就在植物基因工程技术和分子生物学领域中取得了卓著成就，并因此获得了联合国的贾乌德·侯赛因青年科学家奖。

也许有同学会说，报效祖国主要是大人们的事，我们还小着呢！此话差矣！试想，毛泽东不是在离家求学前夕就挥笔写下了这样一首言志诗么：“孩儿立志出乡关，学不成名誓不还。埋骨何须桑梓地，人生无处不青山。”周恩来在读小学时不是就这样来回答校长“你们为什么要读书”的提问么：“为了中华民族之崛起，腾飞于世界。”这就可见，报效祖国的责任感并非只是成人应该具有，而是每一个人从小就必须培养。事实上，也只有让报效祖国的强烈责任感深深地扎根在我们幼小的心灵之中，我们的奋斗才会有明确的方向，我们的学习才会有强大的动力，我们的思想才能更加圣洁，我们的知识才能更加丰富，我们的本领才能更加高强，这样，我们将来也才能真正成为建设祖国和保卫祖国的栋梁之才。

我们的祖国虽已昂首屹立于世界的东方，但她毕竟尚处在发展之中，还并不十分富裕和强大。再说，和平与发展虽是当今时代的主流，但霸权主义还在横行，世界仍不太平。所以，建设强大祖国和保卫祖国安全的重担，就理所当然地将落在我们青少年一代的肩膀之上。有志不在年高，无志空活百岁，为了报效祖国，为了振兴中华，让我们从现在起，就以高度的责任感，发愤学习，努力奋斗吧！

奉献是我们最神圣的使命

说到要有奉献精神，我不由首先想到“人”这个字儿来。“人”字，是一个支撑的结构，而这正说明人是需要支撑的，每一个人既需要得到他人的支撑，同时也需要支撑他人。“人”之所以能威武地挺立于天地之间，关键就在于人与人之间有着这种相互支撑、相互奉献的关系。正是因为有了这种相互的支撑，相互的奉献，无数的个人才融汇在一起，具有了气势磅礴的大海一般的力量，才能不管遇有什么样的艰难险阻，都无坚不摧，无攻不克。反之，如果没有相互的支撑，相互的奉献，那么任何人都不过是渺小的一滴，很快就会干涸，消散，成为历史的匆匆过客。也许正因为如此，所以自古以来，人们就一直认为，人类的力量源于支撑，生命的价值在于奉献。

事实上，人类前行的历史，也确实是由无数人的相互支撑和无私奉献构筑而成的。大禹治水，三过家门而不入，孟子“老吾老以及人之老，幼吾幼以及人之幼”，杜甫老想着“何时眼前突兀见此屋，大庇天下寒士俱欢颜”，范仲淹只念着“先天下之忧而忧，后天下之乐而乐”，孙中山为推翻帝制积劳成疾，毛泽东为解放全中国奋斗一生，邓小平为改革开放殚精竭虑，习近平为实现中国梦而夙夜在公……正是因为有了这些人的支撑和奉献，我们在今天才得以沐浴这明媚的阳光。

而历史上更有许多的人，不仅奉献了他们的聪明才智，博大情怀，而且还奉献了他们的宝贵生命：

秋谨女士，25 岁参加孙中山领导的同盟会，28 岁时准备组织反清武装起义，不幸被捕，在绍兴古轩亭口壮烈牺牲。

夏明翰，20 岁参加革命，被捕后在狱中题诗：“砍头不要紧，只要主义真，杀了夏明翰，还有后来人。”28 岁在武汉英勇就义。

向警予，27 岁加入中国共产党，是党的第一位女中央委员，33 岁时在汉口被捕，牺牲前在刑场上进行最后一次讲演，敌人用手卡她的脖子，用皮带抽她的双颊，用东西塞她的嘴，可她奋力挣脱，高呼口号，慷慨赴难。

赵一曼，抗日女英雄，18 岁参加革命，30 岁为掩护同志受伤被俘，敌人用竹签子钉进她的指甲，她宁死不屈，英勇就义。

刘胡兰，10 岁参加抗日儿童团，14 岁参加中国共产党，15 岁为掩护同志转移被捕，审讯中坚贞不屈，被敌人用铡刀铡死。毛泽东为她题词：“生的伟大，死的光荣。”

董存瑞，在解放隆化的战斗中，舍身炸碉堡，为大部队开辟前进的道路，死时仅 19 岁。

罗盛教，在朝鲜战场上，为救一名落水儿童献出年轻的生命，死时 21 岁。

黄继光，22 岁时，在朝鲜战场上用身体堵住敌人的枪眼，壮烈牺牲。

邱少云，在抗美援朝的斗争中，为了使潜伏的目标不被暴露，他忍着被烈火烧灼的剧痛，像一块岩石那样一动不动地卧在那里，直至牺牲，死时 21 岁。

所有这一些人的奉献，都很好地印证了毛泽东的这两句诗：“为有牺牲多壮志，敢教日月换新天。”

反动派的统治被摧垮了，帝国主义的侵略被制止了，我们的国家进入了一个社会主义建设的全新时期，这时候是不是还需要相互的支撑，无私的奉献呢？回答当然是肯定的，许多人的作为早就有力地说明了这一点：

雷锋的一生，就是乐于奉献的一生，他走到哪里，好事就做到哪里，真正做到了“自己活着，就是为了使别人过得更美好”。

焦裕禄扎根兰考，治理风沙盐碱，鞠躬尽瘁，死而后已，把自己的一切都奉献给了兰考人民。

铁人王进喜在零下几十度的严寒中舍生忘死，立志拿下大油田，使祖国甩掉了贫油帽。

孔繁森不顾家庭困难，两次进藏，把一腔热血全都洒在了西藏高原上，因公殉职后，他的遗产只是 8 元 6 角钱，而他为养育孤儿们欠下的债款却高达 1 万多元。

徐虎几十年如一日，风里来雨里去，日日夜夜急用户之所急，毫无怨言地为人民修水电。

李素丽以满脸的微笑面对所有的乘客，热心周到，乐于助人，真正做到了“真情为他人”。

魔芋大王何家庆，扶贫西南九死一生，徒步行走了 31 600 公里，耗尽了 16 年的积蓄 27 000 多元钱。

这些人生命的价值，也同样在相互的支撑中闪现，在无私的奉献中升华。

也许有人会说，奉献主要是大人们的事儿，与我们青少年的关系不大。这话可不对，少年英雄刘文学、赖宁，不就为救助他人和抢救国家财产而献出了他们幼小而宝贵的生命么？而且，所谓奉献，也并不是说非要献出宝贵的生命不可，在许多小事情上，其实也是同样可以体现奉献精神的。譬如给困难的同学多提供一点帮助，给无助的老人多送去一点温暖，在班级里多做一点好事，在公益劳动中多流一点汗水……就无不是奉献精神的闪光。这样天长日久地从小培养自己的奉献精神，长大后我们就一定会成为一个能为全社会造福的有益于人民的人。

假如我们的生命是花，我们就一定要让它开得更娇更艳，将整个世界装扮得更加美丽；假如我们的生命是草，我们就要拼尽全力给世界奉献自己的一星浅绿，使大地更充满青春活力；假如我们的生命是树，我们就一定要力争成为一棵参天大树，为人们遮风挡雨，即便是在戈壁沙漠或荒山秃岭上，也要给迷路的跋涉者送去一线希望。付出，不一定有回报，也别指望回报；没有付出，就永远没有回报，而只有痛苦的失落。伸出援助的手，挽起来，是一个天；撑起来，就是高大的“人”。相互支撑，无私奉献，这永远是我们最神圣的使命，最巨大的欢乐！

敢于认错的真诚比什么都珍贵

人生在世，由于各种各样的原因，难免会犯这样那样的错误，青少年同学也不例外。犯了错误以后，有些青少年同学就觉得那是挺丢脸的事，于是便藏藏掖掖，遮遮掩掩，说什么也不愿让人知道。谁知越藏越掖，越遮越掩，错误往往会越变越显眼，影响往往会越来越严重，情况往往会完全适得其反。那么，犯了错误之后，究竟该怎么办才好呢？且让我们先从下面的故事说起：

贾米森是澳大利亚墨尔本市一家著名画廊的负责人，一天他收到了十几幅抽象派画作和一封没有署名的信，信上说：自己的祖父藏有一些据说是美国乡村画家安德烈的作品，可不知究竟是不是真的，因此想请您作个鉴定。贾米森对画作进行了仔细的鉴别后，还邀请几位画家一起作了认真鉴赏，结果大家一致认为这就是安德烈的作品。于是，贾米森决定举办一个安德烈画展，对画作进行拍卖，并特意为此作了宣传广告，还请电视台的人来作了采访。可就在拍卖会的前一天，一名30来岁的妇女抱着一个小孩来画廊找到贾米森，满面惭愧地说："那些画是我寄的，其实并不是什么安德烈的作品，而是我怀里的孩子画的，只是我觉得看上去挺像抽象派的画作，所以就想请先生作个鉴定，看看自己的'感觉'到底准不准。直到在电视里看到要办画展后，才发觉事情的严重性，所以才不得不前来如实相告。"贾米森听那妇女这么一说，一下子瘫坐在了椅子上，心想自己的一世英名恐怕就要栽在这次的失误上了。但他转而又想，事已至此，怨怪又有何用呢？于是便对那妇女说："你先回去吧！谢谢你能及时坦诚相告。这件事是我自己造成的，我会设法应付的。"那妇女离开后，贾米森立刻去到电视台，对媒体公开了事情的真相，并在画廊门口贴了一张显眼的海报："判断失误！此次展出和拍卖的'画作'其实出自于一名不到两周岁的小孩子之手，但是展览和拍卖照样进行，因为自己说过的话一定要做到。"然而，在展览和拍卖的那一天，让人意想不到的事再次发生了——来观看展览和参加拍卖的人特别多，而且拍出的最高价竟然达到了1万美元。一名记者问那些人为什么要买一个孩子的涂鸦之作，他们都说："我们买的并不仅仅是画，最主要的是，从这里面我们看到了人的真诚，有那孩子母亲及时知错的真诚，有贾米森敢于承认错误的勇气和真诚，而这些，实际上比任何艺术作品都更富有价值！"

在这个故事里，那位孩子的母亲和著名的画廊负责人都犯了错，前者是因想"看看自己的'感觉'到底准不准"而犯了错，后者是因对画作的鉴赏失误而犯了错，可他们在意识到自己的错误后，并没有加以任何的藏掖和遮掩，而是都坦诚地承认了自己的错误，充分表现了他们及时认错的勇气和真诚。而正是这一及时认错的勇气和真诚，使他们不仅得到了对方和众人的谅解及宽恕，而且还使他们赢得了大家的首肯和赞美。这也就是说，他们的知错认错之举，非但将他们的错误一下子化解为无形，而且还使他们勇敢和真诚的美德受到了众人的一致公认和颂扬，其好处之大，恐怕是一般的人根本就想不到的吧？而如若与此相反，在发现自己的错误后竭力地加以藏掖和遮掩，甚至是肆意地进行抵赖和推诿，那么所办的展览和拍卖会就将成为对公众的一次极大欺骗，一旦真相败露，那就必然会成为众矢之的，遭到众人的一致唾骂和挞伐，其后果的严重恐怕就令人简直难以想象了！同样是面对自己的错误，态度的截然不同，必然将导致结果的云泥之别。究竟孰是孰非，孰可取孰不可取，岂非了了分明了么？

人人都难免犯错，而犯错并没有什么可怕，我们尽可不必藏掖和遮掩，只要能及时地认错，勇敢地改错，那么错误就往往会成为正确的先导，就反倒会为我们搭建起通往成功的桥梁。

诚实是最高的学位

很多很多年前，有一位学大提琴的年轻人去向本世纪最伟大的大提琴家卡萨尔斯讨教：我怎样才能成为一名优秀的大提琴家？卡萨尔斯看着这位雄心勃勃的年轻人，说了句意味深长的话：“先成为优秀而大写的人，然后成为一名优秀和大写的音乐人，再后就会成为一名优秀的大提琴家。”

要成为一名优秀的大提琴家，首先要成为优秀而大写的人，卡萨尔斯的话确实是至精至当。而要成为一个优秀而大写的人，除了必须有诸如善良、谦逊、刻苦、顽强和自信之类的卓越品质外，显然还应具有诚实这个最基本的价值取向，因为它是人生的命脉，一切价值的根基。“言而无信，不知其可”、“知之为知之，不知为不知”，先贤孔子早在2 000多年前就谆谆告诫他的弟子要诚实做人。苏联的文学之父高尔基也曾说过：“诚实是人生永远最美好的品格。”他们就都强调了诚实的极端重要。也许有人要说，名人因为看重自己的声誉和效应，他们自然会把诚实作为最美好的品德，我们普通人或许未必要像他们这样吧？然而事情果真是这样么？美国一个很耐人寻味的调查，就很好地回答了这个问题。

1986年，美国心理学家安德森曾将550个描写人的形容词列成一张表，让大学生们从中选择自己最喜欢的品质和最厌恶的德行。结果显示，评价最高的品质是“真诚”，最厌恶的德行是“撒谎”、“虚伪”、“不老实”。由此可见，不管是诸侯割据、兵戎相向的春秋时代，还是在以核能、电子计算机和自动化技术为主的第三次科技革命时代；不管是中外杰出的先贤名人，还是普普通通的美国大学生们，尽管他们来自不同的种族、不同的国家，甚至有的还有着意识形态的区别，但他们都毫不例外地把诚实作为做人的基本准则，甚至可以说是第一要则。

可在现实生活中，有不少的青少年同学却只知追求高学历、高学位，而忽视了自己的思想修养，尤其是诚实这个品行。他们身受“做老实人吃亏，讲诚信无用”等错误观念的影响，渐渐把“利字提中间，诚信撇两边”当成了自己为人处世的实用哲学。尽管他们对如何诚实讲起来头头是道，口若悬河，但在实际处事时却是另外一种情形：如在班主任老师面前是一套，在任课老师面前是另一套；说了错话，做了错事，即使老师找到了他，他也能推则推，能赖则赖，从不肯如实承认；此外，如作业抄袭、考试作弊等不良现象，也时有发生。这些青少年同学为何会热衷于这么做呢？主要就是因为他们觉得，弄虚作假可以为自己挽回面子，考试作弊可以让自己享受高分的虚荣，如果做什么事都本本分分、老老实实的话，那就会处处吃亏，时时被人瞧不起。然而，诚实为人果真是一无是处、老是吃亏么？看了下面这个故事，也许你就会有不同的认识。

有个工程师向商人推销自己发明的飞机，可那个商人并不同意，因为这架飞机的动力声音太大了，所以他就要求工程师设法改进一下。几天之后，工程师十分沮丧地对商人说，根本没有办法可以使声音变小，只能是这个样子了。没想到商人听了，竟微笑着拿过合同书就签下了自己的名字。工程师感到很是惊讶，便问：“您……这是……”商人双手紧紧地握住他的手说：“我本来就知道根本无法改变声音的大小，我只是想看看你是不是一个诚实的人。”由此可见，一个诚实的人，不仅会受到他人的喜爱和信任，还会赢得别人的敬重和爱戴，并由此在事业上开创出一条广阔的途径。这个简短而意味深长的故事，充分地说明：真言最美，诚实是金，本分老实地说话做事，不仅不会使自己受什么损失，反会使自己得益良多。

菲利克斯·门德尔松是一位德国钢琴神童，9 岁便开始公开演奏，10 岁着手音乐创作，创作著名的《仲夏夜之梦序曲》时，年仅 17 岁。门德尔松少年时代就致力于充实自己多方面的知识，终于成为当时最有文化修养的艺术家。20 岁时，已是大名鼎鼎的音乐家门德尔松，在世界各地巡回演出，以精湛的表演征服了观众。当他来到伦敦时，英国女王专门为他在白金汉宫举行了盛大的招待会。应邀参加宴会的达官贵人和社会名流兴致勃勃地来到这座富丽堂皇的宫殿，希望能近距离聆听这位享誉世界的德国音乐家的精彩演奏。悦耳动听的乐曲声在白金汉宫响起，在场的人无不对门德尔松炉火纯青的表演赞不绝口。在每段表演结束后，热烈的掌声立即响起。听得入迷的女王也忍不住用手轻轻地打着拍子，时而点头，时而微笑。特别是在欣赏完《伊塔尔兹》这支名曲后，她再也无法控制自己的感情，情不自禁地感叹道："门德尔松先生，真是太美了！就凭这一支《伊塔尔兹》曲子，也能够证明您是一位真正的天才！"面对女王的高度评价，门德尔松感到高兴的同时又深感不安。原来《伊塔尔兹》是他姐姐芬妮创作的。芬妮才华横溢，很有音乐天赋。可是家人不同意作品用女孩的名字公开发表，最后只得署上门德尔松的名字。门德尔松立刻走到女王面前，说明了事情的原委。他解释道："女王陛下，实在羞愧！《伊塔尔兹》是我姐姐芬妮的作品，只是借用了我的名字而已，我不能把它占为己有。您对我的赞美实不敢当，您所赋予的荣誉应该是属于我姐姐的。"

门德尔松的诚实使女王对他的敬意更增添了几分。她高兴地说："门德尔松先生，您不仅是一位出色的音乐家，更是一位诚实的人。我代表我的国家向您致敬。"在场的人深深地被这位德艺双馨的音乐家的故事所感动，全都报以热烈的掌声。

面对着国王对自己娴熟的演奏技艺和高雅的音乐素养发出的至上赞誉和大力褒奖，门德尔松并没有居功自傲、沾沾自喜，趁机把让许多人为之入迷的《伊塔尔兹》的著作权占为己有，而是把诚实看作是自己最重要的品行，一生中最高等的学位，如实地道出了事情的真相。而正是他这诚实的品质，深深打动了包括国王在内的所有的人，让他们肃然起敬。

诚实，即忠诚老实，就是忠于事物的本来面貌，不隐瞒自己的真实思想，不掩饰自己的真实感情，不说谎，不作假，不为不可告人的目的而欺瞒别人。它是一束阳光，能照见一个人心灵的亮度；它是一座桥梁，能沟通人与人之间渴望理解的情感；它是一种可贵的品质，它的魅力在于以诚待人，以心感人，它不需要华丽的词藻来修饰，也不需要甜言蜜语来遮掩，它是生命中原汁原味的底色，它是天地之间的一种本真和自然。人生是个大舞台，我们每个人都是表演者，但是，一位真正优秀的演员，不是仅仅依靠外表的华丽取悦观众，更不靠美丽的谎言取信他人，而是凭借内心世界的真诚和丰富来赢得别人更多的鲜花和掌声，这就正如我国著名翻译家傅雷先生所说：“一个人只要真诚，总能打动人。”

青少年时期，是人生的黄金时期，也是人生中至真至纯至美的时期，因此每一位青少年同学更应该把诚实这个最容易而又最不应该忽视的美德，作为自己人生道路上的最高学位去追求，做老实人，说老实话，办老实事，诚实对人，诚实对己。只有这样不断修炼自己的品行，才能在浮躁喧嚣的社会里，洗尽铅华，洗尽虚伪，露出真诚和坦率。让我们永远牢记海涅的这句话：“生命不可能从谎言中开出灿烂的鲜花。”只有如此不断践行，我们生命的天平才不会摇摆不定，前行之路才会满是锦绣。

鲜花不会从谎言中开出

曾看到这样一则材料：一位老师在课堂上分析完期中考试试卷后，两位女同学拿了试卷跟他说，有一道不定项选择题批阅错了，另一位同学证明她选的是ABD，应加3分。老师看了一下卷面是57分，这题她选的是ABD，可能是自己批错了，忙给她加了3分，并向她道歉。碰巧在公共汽车上，老师偶然听到两位女生在交谈："我把试卷作了小小的技术处理，AB后面加了个D，成绩就及格了，那位老师还向我道歉，真是'阿木林'!""你做假有水平，脑子真活络!""做这种事你放心好了，不会'穿帮'的，即使老师有怀疑，你一定要咬住是批错的。两个人的事，谁也说不清楚。"老师听了她们的谈话，不禁愕然了……

看到这两位同学为自己的作假而沾沾自喜的事，我不禁想到了海涅的一句名言："生命不可能从谎言中开出灿烂的鲜花。"当你认为自己很聪明的时候，请记得别人也不会是笨蛋。对别人诚信也就等于让自己舒坦，投机取巧或许能得到眼前的小利，但终究只是一时之得，未必会有长久之利。假如这位女学生因此而尝到了甜头，说不定就会逐渐养成不思进取、专做弄虚作假之事的恶习，那她就不仅会断送"诚信"这个美好的品行，而且还将会断送自己的学业和前程。

有一个关于"诚信"的故事，也许更能说明这样的问题。

有个年轻人意外获得了五个包袱。这五个包袱分别装有金钱、地位、幸福、权利和诚信。当这个年轻人气喘吁吁地背着五个包袱来到河边，看到有一个渡船的老人，便高兴地喊他送自己过河。当这个老人快要把这个年轻人送到对岸时，便问："小伙子，你背着这么多的包袱怎么走？说不定还没有到达目的地，早就在半路累死了。听我的话，扔去一个包袱，有可能会救你一命。”年轻人一听，不禁心动了：这倒也对，可丢哪一个呢？金钱、地位、权利、幸福都是我需要的，我可千万不能丢掉它们，而“诚信”看来对我没什么用，干脆就抛掉它吧。于是，他把“诚信”丢进了河里。老人一看，便把年轻人也推下了河。“救命啊！”年轻人向老人大喊。这时，老人说：“你没有了诚信，我不能带你。”“为什么？”年轻人心中充满了疑惑。“我怕你上了河岸会不付钱。”说完，老人径直开船走了。结果，年轻人被活活淹死了。这个年轻人太傻，太贪婪了，如果他丢了其他四个中的一样，那么他还会有其它三个，也不会因此赔了“夫人”又送命，彻底完结。

面对这一故事，我们每个人似乎都可以站在道德的高度，帮助这个过河的年轻人做出正确的判决，然而在现实生活中，许许多多的人却像这个年轻人一样“沉醉不知归路”，甚至还可能比他有过之而无不及，他们非但不以不讲诚信为耻，反而以为不讲诚信、会做假就是脑子“活络”、有本事，一旦圆了谎，他们还像捡到了什么宝贝似的，内心里沾沾自喜。应该说，这样公然不讲诚信的现象，在社会上甚至在一些青少年同学中，仍然有一定的市场。

人生之舟，不堪重负，有弃有取，有失有得。失去了美貌，有健康陪伴；失去了健康，有才学追随；失去了才学，有机敏相跟；而失去了诚信，你所拥有的金钱、荣誉、才学、机敏……就全都不过是水中月，镜中花，如过眼云烟，终会随风而逝，甚至会像故事中的那个年轻人那样，机关算尽，反误了卿家性命。如果我们的社会，人人都失去了诚信，虚伪的面具将充斥生活的每个角落，生命会变得生气全无，友谊之花会枯萎凋谢，亲情之果也会陨落消亡。这样，只要撩起人们面前的五彩面纱，露出的便都是“君子”们道貌岸然的脸，虚伪丑陋的心。

中国是个有着五千年悠久历史的文明古国，崇尚“诚信”的文明源远流长，且一向是每一位中华儿女引以为豪的美德。远在几千年前，孔子就说过：“人而无信不知其可”，延伸之意就是“信，则知其可”。千百年来，人们讲究诚信，推崇诚信，诚信之风质朴淳厚。早在三国时期，刘备三顾茅庐，求贤若渴，诸葛亮辅佐刘备并受托孤之重任，一心为汉，七出祁山，耗尽毕生心血，留下赤胆忠心的千古美名。这既是诸葛亮的忠心，也是他的诚信。因为他诚实守信，履行承诺，才名留青史，永为世人崇敬。

人生漫漫，纷繁复杂，在一个又一个岔道口，在一次又一次险象中，我们究竟该选择什么？渡船的那个青年恐怕是我们最好的观照。面对着诱惑，请毫不犹豫地选择诚信，因为它比美貌来得可靠。没有美貌的人生，或许是没有足够亮点的人生；但若没有诚信的人生，则将是没有一丝光明的人生。你可以不是潘安，你也可以不是西施，但你不可以失去别人对你的基本的信任。“人，以诚为本，以信为天。”没有诚信，生存世间的你就是一粒悬浮天地间的尘埃。

选择诚信，因为它比机敏来得憨实。诚信好比一个淳朴敦厚的乡村小伙，他每日只知弓着黝黑宽阔的脊梁，在人生的沃土上默默耕耘。机敏则更像一个来去无影的电脑黑客，他看似是那样才思敏捷，头脑灵活，却总是不露真相，叫人紧张生厌。要知道，在人生的剧情里，一位稳重踏实的演员，总比一个奸诈精怪的角儿更受观众的青睐和喜爱。

选择诚信，因为它比金钱更具有内涵。举着“金钱万能”的旗号东奔西走，你的人生注定是辛苦乏味，满身铜臭最终带来的也不过是金钱堆砌的冰冷墓穴。而诚信，能给人生打底润色，让人生高大起来，丰满起来，它给生命灌注醉人的色泽和丰富的含蕴，让生命在天地之中盈润，善始并善终。

选择诚信，因为它比荣誉更具有时效性。没有一蹴而就的业绩，没有一成不变的江山，没有人可以顶着荣誉的光环过一辈子。荣誉是短暂的，它只是人生旅途上一小片美丽的风景，它再美丽，也只是人生的片段。但诚信却是培植人生靓丽风景的种子，你不停耕耘，就会一直美丽，你将诚信的种子撒满大地，你的人生将会美丽到天长地久。

不欺骗，不隐瞒，这才是正确的人生态度。远离尔虞我诈，鄙弃圆滑世故，多一份真诚的感情，多一点信任的目光，脚踏一方诚信的净土，方可浇灌出人生最美丽的花朵，夯筑起人生坚不可摧的铜墙铁壁。

人生际遇中始终存在两个机会

在学习生活中，总难免会有磕磕绊绊，会有坎坎坷坷，会有一些看似解不开的结和闯不过的关，这就正如俗话所说的那样，“人生不如意事十有八九”。青少年同学大多阅历浅，经验少，思想方法较为简单，因此往往易于被那些“十有八九”的“不如意事”羁绊着，折磨着，说什么也提不起精神来，从而陷入那成天唉声叹气、愁眉不展的窘境之中。这就向我们提出了这样一个问题：究竟该如何来正确面对那“十有八九”的“不如意事”呢？

美国加州有位刚毕业的大学生，在2003年的冬季大征兵中依法被征，即将到最艰苦也是最危险的海军陆战队去服役，这使他顿时显得忧心忡忡，焦虑不安。在加州大学任教的祖父见孙子一副魂不守舍的样子，便开导他说：“孩子啊，这没有什么好担心的。到了海军陆战队，你将会有两个机会，一个是留在内勤部门，一个是分配到外勤部门。如果你分配到了内勤部门，就完全用不着去担惊受怕了。”年轻人问爷爷：“那要是我被分配到了外勤部门呢？”爷爷说：“那同样会有两个机会，一个是留在美国本土，另一个是分配到国外的军事基地。如果你被分配在美国本土，那又有什么好担心的呢？”年轻人问：“那么，若是被分配到了国外基地呢？”爷爷说：“那也还有两个机会，一个是被分配到和平而友善的国家，另一个是被分配到维和地区。如果把你分配到和平友善的国家，那也是件值得庆幸的事。”年轻人问：“那要是我不幸被分配到维和地区呢？”爷爷说：“那同样还有两个机会，一个是安全归来，另一个是不幸负伤。如果你能够安全归来，那担心岂不是多余么？”年轻人问：“那要是不幸负伤了呢？”爷爷说：“你同样拥有两个机会，一个是能够保全性命，另一个是完全救治无效。如果尚能保全性命，还担心它干什么呢？”年轻人再问：“那要是完全救治无效呢？”爷爷说：“还是有两个机会，一个是作为敢于冲锋陷阵的国家英雄而死，一个是畏畏缩缩躲在后面却不幸遇难。你当然会选择前者，既然会成为英雄，还有什么好担心的呢？”听了爷爷这么一番鞭辟入理的分析，年轻人终于释然地应征入伍了。

上述的故事告诉我们，在人生的际遇中，确实是常常会碰到不如人意的事情，但这并不意味着我们就只能永远生活在烦恼和痛苦之中，关键就看我们究竟怎样来面对那些拂逆和不顺的事情：如果老是双眉紧蹙，怨天尤人，那就必然会烦恼愈盛，苦恼益增；倘若能摆正心态，因势利导，在既有的条件之下，竭尽自己的智慧和力量去另辟蹊径，扭转颓势，那就能觅得良机，赢来欢乐。

世上所有的成功者，其实都是历经了种种苦难的，他们的生命可以说就是“人生不如意事十常八九”这句话的极好印证。他们之所以没有被苦难所压倒，而能在苦难中坚强地奋起，最根本的原因就在于他们在面对“十常八九”的“人生不如意事”的时候，都能保持正向的思考，都能“常想一二”，而“不思八九”。所以，最后他们都能将苦难化成生命中最宝贵的养料，使自己成为战胜那些苦难的强者。譬如我国著名作家史铁生，他先是双腿瘫痪，后又患肾病并发展为尿毒症，可谓是多灾多难，常年与疾病为伴。尽管如此，他却依然能始终以积极的心态来看待世界，来坦然面对所遭遇的一切。他摇着轮椅孤独地行走在地坛公园，却能平心静气地细看蚂蚁的摇头晃脑，瓢虫的振翅升空；却能慧眼独具地凝视寂寞如空屋的蝉蜕，摔开万道金光的露水；却能满怀欣喜地倾听草木生长时窸窸窣窣、片刻不息的种种声响……正因为此，所以他能用柔弱的残疾之躯，说出最为健全且丰满的思想，所以尽管他体验到的是生命的苦难，表达出的却是生存的明朗和欢乐。如果我们也能像史铁生那样体味“不如意事”带给自己的特殊体验，甚至像他那样学会感受残缺中的美丽，那么我们的心境也就同样会豁然开朗，我们的人生体验也就同样会更加充实和饱满。

无数事实都充分说明，一个人究竟是如意还是失意，究竟是幸福还是痛苦，其实并不是决定于人生的际遇，而是取决于他面对“不如意事”时的思想和态度。这也就是说，决定一个人生命品质的，并不是那不如意的“八九”，而是那可以围绕它大做文章的“一二”。只要我们能始终怀抱着“常想一二”、“不思八九”的正确心态，那我们就一定能抽干一切躁动于心的恶水，并源源不断地往里面注入清冽甘甜的泉流，从而还我们一个清静的灵魂，使我们的生命重又生机盎然，绽放精彩。

境由心生，问题本身往往都不是什么问题，如何对待问题才是真正值得我们思考的最大问题。生活中所遭遇的种种挫折和磨难，就好比是加诸我们身上的块块泥巴，会给我们重压，会给我们伤痛，然而，如果换个角度看，只要我们毫不畏惧并锲而不舍地将它们一一抖落，那我们就可以把它们踩在自己的脚下，使它们成为我们向上攀爬的垫脚石。这也就是说，即便遇有磨难，甚至处于逆境，只要我们能调整心态，拓展思路，学会换一个角度去看待问题，以一种更长远更成熟的眼光去进行思考，那么问题就会变得非常简单，烦恼也就会不驱而散。

人生是什么？人生就是酸甜苦辣咸五味俱全，没有谁能够只享受生活赋予的甜头，而不去舔舐遭受的痛楚。所以，即便是遇上了磨难和酸苦，也绝不应把目光局限在一个焦点上，而是要时刻牢记人生际遇中始终存在两个机会，凡事应多往好的方面去想想，超然对待那“不如意”的一面，全力挖掘那“如意”的一面。只要这样正确运用前者用减、后者用加的妙法，我们就一定能实现势能的转化，就一定能从迷雾重重的迷惘和失意中走将出来，迎来那充满阳光、雨露和诗意的美满生活。

高处无雨，使劲往上攀

近日读到一篇文章，短小精悍，饶有趣味。它是这样写的：

山区的天气真是变幻莫测。早上出发时，还是阳光明媚，到了半山腰，便阴云密布，下起雨来。不大一会儿，我们便淋湿了。

有人提议往回走。做向导的朋友抬头看了看天，说道："反正已湿了，不如继续向上走吧。到了高处，说不定就没有雨了。"

走着走着，雨在不知不觉中停了，太阳重新在林荫中露出笑脸。等到了峰顶，往四周一看，是一幅奇异的景色：峰顶艳阳高照，远远近近的山却全都裹在一层青蓝色的云雾里，看不清影踪。只有几个小岛一样的山头时隐时现，提醒人们那里原本是一座座高峰。周围的景色不断呈现出超乎想象的美丽。向导告诉大家，此刻所在的，是整个山区的最高峰，让大家不妨低下头看一看。脚下是一团团铅灰色的云慢慢地飘过，湿漉漉的，似乎伸手就能从里面捞出一把水来。向导接着说："看，这说明下面还在下雨，而我们已经到了积雨云的上面了。我没说错吧，高处是没有雨的。"

向导说得得意，大伙儿听得高兴，全都一脸喜气地连连点头称是。

向导的几句话，何以会使大家听了都一脸喜气，连连点头称是呢？这是因为大家在半山腰上冒雨向山上攀爬，不仅免遭了淋漓之苦，看到了山顶四周美丽的风景，而且还由此而悟出了这样一个道理：半山腰上之所以会遭遇雨淋，是因为那里正处于积雨云层的下面，此时若因害怕被淋而往回走，那就极有可能会被淋得更加狼狈不堪；而冒雨前行，继续奋力向上攀爬，反倒能超越上空积雨的云层，得以又见那永恒的太阳，重新享受那洒满全身的温暖的阳光。

人的一生其实也就好像是在爬山，而且在攀爬的过程中，也会时不时地遇上大大小小的各种风雨，或是被雨淋湿了衣衫，或是被雨迷乱了双眼，或是因雨而极大地增加了攀爬的难度。每当这时，我们的心中都一定要牢牢铭记：尽管当下是雨天雨地，连绵不断，可高处无雨，那明媚的太阳始终在云层上面等候着我们。这也就是说，不管我们在前行的路途上会遇到什么样的困难，挫折，甚至于失败，我们都一定要坚信：所有这一切都只是暂时的，只要穿过了黑暗的隧道，光明就在眼前。所以，无论攀越途中遭遇了怎样的险阻和危难，陷入了怎样的疲惫和无助，我们都绝不能沮丧，绝不能泄气，而一定要咬紧牙关，振作精神，奋力向上勇敢攀登。

攀登，不仅是一种向上的姿态，更是一种意志的展现；攀登，不仅意味着位置的变化，更是彰显了境界的开拓；攀登，不仅是克服外部的困难，更是战胜内在的自我。所以，我们每个人都应该确立一个攀登的高度，让它成为推引自己的强大动力，以便尽快地为心中的戈壁栽满鲜花，为精神的荒野植种绿林，为人生的画纸填满斑斓，从而使自己美丽的梦想得以完全实现。近处雨密，自然鲜有可观；高处无雨，方有美景如画。那好，就让我们满怀着年少志雄的豪情，不懈地奋力攀登，以饱览那山顶的无限风光吧。

在重压下书写自己的坚强

现今的社会充满了激烈的竞争，人人都会感到来自方方面面的巨大压力。青少年同学并非生活在真空之中，自然也时时会遭遇各种压力的逼迫。这些压力，有的来自老师，有的来自家长，有的来自自己，有的来自同学和社会；有的来自如山的作业，有的来自频繁的考试，有的来自各种各样的活动，有的来自一争高下的比赛，还真让人感到有点八面受困，难以招架的感觉。所有这些重压，逃是逃不了的，避也是避不开的，那么究竟该如何面对才好呢？

英国的科学家做过这样一个实验：在确保正常生长的情况下，在一只南瓜上置放砝码，最初只放几克，然后是十几克，再后来是几十克、上百克、几千克。这只用来做实验的南瓜在重压之下，跟其他南瓜毫无二致地同样长大。金秋来临，受压的南瓜出落得硕大饱满，绚丽诱人，透着成熟的风韵，散发着芬芳的气息。收获的季节到了，科学家们要把这只成熟的南瓜剖开。有人拿来了寒光闪闪的菜刀，一刀下去，锋利的菜刀卷刃了，惊愕的人们面面相觑。又有人拿来了斧子，人们见了都在想：这回只要手起斧落，南瓜一定会应声裂开了。出人意料的是，斧头落下后，竟然被纹丝不动的南瓜弹了回来。人们又拿来了钢锯，这只刀砍不入、斧劈不开的南瓜，才在人们好奇和惊叹的目光中被吱吱嘎嘎地锯了开来。原来这只在重压之下长成的南瓜，它的果肉已相当于一棵多年枣树的树干那么坚韧了。

这只用来做实验的南瓜，在它的生长过程中始终与压力进行着顽强的对抗。在这一对抗中，它无力改变周围的一切，它唯一能做的就是让自己的每一缕汁水丰盈的纹理不断浓缩，让自己的每一丝脆弱的果肉都愈益密集，从而使自己变得前所未有的坚实。就这样，压力挤掉了它生命中的空隙和虚空，锤炼了它原本绵软脆弱的心，使无脊无骨的它竟然创造了刀砍不入和斧劈不开的奇迹。这就可见，压力不仅可以产生积极的作用，而且还可以具有无可比拟的威力。

沉重的压力，不只使不知名的南瓜坚强无比，同样也成就了黄山"迎客松"的坚强。春天，一颗种子落在了黄山的岩石中，吮吸着雨水扎下了根。幼小的根在岩石的挤压中艰难地生存，每生长一点都会有钻心的疼痛，可它还是使出全身的力量冲破了岩石，长成了一棵小树苗。夏天，灼热的阳光烤灼着它，使它几乎干裂，可它仍然高昂着头，期盼着雨水的降临。终于，雨水愈合了它的伤口，使它长得越来越快。不过，岩石给它的压力也越来越大，可它咬紧牙关，顶住压力，顽强生长，生命之火燃烧得愈来愈旺盛，什么也无法将它阻挡。不知过了多少个春夏秋冬，它终于用疼痛和坚强书写了生命的辉煌，并为自己赢得了举世闻名的美名——"迎客松"。

沉重的压力，成就了南瓜和松树的坚强，作为万物之灵的人类，就更应将压力化作为动力，使自己变得更为坚强无比。世上所有的强者，他们的生命之所以那么美丽，事业之所以那么辉煌，就是因为他们都能笑面重压，冲破重压，让生命之花永远绚丽绽放。命运给霍金的重压就简直令人难以想象，他全身瘫痪，只有一根手指可以自由活动。可命运的重压并没有使他屈服，更没有让他绝望，他以坚强的意志，用一根手指敲出了《时间简史》，推动了科学和社会的进步，用一根手指画出了一道生命的绮丽彩虹，奠定了他在科学界泰山北斗的地位，使他成为了人类发展史上的一颗耀眼明星。就好比劲挺的梅花，无惧严冬雨雪的侵袭而依然散发出阵阵醉人的幽香，又有如洁白的雪莲，不畏高压、缺氧的考验而在雪山之巅展现俏丽无比的姿容。

所以，面对沉重的压力，我们千万不要畏惧害怕，而要以积极乐观的心态学会减压，特别是要学会把负面压力向正面转化。只要实现了这样的转化，就一定会有令人惊奇的收获，我们的生命之舟就将更加轻快，心灵空间就将更加博大，人生舞台也将更加宽广。"压力如同一把刀，它可以为我们所用，也可以把我们割伤。那要看你握住的是刀刃还是刀柄。”我们应从著名心理学家罗伯尔的这句话中得到有益的启迪，学会采用更聪慧更明智的行动：即便我们改变不了环境，但我们可以改变自己；即便我们改变不了事实，但我们可以改变态度；即便我们改变不了过去，但我们可以改变现在。这样，就算我们当真被逼到了山穷水尽的地步，我们也依然能够绝地反击，达成所愿。

音乐大师贝多芬曾说：“我可以被摧毁，但我不能被征服。”著名作家海明威在《老人与海》中，也揭示了同样的人生哲理：“人，从来都是生活的强者。”“人尽可以被毁灭，但却不能被打败。”人世间所有的强者和英雄，就都是在生活的重压和命运的打击下，在自信和自卑、勇敢和怯懦、坚强和软弱、拼搏和退缩之间，毅然决然地选择了前者的人。所有的退却其实都是逃避的借口，所有的徘徊其实都是懦弱的表现。只有勇敢不屈、持恒不懈地奋力前行，才是“坚强”的有力证明和最好诠释。烧不死的是凤凰否则是鸟，跃过龙门的是龙否则是鱼；能够自我突破的是生命盎然的鸟，不能自我突破的是等待下锅的蛋。只要我们真能在重压下书写自己的坚强，勇敢地启程向前，那么脚下的道路就将愈走愈宽广，沿途的风景就将愈来愈诱人，我们就一定能让自己的生命奏响最悦耳动听的华彩乐章。

找到自己的“锅炉”

同学们一定见过打水的开水房，那里一年到头，一直烧水，水蒸气弥漫了整个屋子，模糊着人的双眼。但是，如果这看似柔弱的水蒸气一头扎进锅炉内，被厚厚的钢板包裹，受熊熊的烈火蒸腾，就会具备驱动火车、轮船的能力。同样是蒸气，为何功用差别如此之大？就因为前者没有受压迫，散而不聚，一无用处；后者却经受强压，聚而蓄力，一发惊人。因而对于水蒸气来说，要想推动火车、轮船，就得先找到锅炉，因为唯有在锅炉之内经受了巨大的压力，蒸气才能爆发出非同小可的威力。

哪里有了压力，哪里就有动力，哪里就会产生能力。不特物质定律如此，人的成长规律也是如此。要想发挥自己的知识水平，提高自己的思想素养，并把它转化为经世致用的能力，就要清楚自己的“锅炉”在哪里。

曾经看到这样一个故事：有两个年轻人，一个叫李笛，另一个叫王朝。他们两人都爱好文学，而且文笔都不错。读大学的时候，他们就开始写作，并都有作品变成铅字，发表在报刊之上。毕业的时候，李笛回到家乡的县城，进了政府机关，成了一名令人羡慕的公务员。而王朝却被分到了一个县级市的一家企业。一晃十多年过去了，李笛早已不写东西了，但王朝却一直坚持了下来，现在已经小有名气，文章在全国各地报刊遍地开花，还出了两本专著，而且已经成为专职写作的自由撰稿人了。为什么当初写作水平相当、都同样热爱文学的两个人，十多年后差距竟如此之大呢？这完全是由于两个人不同的生活状态所造成的。李笛毕业后吃上了皇粮，生活无忧无虑，而且仕途一帆风顺，现在已经当上了副处长，所以文学于他而言也就成了一个遥远的记忆，没有文学，他也照样活得很风光。王朝就不一样了，他上班不到一年就下岗了，然后到处打工，虽吃尽了苦头，却赚钱不多，生活压力可想而知。他迫切希望能改变自己的命运，所以就把希望寄托在文学创作上，渴望着有一天，自己能在这方面出人头地，于是他就不停地写啊写，写得越来越好，发表的文章也越来越多，终于成了一名靠文学养活自己的作家。难怪每当有人问及他的成功，他总是不无感慨地说："是生活的压力给了我成功的桂冠！"

著名童话大王郑渊洁的经历，也同样说明了这样的道理。他曾经做过五年专业作家，在作家协会领工资。退出中国作家协会多年后，在一次接受采访的时候，他道出了退出中国作协的缘由："那养在作协的五年我就不想写东西，反正写不写都有钱。而辞职的这十年，我的书销量直线上升。一直到去年，成为中国作家收入的第一名。所以作为一个作家，一定不能写不写都有钱，一定要断掉自己的奶水，自己找食。"一个很有才华的童话作家，在安逸的生活里，往往也会由逸生惰，最后一无所成；而当他用辞职把自己逼上绝路时，心中的压力便紧紧地缠绕着他，创作的火花也就随之不断迸发，一篇篇文章从他的笔端源源流出，让他声名卓著的同时，也赚了个盆满钵满。可见，给自己寻找压力，并不是放着好好的清福不享，也不是成心与自己过不去，而是要让自己走出一条与先前不同的道路，这条道路，将让自己摆脱对空闲和舒适生活的厌倦，以便更有利于自己的成长发展。

现今的不少青少年同学，自小就是家里的乖乖女、宝宝仔，爷爷奶奶、爸爸妈妈总是想方设法为他们创造一切舒适的生活环境，以致这些同学在检查作业、整理书包及学习用品时也产生了严重的依赖心理，完全让父母代劳，甚至碰到不会做的作业，也叫父母包办，自己落得个眼不见、心不烦。也有不少同学刚入中学时，雄心勃勃，很想通过自己的刻苦努力来取得优异的成绩，最终考上一所理想的学校，但入校时间一长，便有来日方长的感觉，雄心壮志也随着新鲜感的消失而渐渐地丧失，久而久之，总认为三年时间还很长，现在只是开始，甘愿自己一个人在学习的路上慢慢地游走，于是整天吊儿郎当，丝毫没有紧张感，也没有一点压力感。"井无压力不出油，人无压力乱飘飘。"青少年同学的成长同样需要压力，如果没有了压力，也就没有了前进的动力，那他就会成为一个没有目标、四处飘荡的游魂。过度的安逸只会销蚀斗志，只有压力才会让自己成功欲望迫切、成才动机强烈，从而鼓舞自己不断进取。同学们，当你在学习上为安逸的生活所累或没有目标、无所事事时，不妨学一学王朝和郑渊洁，寻找自己的“锅炉”，找到逼迫自己的压力，以便激励自己在学习的道路上奋勇向前，夺取佳绩。

转身之后有风景

“众里寻她千百度，蓦然回首，那人却在灯火阑珊处。”吟诵着晏殊的这一诗句，会引发我们无限的遐想，让我们对那美妙的回转不胜神往。

现实生活中，很多时候不少人总是“一根筋”，只盯着前方的风景，只知道千百次地向前追寻，甚至站在悬崖边上，已到山穷水尽之时，还不愿驻步思索，仍面朝绝壁不死心地继续前行，即使撞上石壁或摔下悬崖也不愿转身回头。而灵活处事，则需悄然转身；到路拐弯，就要遇风扯篷。假如你在山重水复间转头而去，另辟蹊径，来一个迂回，说不定就会遇见“柳暗花明”的美丽景致。因此当我们面临绝境时，该何去何从？是一意孤行，倔强而行，找所谓的捷径，还是转头而去，另择便道，来一个曲折迂回，这里面确实是大有学问。网络作家安意如的选择，堪称这方面的典范。

2006 年，一本名为《人生若只如初见》的古典诗词赏析图书不经意间进入人们的视野，再一次让人们感受到古典诗词的经典魅力。自上市伊始，该书便进入卓越网图书排行榜前十，居然超过苏童的《碧奴》、易中天的《品三国》。然而你绝对没有想到，这本书的作者竟然是一个年仅 22 岁的美丽女孩——安意如，更让你没有想到的是，她笔风清丽，身体却严重残疾——她幼时患有脑瘫导致双腿残疾，行走艰难。当年出生时，她是早产，生下来只有三斤重，接生的医生断定她活不成了。“孩子是来投生的，不是来投死的”，这个想法支撑着所有关心安意如健康的家人和亲属，在被外婆一番拨弄之后，安意如做了一个拯救她生命的动作——眨眼睛，这也让所有在场为她揪心的人长长地舒了一口气。但是，长时间的窒息，让她的小脑严重缺氧，并最终导致她身体的残疾。为了治病，安意如从小随父母走遍全国各地，小小年纪就饱尝生活的艰辛，饱受病魔的折磨。为了督促她锻炼运动神经，妈妈天天拿着毛衣针跟着她，只要她不用力踩小三轮车就会扎她的脚，扎得安意如“哇哇”大哭，觉得特别委屈。多年之后，成年的她才理解了当年妈妈“苛刻”的苦心。正因为此，9 岁的安意如才有了自己独立“挪”上长城并且登顶的壮举。“上天对每个人都是公平的，它没有赐予我一双健康的腿，但却让我对文字有一种特殊的感悟。”安意如对自己的残疾看得很淡然。她说，因为腿脚不灵便，自己上学时只能看着别人蹦啊、跳啊，但渐渐地，她就将自己本来用来“玩”的时间“转嫁”到了看书上，任何种类的书拿来就读，而这就为她深厚的文字功底打下了坚实的基础。后来，在父母的安排下，安意如学起了财会，做起了会计，整天接触那些枯燥无味的数字。“我不喜欢每天按部就班地数着别人的钱，我要写自己的文字，赚自己的钱，走自己的路。”于是，只正式上了一个星期班的安意如毅然放弃了这份工资不菲的工作，背上行囊，一个人去到了云南丽江，开始了自己的文学创作之路。短短两年的时间，她已经出了六本书，《人生若只如初见》成为当年度最为畅销的书籍之一，她也靠写作在北京黄金地段购得了百万房产。

一个脑瘫腿残的女孩，一出生就是命运的弃儿。上帝为她关上了一扇门，可同时也为她打开了一扇窗，当她无法享受与别人一样蹦跳玩耍的快乐时，痛苦之中她学会了转身，把更多的时间花在广泛阅读之上，从此便开启了她文学的梦想。当身处在安逸的工作之中，她同样学会了转身，不管未来将遭受多大的苦难和多久的艰辛，她都永远朝着自己的梦想出发。通过几年的努力，她终于从一位网络“菜鸟”级写手逐渐升级成专职作家，并一度成为网络的红人。

转身之前，也许是无奈，犹豫；转身之后，也有可能是后悔，愧疚。没有人能明确预知转身之后的悲喜，因此它更需要极大的勇气和坚强的毅力。转身，说起来虽只是一个简单的词语，想起来也只是一个短暂的动作，但它却意味着更深入地思考，更明智地选择，更自信地面对。

转身，是一种理直气壮的拒绝，该说“不”的时候就要学会不假思索地转身。孟母转身断织之前，何尝没有犹豫过自己是否该如此强硬地毁灭艰辛的劳动成果；岳飞转身上阵之前，何尝未曾担忧过金牌圣旨被自己视而不见的后果；江姐转身受刑时，何尝没有考虑过自己坚守秘密将会遭受更大的痛苦。我们可以想象他们那左右为难的折磨，却无法描摹他们毅然选择转身的决心。有时，当我们遭遇到现实的诱惑时，就该像以上这些人一样，学会拒绝，学会舍弃，学会转身。因为转身之后，还有更重要的责任，更深远的未来。

转身，是一种角度变换的思考。当探索的脚步遇到阻碍，当前行的步伐遭受挫折时，学会转身，也许就是找到了另一种思维的方式。牛顿“不幸”被苹果砸中，但转身之后，他感到了万有引力的奥秘；阿基米德为皇冠问题所困惑，但转过身思考，他找到了利用浮力解决难题的妙招；没有人能称出大象的重量，曹冲却用转过身来的换元思维，赢得了众人的赞赏。转身，一种独特的思维方式，往往会给我们带来一番别有洞天的境界。有时，我们也常会为学业上的难题而烦恼，那些物理公式，化学符号，常常会像小淘气般的在脑海里盘旋，此时学会转过身思考，也许不经意间就能看到“灯火阑珊处”那个我们所要找的“她”。

转身，是一种忘却逆境的豁达。苏东坡虽人生曲折，屡经磨难，但其诗词却如江水东流，大气磅薄，这一切都源于他人生中那份敢于转身的乐观和豁达。月光氤氲，寒风习习，乌台诗案之后，他方才出狱，面对着那些诬陷他的佞臣，残害他的小人，他竟不愿怨恨，也不想报复，而是放下不公，毅然选择转身，在一笑置之后，到黄州当好百姓的太守。人生之路，曲折漫长，面对着挫折和失败，拭去泪水，忘记委屈，抹去伤痛，乐观地回头，豁达地转身，度过逆境后，便会发现一切已是“也无风雨也无晴”。

转身，是一种人生哲学。只有历尽磨难的人，才会领略其中的意蕴；只有心胸开阔的人，才能读懂蕴藏其中的生机。学会了转身，人生才不会处处碰壁，学会了转身，我们才会明白绝处逢生的道理。一个人的起点往往高于预期，前行的路上不一定都是鲜花绿草，也许是茫茫的沙漠，也许是丛林荆棘，立在悬崖之旁，苦苦思索得不到答案时，如果学会优雅地转身，那么身后也许就正是你所要寻觅的那片幽林。当生活被磨难侵占，找不到前行的目的地时，不如给自己买一张回程的车票，作一短暂的休憩，因为有时转身迂回，也是为了更好地出发。

生活并不都是一帆风顺，有坎坷相伴，有烦恼来袭，在转身中学会顺应生活，在生活中学会优雅转身，那么快乐就不是预想的奢求，幸福也不是彼岸的风景。即便是转过身去后，心灵的挣扎会比我们的想象困难得多，但只要我们坚信获得了新的转机，看到了新的希望，那么再苦再累，我们也不会有任何的遗憾。

简单是最好的方法

流传于古亚细亚的一则故事中曾讲到，几百年前，弗吉尼亚的戈迪亚斯王在其牛车上系了一个复杂的绳结，率军征战的亚历山大大帝在占领了小亚细亚的一座小镇后，有人请他观看一辆神话传说中皇帝的战车，车上有一个用套辕杆的皮带奇形怪状地纠缠起来的结子。据传驾驭这辆战车的皇帝曾预言：谁解开这个奇异的“高尔丁死结”，谁就注定会成为亚细亚之王。但所有试图解开这个结的人都无一例外地以失败而告终。亚历山大见了，兴致顿生，也决心一试。一番苦思冥想之后，仍一筹莫展，可他依然不愿轻易放弃。突然，他灵机一动，手起刀落，一下子把结割为两段，并大声宣布：“这就是我自己的解结规则！”面对着错综复杂的事物，如何在山穷水尽之中找到“解结”的捷径，这确实是一个不小的难题。亚历山大以手起刀落之法来解结，看似简单，实却不易，因为这需要有过人的智慧和勇气，因为这是在没有办法之中找到的最好办法。

亚历山大以刀解结，妙就妙在化繁为简。可不少的青少年同学在学习之中，却往往走着截然相反的路子。明明是简单的题目，他们总喜欢大兜圈子去解；明明是简单的事情，他们老喜欢往复杂处去想。似乎不这样想就显不出他们聪明的脑袋，不这样做就显不出他们非凡的身手。可是越这样想，越这样做，那些物理公式、化学符号就越在他们的脑海里纷乱地飞速盘旋，那答案就越淘气得像捉迷藏似的久久不肯露面。可这些同学即使是到了面撞绝壁的地步，也不愿驻足思索，依然不死心地继续向前，直至撞得头破血流才懊悔莫及。说到这里，我不由想起了另一个故事：

有一个木匠丢了一块手表，情急之下找了几个热心的邻居一起帮他寻找。他们将地上的刨花、工具箱，以及木匠身上的每一个口袋都翻烂了，也没有找到，结果却让一个恰巧路过的孩子找到了。木匠很惊讶，问那孩子是怎么找到的。孩子说，这很简单啊！你知道，手表是有声音的，我只是在你们都安静下来的时候，坐到刨花旁细听，然后沿着声音的方向寻过去，自然就找到了。

这就告诉我们，当遇到了困难，在“苦其心智，劳其筋骨”后，若仍无法将它克服，不妨稍稍转个身，换个简单的思维想一想，也许就会看到一个崭新的天空。因为换个角度去想，往往就可以化繁为简，化难为易了。卡耐基说过：“一个人要想让自己的生活愉快、自在，在事业上取得重大的成就，学会变通，简单从事是很重要的。”这就可见，在遇到困难时，一定要学会变通思考，化繁为简，这才能抓住问题的实质，找到解决问题的办法。

美国科学家爱迪生的一个故事，就更能说明这样的道理。有一次实验时，爱迪生让助手帮助自己测量一下一个梨形灯泡的容积。助手接过后，立即开始了工作，他一会儿拿游标卡尺测量，一会儿在稿纸上计算，后来甚至还动用了一些复杂的数学公式。他忙得满头大汗，可几个小时过去了，还是没有算出结果。就在助手搬出大学里学过的知识，准备再一次计算灯泡的容积时，爱迪生进来了，他看到助手面前摆满了各种工具书，身旁堆了一大堆稿纸，立刻就明白了怎么回事。于是，他拿起灯泡，朝里面倒满水，递给助手说：“你去把灯泡里的水倒进量杯里，就会得出我们所需要的答案。”这时，忙得满头大汗的助手才恍然大悟：自己想得太复杂了，而越是想得复杂，就越是不能解决问题；只有把复杂的问题简单化，才能轻松地将事情办好。

大千世界，许多事物呈现在我们面前的形态往往是复杂的，因而很多人容易被外界的各种乱象所迷惑，要么无从下手、束手无策，要么凭着自己的一股拗劲，紧追不舍，结果走了很多的弯路、花费了很大的精力，事情却还是不能很好地得到解决。因此，面对复杂的事物，我们首先要静思，要理清其内在脉络，寻找剖析的方法，就像“庖丁解牛”一样将复杂的事情简单做，这样才能做到游刃有余。每一个复杂事物的背后，其实都有一个简单的本质，它们之所以看起来那么复杂，都是我们的思想把它的简单本质包裹了起来，从而使清晰而简单的本质变得复杂难解了。

简单不仅是一种解决问题的好方法，而且还有助于我们确立克服困难的坚强意志和坚定决心。法国著名哲学家、数学家、物理学家笛卡尔说过：“我只会做两件事，一件是简单的事，一件是把复杂的事情变简单。”我们说，能够制造与解决复杂事物的人只能叫聪明人，能够制造简单并把复杂的事情变简单的人才是拥有智慧的人。哥伦布发现新大陆返回英国后，英国女王设宴为他庆功。宴席上，在场的王公大臣们很想知道哥伦布是靠什么复杂的方法发现新大陆的，于是有人便问哥伦布：“你去寻找新大陆，依靠了什么高明的方法？”哥伦布说：“我的方法就是驾船一直朝一个方向走。”哥伦布的回答令包括女王在内的所有的人都惊讶了。可见，哥伦布之所以能发现新大陆，无非是充满着把复杂事情简单做的智慧，以及抛除杂念、不达目的不罢休的毅力和决心。古今成大事者，取得成功的秘诀其实也都像哥伦布发现新大陆这样简单，那就是没有多余的杂念，只有一往无前地行动，行动中既遵循简单事情复杂做的原则，又遵照复杂的事情简单做的方法。简单的事情复杂做，这并不是说本来很简单的事情，由于办事者思虑过多，想得复杂了，反而使事情变得繁杂；或者是由于办事者想得太少，没有认清问题，走了弯路，反而把事情变得复杂了，结果弄巧成拙。而是说，做前要把工作做细，要把简单的问题想得全面深入，周到细致，做到没有纰漏，不管遇到什么样的问题，都已经提前想到了解决方案。复杂的事情简单做，就是说，本来复杂多变的事情，很难理顺，很难决断，很难解决，但如果我们分清了主次，认清了利弊，将复杂的事情层层分析，使它变得条理清晰，从而抓住关键点，抓住“牛鼻子”，最终使原本复杂的问题变得清澈透明，条理清楚，主次分明，事情也就简单了。

当今社会，越来越多的人承载着繁重的生活压力，因而我们更应该倡导复杂的事情简单做的理念和方法。在紧张的学习和繁忙的工作之中，我们每天都会面对着千头万绪的事情，如果不学会简单做事，那只会让任务越积越多，从而让自己徒增烦恼，自添忧愁，并时刻陷入被动之中。假如改变一下我们固有的思维方式和做事方法，把看似复杂的事情简单化，那么你就会发现人生其实好简单，成功的荣耀也就会离你不远了。

别为失败找借口

曾有位同学，每到下发阶段性测试的试卷时，看着试卷上一个个大大小小的叉叉就面红耳赤，问其原因，他总是说：这道题是因为我算错了，那道题是因为老师上课讲过的知识点忘了，还有的是因为平时练习得不够多，导致做题不熟练，最后的题目是时间来不及……说完这种种原因后，他便陷入了深深的自责之中：如果当初我多花点时间复习复习笔记，多用点心思做做题目，考试时多费点脑筋检查检查，我一定会比现在考得更好……谁知当他三分钟的“追悼”完毕，一回到课堂，便一切照旧，我行我素。类似这种常为自己的失败找理由的现象，如今在不少同学的身上都存在。作业没有完成，常推托本子没有带回家；默写成绩不及格，常借口回家没有认真看；上学迟到，常说是父母早晨没有叫醒他……甚至我们还常常会听到这样的抱怨：智商不高，是因为遗传基因有问题；考试不及格，是因为老师出题太难；中高考落榜，是因为时运不佳……于是，他们在这一个又一个的借口中麻痹自己，并为自己的失败埋单，渐渐地也就消磨了自己生活的勇气和热情。

美国成功学家格兰特纳说过这样一句话：“如果你有自己系鞋带的能力，你就有上天摘星的机会！不要为自己的错误辩护！再美妙的借口也于事无补！不如把寻找借口的时间和精力用到学习工作中来，仔细琢磨下一步该怎样去做。”格兰特纳的话，对那些善为失败找借口的人不失为一剂很好的清醒剂。古今无数的事例都证明，任何一个在学习或事业上有所成就的人，他们从来不会给自己的任何失败找推托或借口。在这方面，有位留学美国的学生就为我们提供了很好的参照和借鉴。这位孩子在美国留学毕业后，自以为是名校的学生，读的又是比较吃香的金融专业，还曾在美国著名的大银行实习过，而且那本厚厚的面试教材，自己已背得滚瓜烂熟，看来找个好工作，一定是十指捏田螺——十拿九稳。谁知让人意想不到的是，几十家银行、公司面试下来，竟然没有一家录用他。他的自尊心遭到了严重的打击，有点心灰意冷了，于是便责怪面试官出难题、偏题刁难他。面对他不平衡的心态，他父亲却冷静地告诉他："这几十次面试失败，看似惨不忍睹，但你不觉得这也是一种收获吗？"孩子不解。父亲继续说："其实这些失败就像一面镜子，照出了你身上存在的诸多缺点和不足。而这些缺点和不足恰恰是你平时发现不了的，如果你能正视并改正这些缺点和不足，你离成功不就不远了吗？"孩子听了，顿觉眼前一亮。是啊，原先自己一味地责怪面试官出题刁钻，现在想想，是自己准备得还不够充分，才导致这一次次"铩羽而归"的。此后，这个孩子正视了以前的失败，并再次认真检查和修正了自己在面试中暴露出的缺点和不足，重新找回了信心。不久，在接下来的面试中，他如愿地被一家跨国公司录用了。失败并不可怕，可怕的是面对失败去寻找借口来慰藉自己。故事中的这位学生之所以前后判若两人，就在于他后来不再为失败去寻找借口，把本应自己承担的责任推卸给别人和外界环境，而是把它当成自己成长中的一面镜子，照出自己身上的毛病，并努力去疗救它，所以才有了事业的圆满。

在现实生活中，有些青少年同学喜欢为未来的成功预先开出支票，并自我陶醉地迷恋那期待已久的掌声，迷恋那美丽芬芳的鲜花，迷恋那颔首赞许的目光。然而，我们却要对他们说：成功不会那么轻易到来，当期待的掌声没有为你响起，就请你默默走开；当美丽的鲜花没有为你绽放，就请你悄悄退下；当赞许的目光没有为你投来，就请你静静离去……因为，这就是生活，也是多舛曲折的现实。成功不会轻易来，失败倒是寻常事，凡事还是多作失败的准备为好。失败了就是失败了，在失败面前的眼泪是脆弱的，因为失败瞧不起眼泪，更瞧不起处处为失败找借口的懦夫。也许你会说，面对突如其来的打击，难道用阿 Q 精神来自我安慰和嘲解一下也不行吗？可你有没有想过，当我们千方百计为失败寻找借口时，时间也在一个又一个借口中悄然流逝，意志的棱角也在一个又一个借口中被磨平；原本尚存的希望，也在一个又一个借口中溜走；原先还有的斗志，也在一个又一个借口中远离；原来尚存的机遇，也在一个又一个借口中错过……成功的人永远在寻找方法，失败的人永远在寻找借口。因此，面对着无尽的失意和落寞，面对着灰飞烟灭的美梦和夙愿，我们千万别为失败寻找借口，而要有置之死地而后生的决心和斗志，要有破釜沉舟的胆识和魄力，要有逆流而行的精神和干劲，要从借口的温床上苏醒，重新振作，东山再起！

别让熬夜毁了你的升学梦

有位朋友的孩子，一跨入毕业班，心里就憋着一股劲，按照预定的计划，每晚做题、温书，直到深夜十一二点，第二天早上5点又准时起床，背英语单词和读语文课文等。刚开始，他觉得这样做效率挺高的，但好景不长，坚持了不到一个月，身体就感到吃不消了。上课时迷迷糊糊，注意力不集中，身体十分疲乏，心灵非常疲惫，老是犯困。更要命的是，白天在学校萎靡不振，到了晚上却兴奋不已，就像打了鸡血，迟迟不肯入睡，导致第二天早上起不来。这位同学的情况，其实早已不是个别，相信在很多毕业班的同学身上都存在这样的现象。缺觉少眠，可以说已成为很多毕业班学子的常态。

“书山有路勤为径，学海无涯苦作舟”，长期以来，这句学习上的格言一直让许多青少年同学至为信奉，甚至许多家长和老师也为之津津乐道，并把它作为告诫孩子学习的指南，奋发向上的动力。“宝剑锋从磨砺出，梅花香自苦寒来”，要想在学习上有一番作为，从而实现自己的升学目标，确确实实需要我们在学习上花费足够的心血，付出辛勤的汗水。但在学习方面花费足够的心血，付出辛勤的汗水，并不是要以牺牲睡眠为代价，让你走进熬夜学习的“死胡同”。现在的毕业班中，不少同学和家长对此却都十分“迷信”：熬夜学习会增加学习时间，这样做就能有效提高学习成绩。殊不知，这种观点本身就是一个“谬论”。对于正在成长的青少年学生来说，睡眠不足既伤神又伤身，而且长时间的熬夜还会加重学生的精神压力，使他们长期处于一种紧张的状态，甚至会患上晚睡强迫症。生理学研究表明，青少年学生身体的生长主要在睡眠时完成，深夜22时至凌晨1时是生长激素分泌的高峰期，如果错过了这段时间，细胞的新陈代谢将受到影响。而且，长期睡眠不足还会导致大脑皮层功能紊乱、神经衰弱及某些神经症状的发生，从而对青少年同学的身心健康造成严重影响。

熬夜学习，看似可以多看一点书，多做一点题，其实更多的是在做无用功。试想想，到了该入睡的时间，你却在勉强支撑着，看似又多翻了几页书、多做了几道题、多背了几个单词或一段课文，可是明早一觉醒来，你能记住的又有多少？熬夜学习，不只会导致作业错误率升高、记忆率减退，还会带来上课精神不集中、学习效率低等诸多问题。俗话说“磨刀不误砍柴工”，只有走出过度勤奋、熬夜学习的误区，保证充足的睡眠，才是提高学习效率的有效保证。

当然，或许也有不少同学很会享受熬夜晚睡给自己带来的“成就感”，可我要说，这实际上是一种自我的心理欺骗。这种做法看似做了更多、学了更多，但实际情况却适得其反，待到实际所得的成绩与自己时间的付出不成正比时，备考的积极心就会受到打击，对学习就会产生厌烦的心理，学习的压力感自然也会随之更大。

学习时充沛的精力从哪里来？应该从充足的睡眠中来。睡眠的经常性不足，只会透支我们自己的健康。如果长期处于紧张亢奋的状态中，就会像一根老是紧紧绷着的弹簧，早晚会有断裂的一天。

人生漫漫，不必时时上紧发条，而应有着从容的心态，慢生活的脚步。当然，这个慢，并不是懒散怠惰，更不是拖延时间，而是在紧张的学习中拥有一种淡然的心境。在这种淡然的心境里，我们才可以静心思考，准确定位自己，从而让梦想跟上我们前行的脚步。

再短的蜡烛，也一样能发光

在这个世界上，可以说人人都渴望着幸福和欢乐，可残酷的现实却偏偏不时地给人们带来这样那样的苦难。对于这样的苦难，有些人，特别是一些涉世不深的青少年同学，就往往会完全把它们当作了痛苦和灾难，不是避之犹恐不及，就是整天愁眉苦脸，束手无策，听凭苦难的任意蹂躏。苦难降临了，避肯定是避不了的，愈避，它反会愈死缠着你不放；愁苦无策，也显然于问题的解决无丝毫裨补，没法使我们摆脱苦难的重压。那么，究竟什么才是应对苦难的良策呢？“苦难是人生的一块垫石，对于强者是笔财富，对于弱者却是万丈深渊。”我们应从著名文学家巴尔扎克的这句话中，得到启示和教益。

埃利斯·塔克所住的镇子挨着矿山，镇上许多人都在矿上工作。塔克很小的时候，父亲就死在了矿下。此后，他就一直依靠母亲卖饭来养活。高中毕业时，塔克已长成了一个非常强健的小伙子，他便背着母亲独自去矿山要求矿主给他一份工作。矿主见他那么壮实，一口答应了。由于过度兴奋，回家的路上塔克边唱边跑，没料想被矿山上接得乱七八糟的高压电线一下子击倒了。直到夜幕降临，矿工们发现他时，他的两条腿已经被高温烧得血肉焦糊。后经抢救，塔克虽然保住了性命，但失去双腿的他，一辈子只能坐在轮椅上生活了。出院之后，塔克多次企图自杀，这让母亲无法再继续出去卖饭来维持生计。尽管日子过得很惨淡，但他母亲仍旧坚持每天在花瓶里换上一束野花，想以此来打动儿子，让他坚强地活下去。一个风雨交加的夜晚，小镇上的电缆被飓风吹断了，整个小镇陷入了黑暗之中。塔克家太穷了，翻遍整个屋子，母亲好不容易找到了一个约有一厘米高的蜡头，把它点亮了。“哼，看看，我们只剩下这个了，继续活下去还有什么意思！”塔克阴阳怪气地说着，突然又似乎联想到了什么，便发疯似地揪着自己的头发，哇哇地哭了起来。这时，母亲大步朝儿子走了过去，狠狠地给了他一个耳光，说道：“塔克，你这个不争气的家伙，你给我看着！就算是再短的蜡烛，也比你有用，它们一样可以发出不逊于整根蜡烛的光亮。”捂着火辣辣的脸，塔克安静得像一尊雕像。从此，塔克就离开了轮椅，他请求母亲给他做了两个棉垫，绑在残缺的大腿下面，然后挣扎着用手扶着地，一点一点地朝矿山方向挪动。路上满是坎坷的碎石，把他的双手磨烂了，血水流在地上。母亲跟在儿子的后面，看着他艰难地向前挪动。许多人见后，都大声地问她是不是疯了，怎么可以这样对待自己的儿子。母亲却一声不吭，眼里噙满了泪水。塔克从家里挪动到矿山上，整整用了八个小时，疼痛让他的衣服湿了干，干了湿，全被血汗沾满了，如果不是他失去的双腿，矿主几乎认不出眼前的这个人是谁。在塔克的要求下，矿主给了他一份需要具备灵敏的鼻子和经验的工作，没有人相信他能干好，可他坚持了下来，而且一坚持就是23年。如今，塔克的母亲已经去世，可他永远记得那个停电的夜晚，母亲的一个耳光和那句话——就算是最短的蜡烛，也一样能够发光！自己虽然是那根最短的蜡烛，但他决心让它持久地发光。《洛杉机时报》大篇幅地报道了塔克的故事，人们都亲昵地称赞这个曾经有一米九二身高的中年男人是照亮美国的蜡烛！

有关埃利斯·塔克的这个故事，清楚明白地告诉我们：苦难可以折磨人，使人痛不欲生；苦难也可以造就人，使人成为伟大的成功者。而两者的分水岭就在于：若是害怕苦难，那么苦难就会使人陷入万丈深渊，成为人的一种屈辱；如果勇敢地战胜苦难，那么苦难就会成为一笔宝贵的财富，帮助人们抵达成功的彼岸。也就是说，只要摆正心态，笑面苦难，那么即便是再短的蜡烛，也一样能大放光彩。

可在现实生活中，有些人，特别是一些少不更事的青少年同学，总是会误读苦难的色彩，有人说它是黑色的，有人说它是灰色的，于是他们就或是屈服，或是退避，结果不是被命运的巨浪拍打向礁岩，撞得粉碎，就是将自己跟现实隔得远远的，根本就无法体会人生的真意。而实际上呢，苦难是闪亮的金色，它有如熊熊的烈火，有如滚滚的巨浪，有如呼呼的风雨，能创造许多令人叹为观止的奇迹。正是由于烈火的煅烧，钢铁才那样坚不可摧；正是由于巨浪的冲刷，岩石才那样屹立不倒；正是由于风雨的吹打，苍松才那样昂首挺胸。同样，也正是由于承受并战胜了各种苦难，众多成功者才大显身手，大展宏图，使自己的美好梦想得以如愿以偿。

“眼因多流泪水而愈益清明，心因饱经忧患而愈发珍贵”，“只有流过血的手指，才能弹出人间的绝唱”，苦难是一笔无形的财富，只有在苦难中长大，才是人生最完整而美丽的选择。说苦难是一种财富，绝非是无根无据的任意夸饰，而是因为苦难确实能给我们带来诸多的好处:它可以使我们积累宝贵的人生经验，可以使我们锻炼坚强的意志品质，可以使我们更珍惜所拥有的一切。人的每一点进步，每一样智慧，每一种本领，无一不经过了苦难的洗礼，可见苦难在为难我们的同时，也为我们积累了丰富的经验，为我们搭建起了通往成功的阶梯。苦难就好比海浪，人的意志就好比礁石，苦难的每一次冲击，对人的意志都是一种磨练，一种考验，只有经过苦难的反复冲击和磨炼，人的意志才能变得无比刚强。同时，一个人只有在历经了种种苦难之后，才更懂得幸福和快乐的得之不易，青春和生命的异常宝贵，因而也才会倍加珍惜，加倍努力，从而一步步逼近成功的殿堂。梁启超有言：“患难困苦，是磨炼人格之最高学校。”此话鞭辟入理，至为精警。经历一次苦难，我们就会对生活的意义有更明白的理解；经历一次苦难，我们就会对成功的内涵有更透彻的领悟；经历一次苦难，我们就会对幸福的真谛有更深刻的体会。总之一句话，苦难能使人警醒，赋人智慧，催人奋进，给我们以坚毅的品质和不屈的力量。所以，面对几乎无时不有、无处不在的苦难，我们一定要将它视为财富，视为机遇，不畏不惧地去从容笑对。这样，在历经种种苦难的洗礼之后，我们就一定能洗尽浮躁的铅华，留下如玉的品质，让生命之花开得更加绚丽灿烂。

著名音乐家贝多芬曾说：“卓越的人一大优点是：在不利与艰难的遭遇里百折不挠。”我们要让苦难成为财富而不成为屈辱，就一定要具有在苦难面前坚强面对，百折不挠的精神。严冬夜长是一个不争的事实，苦难就好像严冬的长夜那样，绝不肯轻易退出它所占据的地盘。所以，我们必须有以坚韧不拔的意志，与苦难作艰苦卓绝的长期斗争的充分准备。一定要坚信，只要我们抱有“宁可枝头抱香死，何曾吹落北风中”的刚毅不屈精神，敢于与苦难争，善于与苦难斗，那么肃杀严冬就阻挡不了春天到来的脚步，漫漫长夜就不可抗拒地将被黎明所取代。到那时，原本漆黑的夜幕就会变得晨光熹微，朝霞满天，原本破旧的花架就会变得繁花似锦，艳丽灿烂，我们徜徉其中，岂不就能尽情地享受穿越苦难后的无比幸福与欢乐？

苦难是盐，缺了它生命就苍白无味

在学校里，有些青少年同学总希望万事都顺顺当当的，成天过着快快乐乐的幸福日子，所以一遇到挫折，一遇到失败，一遇到意外的伤害，他们便像见到了瘟神似的，或是痛苦落泪，或是拼命抗拒，或是恶语咀咒。可是，眼泪于事无补，即使你把眼泪流成珍珠，灰暗的生活也不会因此闪光；抗拒不起作用，即使你用尽了吃奶的力气，也抵挡不了厄运的接连进攻；咀咒也难生效，即是你唾沫四溅，唇干口燥，也无法让苦难就此退避三舍。这是因为，遭遇挫折、失败、伤害等苦难乃是生活的常态，痛苦、抗拒、咀咒等都绝非是正确的应对之道，只有摆正心态，坦然接纳，从容面对，方是战而胜之的良策。

台湾作家林清玄写的《如果麦子没有考验》，讲了这样一则故事：一天，上帝心血来潮，来到他所创造的土地上散步，看到麦田里的麦子结实累累，感到非常开心。一个农夫认出了他，趋前向上帝请安说："仁慈的上帝呀，这 50 年来，我没有一天停止祈祷，企盼着你的降临，现在你终于来了。"上帝说："你在祈求些什么呢？"农夫说："我总是在祈求风调雨顺，不要大风大雨，不要大旱大涝，不要冰雹，不要虫害，可是无论我怎么祈祷，总是不能如愿！"上帝回答："我创造世界，也创造了风雨，创造了干旱，创造了蝗虫与鸟雀，我创造的是不能如人所愿的世界。"农夫跪了下来，吻着上帝的脚说："全能的主啊，可不可以在明年实现我的祈求，只要有一年的时间，不要风，不要雨，不要烈日与灾害。"上帝说："好吧！明年如你所愿。"第二年，农夫的田里果然结出了许多麦穗，由于没有狂风暴雨、烈日与灾害，麦穗比平常多了一倍，农夫兴奋不已。收割的日子到了，可奇怪的事情发生了，农夫的麦穗里竟然没有结出一粒麦子。就在农夫惊讶不已的时候，上帝又来了。农夫问上帝："仁慈的上帝，这是怎么一回事，是不是搞错了？"上帝说："我没有搞错任何事情。对于一粒麦子来说，努力奋斗是不可避免的，风雨是必要的，烈日是必要的，蝗虫是必要的，它们可以唤醒麦子内在的灵魂。人的灵魂也和麦子的灵魂是一样的，如果没有任何考验，人也只是一个空壳罢了。"

没有了狂风暴雨、烈日干旱以及各种虫害，生长的环境可以说优越得不能再优越了，为什么麦穗里反倒没有结出一粒麦子呢？这是因为，由于太过安全，太过安心，麦穗就完全不必打起精神，也根本无需蓄积力量，去应对各种于己不利的因素了，这就造成了它内心世界的孱弱和空虚，导致了麦穗虽多却籽粒全无的可悲结局。人的一生也是如此，只有经历了各种各样苦难的考验，生命才会变得格外的充实和完美。这是因为，思想，只有在挫折和失意中才能成熟。意志，只有在严酷和冷漠中才能坚强。生命，只有在苦难和失败中才能升华。

培根有言："超越自然的奇迹多是在对逆境的征服中出现的。"情况确实如此，蝉儿经过十几载的蛰伏，才熬来了十几天的生命；鸟儿经过无数次的扑腾，才羽化出强健的翅膀；种子突破了严冬的封锁，才萌发了嫩绿的幼芽；花儿经受了风霜雨雪的催逼，才展现了绝色的美丽；人类呢，也是在经受了苦难的反复锤炼之后，才向世界展现了我们生命最美好最亮丽的色彩。

挫折、失败、伤害等种种苦难，乍看于我们都非常不利，可细加琢磨，我们便可发现它也有着两面性，即在于我们不利的同时，亦有着于我们有利的另一面，只要我们能正确认识和妥善面对，我们就完全可以化不利为有利。苦难就好比是竖立在现实和未来之间的一堵厚墙，若是见之生畏，不敢涉足，那我们就势必将停止前进的脚步；如果我们能勇敢面对，奋力将它推倒，那么展现在我们面前的道路就将更为宽广。苦难又好比是成功门前的看家狗，若是见它即逃，那就会逃得越急，它便追得越紧，这样我们离成功之门必然就越来越远；如果我们能不畏不惧，迎面相搏，那它就会夹着尾巴溜之大吉，我们就能较快地步入成功的殿堂。苦难还好比是燃烧着熊熊火焰的炼狱，若是一见即魂飞魄散，吓趴在地，那我们就永远失去了历练的机会；如果我们怀抱着“我不入地狱，谁入地狱”的精神，奋勇闯入，甘受历练，我们的灵魂就能在苦难中得到升华，闪现出金子般的耀眼亮色。

苦难是盐，缺少了它，生命就会变得苍白无味。苦难虽然会使我们受苦，但战胜了它就会变苦为甜，而且战胜它也绝不像有些人想象的那么难。笑面苦难，接纳苦难吧，不为别的，就为我们必须潇潇洒洒地在这世上走一回；搏击苦难，跨越苦难吧，不为别的，就为我们必须活出自己的尊严，活出人生的精彩！

拥抱磨砺，由沙子变成珍珠

在学校里，经常会见到这样两类同学：一类是，学习成绩平平，在文体活动和其他各个方面，也没有什么显山露水的突出表现，他们对这种状况虽说心有不甘，但又觉得任凭自己怎么努力，恐怕都不会有什么大的改观，因而也就在有意无意之间，会处处流露出一种自卑的神情。另一类是，学习上虽还算不上一等一的高手，但有些学科也时有让人眼睛为之一亮的好成绩，在文体活动和其他各个方面，也多少有一点独到的过人之处，可是却一直没有能得到老师的垂青，没有能受到同学的尊重，因此他们的心中也就不免多少有一些怀才不遇的不平之气。这两类同学的心情，都是可以理解的，但他们所取的态度，应该说都有着不当之处。

前一类同学的现状，确实是乏善可陈，但这并不意味着大局已定，不可更变。此中道理，只要读一读下面这则寓言，即可明白。

沙子整天被海水冲得漂来荡去，有时还被人踩在脚底下。所以，沙子很悲观，整天唉声叹气，怪自己投错了胎，生错了地方。海水知道了沙子的心思，便对沙子说："你不要自卑，沙子作用大着呢！"沙子说："沙子是世界上地位最低，最被人瞧不起，最看不上眼的东西，还有什么令我们不自卑呢？"海水说："没有沙子，海水就永远不会澄清，人类就建不起高楼大厦，世间就淘不出金子。"沙子说："可是，人们仍然看不起沙子，把沙子当作最渺小、最卑贱的一族。"海水说："作为个体，沙粒的确容易被人看不上眼，但并不能说明沙粒的命运就此终结，沙粒仍有机会改变自己。"沙子说："自打生下来的那天起，沙子的身份地位老天爷就决定了，沙子就是沙子，不会是金子，银子，这是谁也改变不了的现实。人们到大海来，捡的是贝壳和珍珠，就没有谁把沙子拾回去。”海水说：“能不能改变现实，全靠沙粒你自己……”说着海水一阵涌起，沙子随海浪漂动，滚落到一只张开双叶的蚌壳里。沙子定睛一看，自己竟落到了一颗珍珠坯子的身边。沙子说：“对不起，珍珠大姐，我不是故意的。”珍珠坯子说：“用不着道歉，我还不能算是珍珠呢，确切地说，我和你一样的，只是颗碎壳粒而已。但是，我正在努力，努力使自己变成一颗珍珠！”沙子问：“一颗碎壳粒，也能成为一颗珍珠？”珍珠坯子说：“能的，只要努力，是可以成为一颗珍珠的。你也一样，只要你愿意，你也可以成为一颗珍珠。”沙子问海水：“是这样么？”海水说：“是的，是这样的。大海赋予大家的机会是均等的，不管你是沙粒还是壳粒，都有改变自己身份地位的机会。只要你愿意努力，愿意接受艰苦的磨炼。”沙子问：“那……我应该怎样做呢？”海水说：“和壳粒一样，勇敢地留在蚌壳里，接受黑暗的煎熬，艰苦的磨砺，这时间也许很漫长，三年，五年，也许更长……但最终你会成为一颗珍珠的。”沙子说：“那好吧！我愿意接受这个挑战。”沙子与壳粒一道，勇敢地留在了蚌壳里。经过长时间的磨砺后，沙子终于变成了一颗珍珠。

这个故事告诉我们：沙子是平凡的，甚至是渺小的，可只要它善于珍惜机遇，勇于接受黑暗的煎熬和艰苦的磨砺，那它就总有一天能成为闪亮的珍珠。同样，每一个看似平凡的人，其实都有着走向成功的巨大潜力，因此万不可自设“卑微”、“平庸”的枷锁，被它们束缚了自己的手脚，而要敢想敢说，敢作敢为，甘于经受磨练，肯于吃苦耐劳，全身心地为实现从平凡向卓越的转化而奋斗。有付出就一定有回报，成功就在前面向我们招手。

后一类同学要改变自己目前的状态，那得读一读另一则故事：

有一个自以为是全才的年轻人，毕业以后屡次碰壁，一直找不到理想的工作。他觉得自己怀才不遇，对社会感到非常失望，因为他觉得没有伯乐来赏识他这匹“千里马”。痛苦绝望之下，他来到大海边，打算就此结束自己的生命。在他正要自杀的时候，正好有一个老人从这里走过，救了他。老人问他为什么要走绝路，他说自己不能得到别人和社会的承认，没有人欣赏并且重用他……他把自己的不满与失望通通告诉了老人。老人从脚下的沙滩上捡起一粒沙子，让年轻人看了看，然后就随便地撒在了地上，对年轻人说：“请你把我刚才撒在地上的那粒沙子捡起来。”“这根本不可能！”年轻人说。老人没有说话，接着从自己的口袋里掏出了一颗晶莹剔透的珍珠，也是随便地撒在了地上，然后对年轻人说：“你能不能把这个珍珠捡起来呢？”“这当然可以！”“那你就应该明白是为什么了吧？你应该知道，现在自己还不是一颗珍珠，所以你还不能苛求别人立即赏识你。想要得到别人的赏识，那你就要由一粒沙子变成一颗珍珠才行。”年轻人听老人这么一说，终于福至心灵，猛有所悟，微笑着跟老人言谢握别。

不被人看重也好，不受人赏识也罢，其实说到底，还是因为你只是“沙子”，而不是“珍珠”。这时候，不平有用么？埋怨有用么？寻死觅活有用么？全都没有用。唯一有用的，就是默不作声地，以非比寻常的刻苦努力，尽快将自己由一粒“沙子”磨砺成一颗“珍珠”。

可是，由一粒沙子变成一颗珍珠，绝不是一朝一夕的事情。在这个过程中，沙子要关在厚厚的蚌壳里，被俗称“珠母”的分泌物一层层包裹，忍受寂寞和疼痛，过着暗无天日的生活，在经过很长一段时间的磨砺之后，方能脱胎换骨，变成晶莹圆润、光彩夺目的珍珠。正因为如此，尽管珍珠引人瞩目，却还是有许多沙子不愿变为珍珠。下面的这则寓言故事，就生动形象地说明了这一道理：

很久很久以前，有一个养蚌人，他想培养一颗世界上最大最美的珍珠。他去大海边的沙滩上挑选沙粒，并且问它们愿不愿意变成珍珠，沙子一颗一颗都摇头说不愿意。养蚌人从清晨问到黄昏，得到的都是同样的结果，就在他处处碰壁，快要绝望时，有一颗沙子答应了。因为，它一直想成为一颗珍珠。旁边的沙粒都在嘲笑它，说它太傻，去蚌壳里住，远离了亲人朋友，见不到阳光、雨露、明月，甚至缺少空气，只能与黑暗、潮湿、寒冷、孤寂为伍，多么不值得！可那颗沙子还是无怨无悔地随养蚌人去了。斗转星移，几年过去了，那颗沙子已长成一颗晶莹剔透、价值连城的珍珠，而曾经嘲笑它的那些伙伴们，有的依然是海滩上平凡的沙粒，有的已化为了尘埃。

现在的青少年同学，可以说都想成功，都想由“沙子”变为“珍珠”，可大多又往往缺少应有的勇气。为什么？明代的宋应星在《天工开物·珠玉》中说："凡珍珠必产蚌腹……经年最久，乃为至宝。"就是因为珍珠"必产蚌腹"，"经年最久"，要在黑暗中经受长年累月的艰苦磨砺。这样的磨砺，会有伤，会有痛，会有累，会让人感到漫长，感到煎熬，感到苦涩，甚至会感到交织着血与泪一般的心酸疼痛。面对这样的煎熬、苦涩和心酸疼痛，畏首畏尾者就会望而却步，意志不坚者就会临阵脱逃，唯有勇于直面艰辛，不管遇有什么磨难，都能拥有坚定不移的信念，拥有坚韧不拔的精神的人，方能义无反顾地勇往直前，方能百折不挠地坚持到底。磨砺是试金石，磨砺是炼钢炉，磨砺是走向希望的必经之路，磨砺是变为"珍珠"的不二法门，为了明天，为了希望，为了尽快地走出那暗无天日的黑暗，为了早日成为在阳光普洒的天地里闪耀出自己光华的"珍珠"，我们别无选择，唯有勇敢地从磨砺开始。

由沙子变为珍珠，虽说要历尽艰辛和磨砺，但在完成蜕变后，它也就定局了。而我们人类则有所不同，如果我们真想成为自然界中最高贵最美好的生物，那就得一次又一次地不断经受从"沙子"变为"珍珠"的磨砺过程。不信么，且请看下面这个故事：

在大学新生的入学课上，教授拿出一粒沙子和一颗珍珠，对新来的大学生说："你们考上了一所这么好的大学，在家人的眼里，你们就是这颗珍珠。可我要告诉你们的是，到了这所大学里，你们又成了一粒沙子。"大学生们都觉得此话十分新鲜。教授继续说道："我们学校今年招收的大一新生就有10 000多，加上现在就读的，少说也有50 000人吧，所以说你们这些人都是沙子。你们既然选择了这里，你们就选择了一个把自己变成珍珠的场所。我希望你们毕业以后变成闪闪发光的珍珠，能够受到社会和人们的青睐。"教授真诚地看了看大家，说："由沙子变成珍珠的过程，你们都明白。世界上没有点沙成珠术，如果你们要把自己变成珍珠，那就要耐得住寂寞，经得住艰难困苦。当你辛辛苦苦走过这四年之后，你或许会惊喜地发现，你们这些今天新来的沙粒，不知不觉中已成为了一颗璀璨的珍珠。"

这就可见，历经痛苦和磨砺，乃是生命的常态，人生就是一部交响乐，只有配置了痛苦的低音区，才能演奏出抑扬顿挫，令人九曲回肠的动人乐章。法国大作家雨果曾说：“极度的痛苦才是精神的最后解放者，只有这种痛苦才使我们大彻大悟。”如果说这世上真有“点沙成珠术”的话，那就是在艰辛中磨砺。因为眼睛中倘若没有泪水的话，那么我们的灵魂中也就不会有彩虹。人们只是惊叹叶诗文的一战成名，却不知年少时的她留下的汗水足以注满一个泳池；人们只是艳羡刘洋成为中国飞天女性的第一人，却不知她在训练过程中付出了多少别人难以想象的艰辛和汗水。所以，我们一定要以更高尚的追求，更豪迈的激情，去拥抱艰辛，去拥抱磨砺，只有这样，我们才能得到更丰厚的回报——成为更光彩夺目、更臻于完美的“珍珠”！

每个人都是自己命运的建筑师

有这样一个感人的故事，故事中主人公的生命充满了磨难，也充满了奇迹。主人公是谁？他就是约翰·库缇斯。他出生在澳大利亚，一出生就被医生断言活不到第二天，因为他不仅双腿畸形，内脏错位，还没有肛门，整个人只有可乐罐那么大。谁知，这个小“可乐罐”竟挺过了一周又一周，一年又一年，直到现在，约翰已经活了 36 年，走遍了世界 190 多个国家和地区，成为国际著名的激励大师。

童年的约翰不仅没有因身体的残疾而受人怜悯，反而是历尽了更多的苦难。他曾被恶棍丢进恶臭的垃圾桶，并被在垃圾桶外点燃的一堆火“烤”；他没有知觉的双腿在课堂考试时被后面的“恶少”无情割开，用打火机烧甚至还插进大头针。到了 1987 年，约翰终于被迫做出了一个痛苦的决定——切掉那两条发育畸形的腿。此后，当少年约翰每次戴着头盔和太阳镜出现在运动场上，周围总是投来一片嘲笑：“看啊，一只会走路的‘头盔’来了！”但约翰没有低头，反而苦练出一双结实灵巧的双手。他决心要用这两只手，去做好别人“两只手加两只脚”才能做好的事。于是约翰便从 12 岁开始练习室内板球、举重和轮椅橄榄球。凭着不懈的努力和顽强的毅力，他终于获得了澳大利亚残疾人网球比赛的冠军、有正常人参加的举重比赛亚军，还得到了板球和橄榄球的二级教练证书，并考取了驾照。

中学毕业，约翰开始进入社会寻找工作。无数次被拒绝之后，他被一位杂货铺老板收留，后来又做过销售员、技术工人。但一次偶然的演讲改变了约翰的一生。那是一次午餐会上，约翰应邀对自己的经历作一个简单介绍。他的痛苦经历和艰难现状感动了所有在场的人。很多人热泪盈眶，一个女士甚至跑到台上，告诉约翰，她非常不幸，正准备自杀，但听了他的演讲以后，她觉得自己的那些不幸已经算不了什么了。女士的话使约翰突然意识到，讲出自己挣扎生存的经历，可以给别人以启迪，让别人拥有更积极的心态，感受更多存在的快乐。从此，约翰踏上了职业激励大师的路途。1999 年，上天再次捉弄了约翰，他被查出患有睾丸癌。切除两个睾丸后，医生又一次无情地告诉他，癌细胞已经扩散，他只有 12 ~ 24 个月的生命。约翰不愿坐以待毙，一年里，他查阅各种资料，四处寻求好的建议，俨然成为了一名癌症专家。

2005 年 5 月，医生惊奇地发现，约翰还是那么健康。当约翰结婚后，他的太太——一位金发碧眼的美人，给他带来了一个儿子——6 岁的克莱顿。可怜克莱顿同样命运坎坷，从小就病魔缠身，患有自闭症、肌肉萎缩症、大脑内膜破损和心肌功能萎缩等疾病。类似的经历，相同的命运，使得约翰和儿子有了更多共同的语言和心灵的共鸣。对于儿子的曲折，约翰依然坚信："我儿子一定能成为最棒的人物！"

读完这个故事，相信许多青少年同学一定会唏嘘不已，感叹不止。到底是什么力量，让一位带着希腊血统、浑身上下都洋溢着竞争和拼搏精神的约翰，一次又一次地逃脱死神的魔掌，战胜癌症的磨难，最终找到真爱；又是什么力量，让他不畏生命的磨难，走出生活的绝境，并坚信同样命运的儿子一定能成为最棒的人？其实所有这一切，都来源于他对生活永远充满最美好的期许，最真诚的热爱。因为对生活的眷恋和执着，也因为对妻子和儿子的挚爱，所以才让他面对着别人的无情作弄，总会拥有一颗无比宽容的心；面对着生活的风霜雨雪，才会从不低下自己高昂的头。正如约翰自己所说："这个世界充满了伤痛和苦难。有人在烦恼，有人在哭泣。面对命运，任何苦难都必须勇敢面对，如果赢了，就赢了；如果输了，就输了。一切皆有可能，所以永远不要对自己说'不可能'。"每个人都是自己命运的建筑师（沙拉斯特语），无论你遭遇到怎么样的苦难，只有去扼住命运的喉咙，才会赢得精彩的人生。这正是约翰的故事给我们的启示。

古人云："人生忧患十之八九。雄鹰翱翔天宇，会有伤折羽翼之时；骏马奔驰大地，亦有失蹄断骨之险。"人生好比一次旅行，旅途中风和日丽有之，阴雨绵绵亦有之。虽然人们总是希望自己的人生道路平平坦坦、顺顺当当，然而，挫折和磨难总会降临，并伴随着我们的前行之路。正在成长中的青少年同学，在幸福、欢乐中或许也会有烦恼忧愁，乃至艰辛苦涩，但至少不会像约翰那样历尽沧桑，饱受苦难。因此，无论在学习还是生活中，我们都不应过分企求老师和家长为自己遮风挡雨，保护自己不被风吹雨淋，免受挫折，让厄运退避三舍；而应让自己走出温室，在风雨中成长，在自立中磨练。

成长的旅途中会有风风雨雨，未来社会的竞争将更为激烈，挫折将更是不可避免。因此，每一位青少年同学必须学会正确面对困难，坦然面对挫折，不能也不应该因胆怯而停滞不前，更不应该因失败而自卑自怜，意志消沉，而是应该用顽强的意志、拼搏的精神，不断地激励自己奋发进取，努力进步。在艰难坎坷中，我们不妨把磨难当作是一面反光镜，在镜中回溯以往的路程，从曲折、是非、正误、成败中校正人生的罗盘；我们不妨把磨难当作是一座过往的桥梁，藉此顺利地跨过人生旅途中的沟壑，步入人生的理想王国。我们不妨把磨难当成黎明前的黑暗，看成获得成功的前奏，那么一次次命运的磨难就是一笔笔珍贵的财富。当我们将这笔宝贵的财富，调上坚强、乐观、向上的健康色调，那么就一定能在未来的人生路上构建出美丽华彩的大厦！

背着包袱轻松走

“我们的目光不可能一下子投向数十年之后，我们的手也不可能一下子就触摸到数十年后的那个目标，其间的距离，我们为什么不能用快乐的心态去完成呢？”美国专栏作家威廉·科贝特在一篇文章中所写的这些话，也许会给许多青少年同学一些人生的启迪。年轻时的威廉·科贝特辞掉了让人羡慕的报社编辑工作，一头扎进了文学创作中去，可他心中的“鸿篇巨制”却一直写不出来，为此他感到十分痛苦和绝望。有一天，他在街上恰巧遇到了一位朋友，便不由得向他倾诉了自己的苦恼。朋友听了后，对他说：“咱们走路去我家好吗？”“走路去你家？至少也得走上几个小时吧？”朋友见他退缩，便改口说：“那咱们就到前面走走吧。”一路上，朋友带他到射击游艺场观看射击，到动物园观看猴子。就这样他们走走停停，不知不觉，竟走到了朋友的家里。几个小时走下来，他们都没有感到一点累。在朋友家里，威廉·科贝特听到了让他终身难忘的一席话：“今天走的路，你要记在心里，无论你与目标之间有多远，也要学会轻松地走路。只有这样，在走向目标的过程中，才不会感到烦闷和苦恼，才不会被遥远的未来所吓倒。”朋友的这番话，改变了威廉·科贝特的创作态度。从此他不再把创作看作一件苦差，而是在轻松的创作过程中，尽情地享受着创作的快乐。不知不觉间，他写出了《莫德》、《交际》等一系列名篇佳作，成为美国一位著名的专栏作家。

如今的许多青少年同学，面对着升学的压力，父母的期望，老师的要求，整天都埋头于书山题海之中。一想到自己确立的人生目标，心中就感到茫然，并为之而痛苦不已，因而每天都生活在精疲力尽和无限的烦恼之中。显然，这些对他们的成长是极为不利的。因此，像威廉·科贝特所说的那样，不为长远的目标所吓倒，背着包袱轻松走，在艰苦的学习过程中努力去享受生活的每一天，这恐怕是许多青少年同学目前首先应该做到的。

俗话说得好，人生在世不如意事常八九，这也是事物发展的一种客观规律，是不以人的意志为转移的，青少年同学的学习生活同样也是如此。倘若我们把不如意的事情看成是自己构想的一篇波澜起伏、曲折生动的小说，或是一幕妙趣横生、引人入胜的戏剧，想象自己就是那部作品中的一个虽历尽波折但最终“花好月圆”的主角，心情也许就会变好许多。如果你只是一味地沉入不如意的忧愁中，那就只能使不如意变得更不如意。“去留无意，闲看庭前花开花落；宠辱不惊，漫随天际云卷云舒。”既然悲观于事无补，那我们何不用积极的态度来对待人生，守住乐观的心境呢?

用乐观的态度对待人生，心胸就要豁达开朗，什么都拿得起，什么都放得下。遇事说一声“没什么”，驱除烦恼，赢得快乐。考砸了，说一声“没什么”，屡挫屡奋，重振雄风；掉队了，说一声“没什么”，积攒力量，迎头赶上；挨批了，说一声“没什么”，幡然醒悟，改正错误；误会了，说一声“没什么”，加强沟通，重归于好……总之，在诸多无奈的痛苦人生里，不管遇有什么样的风险，不管碰到怎么样的麻烦，只要时时说声“没什么”，就能“稳如山岳，静如止水”，就能让忧愁却步，使欢乐永驻，就能在仰望夜空时常看到闪烁的星斗，在俯视大地时常映入绿了又黄、黄了又绿的大地美景。当然，守住乐观的心境并不容易，因为悲观在寻常的日子里随处可见，而乐观则需要努力，需要智慧，才能使自己保持一种人生处处充满生机的心境。

用乐观的态度对待人生，你就能看到“青草池边处处花”，“百鸟枝头唱春山”；用悲观的态度对待人生，举目只会是“黄梅时节家家雨”，低眉即听“风过芭蕉雨滴残”。用乐观的态度对待人生，即使茫茫的黑夜也能看到星光璀璨，夜空明媚；用悲观的态度对待人生，即使在月朗星稀的夜晚看到的也只是黑暗一片，漆黑一团。一个心态乐观豁达的人可在茫茫的夜空中读出灿烂的希望，增强自己对生活的自信；一个心态悲观厌世的人，只会让黑暗埋葬了自己，且越葬越深。用乐观的态度对待人生，就是要微笑着对待生活，微笑是乐观击败悲观的最有力武器。无论生命走到哪个地步，我们都不要忘记用自己的微笑看待一切。微笑着对待生活，生命才能征服纷至沓来的厄运；微笑着对待生活，生命才能将不利于自己的局面一点点打开。

悲观只会使人生的路愈走愈窄，而乐观却将使人生的路愈走愈宽。当你背负着繁重的学习任务，行走在学习的路上时，更应该选择轻松愉快的心境，这并不是一种不以为然的态度，也不是一种游戏人生的阿Q精神，而是一种对待人生的智慧，它需要你坚韧不拔的毅力，需要你持之以恒的决心，这样定能支撑着你一路走向未来的风景。人生何处无风景，关键是看你保持一个什么样的心境。守住乐观的心境，“不以物喜，不以己悲”，我们就一定能奔向希望，实现梦想。

土壤再贫瘠，也不忘种植梦想的种子

台湾学者林清玄在散文《桃花心木》中曾写到一位种树人，他在树苗种下以后，常来浇水，可奇怪的是，他来得并没有规律，有时隔三天，有时隔五天，有时十几天才来一次；浇水的量也不一定，有时浇得多，有时浇得少。这究竟是什么道理呢？种树人一番语重心长的话语让我们知道了个中原因：原来种树不是种菜或种稻子，种树是百年的基业，不像青菜几个星期就可以收成。所以，树木自己要学会在土里找水源。浇水只是模仿老天下雨，老天下雨是无迹可循的，它几天下一次？是上午还是下午？一次下多少？这都捉摸不定。如果无法在这种不确定中汲水生长，树苗自然就枯萎了。但是，如果能在不确定中找到水源，拼命扎根，长成百年的大树就不成问题了。现在，作者窗前的桃花心木苗已经长得与屋顶一般高，而且是那么优雅自在，生机勃勃。种树人不再来了，可桃花心木也不会枯萎了。

世事难料，前途未卜，命运总是坎坷，人生不可能一帆风顺。在艰难困苦之中，我们是否还需要种植梦想的种子，让它生根发芽开花？桃花心木的盎然生机，种树者的谆谆告诫，这显然是给我们最好的回答。面对着起伏不定的生活，我们应该像桃花心木一般，要经得起命运的考验，锻炼出一颗独立自强、寻求梦想的强大内心，这样才能把很少的养分转化为巨大的正能量，即使在再怎么贫瘠的土壤中，也能让自己的梦想蓬蓬勃勃地生长。

道尔顿，被恩格斯高度赞扬为“近代化学之父”。可有谁知道，他曾出身于一个贫寒的家庭，因为家里贫穷，年幼的他便一边帮父亲干活，一边在乡村学校读书，11 岁被迫辍学在家，因此他所受的正规教育只相当于小学学历。生活在这样恶劣的条件下，可他没有因此而自暴自弃，而是刻苦读书，坚持追梦。15岁时他便离开家乡自谋生路，在给一个学校校长当助理的12年里，他一边工作，一边读书，写下了“午夜方眠，黎明即起”的座右铭，以此激励自己。经过艰苦的努力，从自己积累着的大量科学知识里，他终于发现了气体分压定律，创立了倍比定律和“道尔顿原子学说”，提出了原子量表。这些杰出贡献，奠定了他在英国科学史上杰出的化学家和物理学家的地位。

英国学者贝弗里奇说得好：“人们最出色的工作往往是处于逆境的情况下做出的。思想上的压力，甚至肉体上的痛苦，都可能成为精神上的动力。”道尔顿只有小学学历，且一生备受挫折、身处困境，可他却成了一名推动世界科学发展进程的科学家，这一切，恐怕无不来自于他在困苦环境中的不悲观，不放弃，心怀梦想，不懈追求。

“北漂”青年徐俊霞，怀着对美好前景的憧憬，带着对人生一丝光亮的追寻，在寸土寸金的京城，开始了飘泊奋斗的生涯。五环外的住房——小到只能放下一张单人床，四周没有一扇窗，门是唯一通风的地方。家徒四壁，一无所有，身居斗室，一灯如豆，但她依然不灭心中的梦想。历经整整三个月时间，在体味了无数次石沉大海的求职之后，她终于找到一份平面设计的工作。谁知当她摩拳擦掌，准备放手大干一场时，公司股东突然撤资，一夜之间，人去楼空，手中拿到的那点微薄遣散费，还不够一个月的生活开支。在她欲哭无泪之时，“屋漏偏逢连夜雨”，老家的母亲打来电话，因家里要盖房子，询问她手头是否宽余，并劝她回去发展。“走，还是留？”一番挣扎之后，她还是艰难地决定留下来。如今，她又应聘到一家网络公司，负责电子商务。经手的单子渐渐多起来，事业蒸蒸日上，薪水也直线上升。尽管现在仍居斗室之中，但她依然自强不息，追梦不止。

而许多在校的青少年同学，大多生活在无衣食之忧、无奔波之劳和无坎坷曲折之艰的幸福生活中，与上文中道尔顿、徐俊霞的境况相比，可谓是有着天壤之别，因此，在这人生中最美好的青少年时期，就更应把梦想作为生命中最耀眼灿烂的阳光，去描绘出最美丽的风景。即使有无奈，也要生长着希望，即使有坎坷，也要不熄灭梦想。无论你有着如何的经历，不管你有着怎样的遭遇，关键是一路要有开阔的心胸，昂扬的斗志，要始终与高远的理想相伴，与辛勤的汗水相依。莎士比亚曾说：“即便把我关在果壳之中，仍然自以为无限空间之王。”倘若真能这样去做，那么你就同样会有“白日放歌”之时。

若不能改变世界，那就改变自己

很久很久以前，人类还是赤脚走路。有一位国王到某个偏远的乡村去旅行，因为路面崎岖不平，坑坑洼洼的地面上满是又细又小的碎石，扎得他的脚又痛又麻，脚底还生了许多血泡，气得他又恼又恨。回到王宫后，他便下了一道命令：要将全国所有的道路都铺上一层牛皮，让自己及国人不再受疼痛之苦。属下立即照办，不过问题接踵而来，因为即使杀尽全国所有的牛也筹措不到足够的牛皮，而且为此所花费的金钱，动用的人力，更是难以估算。但由于这是国王的命令，大家只好摇头叹气，唯命是从。牛杀光了，还不够，就杀猪杀羊，最后连老鼠都杀了剥皮，但也只能覆盖京城周围一带。一位聪明的仆人见状，便向国王谏言："国王啊，您为什么要兴师动众，牺牲那么多牛，花费那么多钱呢？您何不只用两小片牛皮包住你的脚呢？"国王听了很惊讶，也立刻明白了他的意思，于是，就马上收回成命，采纳了他的建议，弄来一块牛皮试了一下，果然走再远的路，脚也不痛了。据说，"皮鞋"就此而来。

读完故事，我们在对国王原先的蠢笨决定哑然失笑，对其仆人的聪明谏言大声称好的同时，相信亦一定会得到这样一个有益的启示：面对着路和脚、世界和自己这极不平衡、极不对称的两者，我们若不能改变路，那就先改变脚；若不能改变世界，那就先改变我们自己。

在现实生活中，人们常常会感叹周围环境不尽如人意：自然条件的恶劣，工作生活压力太大，人与人之间关系复杂……面对这种种烦恼，许多人往往会牢骚满腹，怨天尤人，抱怨生活待自己太薄，埋怨世界对自己不公。其实，只要静下心来想一想，我们也许就会明白，即使贵为九五之尊的帝王之身，也没有能力让周围的一切都如他所愿，更何况我们这些普通平凡之人呢？所以，面对不如人意的周围环境，纷繁复杂的生活世界，我们固然应该尽可能想方设法来改变它，将那些不尽人意的成分降低到最低限度，但一旦我们面对的环境确实难以改变时，与其死拗着去碰得头破血流，倒不如通过改变自己来顺应环境。

三国时的吕蒙，原是一介武夫，只知舞刀弄棍，以为凭借着打打杀杀足可建功立业，因而总不屑于读书。孙权被拥为东吴新主后，尤喜欢文武兼备的人，于是就召见吕蒙，劝他要像周瑜大都督一样研读兵法，看看史书："你现在当权管事，不再是个普普通通的将领，因此不可以不学习。"吕蒙当初不肯，总以军务繁忙推脱，后经孙权点化，豁然开朗，便发愤苦读，并大有长进，连时任三军统帅的鲁肃都赞不绝口："士别三日，当刮目相看。"吕蒙因为孙权的一席话，改变了自己，真正做到了文武双全。后又拜汉昌太守，与蜀汉名将关羽为邻，并乘关羽与曹仁征战之际，兵不血刃奇袭荆州，实现了东吴几代人的霸业梦想。应该说，在要不要读书这件事情上，吕蒙还是很明智的，因为面对着天下谋定的大局和君命难违的大势，他没有硬撞南墙不回头，而是选择了改变自己；而正是有了这样的选择，最终才成就了他自己，也成就了东吴的霸业。

比尔·盖茨说过，你不要妄想去改变世界，也不要妄想去改变他人，那不是你能够轻易做到的，最好、最直接的办法就是改变自己。只要自己变了，一切都会随之而改变。吕蒙的经历证明了这一点，古往今来的许多事实，也同样证明了这样的道理。

"采菊东篱下，悠然见南山"，不愿为五斗米折腰的陶渊明，无法改变官场的黑暗，于是他选择了改变自己，挂印田园，归隐山间，与菊为伴。虽然仕途不复，但他高洁的志向和清美的诗风却闪耀诗坛。

"人生在世不称意，明朝散发弄扁舟"，一心想走"终南捷径"，步入庙堂之高的李白，本想一展鸿鹄之志，没想却只能为朝廷吟风弄月，歌功颂德。无法改变官场的他，便改变自己的志向，寄情于山水，走访名山大川。他虽然未能圆自己的经天纬地之梦，但却造就了半个世纪的盛唐诗歌极致，让后人一直仰望至今。

一只雏鹰起初胆小如鼠，只有在改变自己懦弱的习性后，才能勇敢地飞向蔚蓝的天空。一棵幼草起初孱弱无力，只有在风雨中改变自己柔软的身躯后，才能变得坚强起来，紧抓泥土不倒。一条大河起初弯弯曲曲地在山间流淌，只有在改变自己的运动方向后，才能自由地奔向浩瀚的大海，走向辉煌。

大千世界，我们都是芸芸众生，没有谁有惊天的伟力定能改变世界。所以，不妨请你尝试一下，就从改变我们自己做起。世上本无移山术，唯一的方法，就是山不过来，我就过去。“行到水穷处，坐看云起时”，山穷水尽之时，冷坐静思，换个角度，变个方法，定会“柳暗花明”，走出一片新的天地。

乘着顺风，就该扯篷

2014年巴西世界杯8强赛上，无冕之王的橙衣军团——荷兰队和本届杯赛的“最黑黑马”哥斯达黎加队在萨尔瓦多的新水源球场展开了生死较量，双方你来我往，在精彩激烈的120分钟比赛以及30分钟加时赛内打成0–0平局。随后的点球大战中，刚被换上场的荷兰替补门将表现出色，竟然神勇地扑出了两个点球，更让人惊讶的是，他5次点球竟然全都扑对了方向，从而帮助球队最终晋级四强，他也因此成为了荷兰队获胜的最大功臣。

临危受命的克鲁尔，虽然是半道出家，属于“无心插柳柳成荫”，一不小心成长为门将的球员。尽管多年的冷板凳让他的世界大赛经验寥寥无几，但当荷兰队进入生死攸关的点球大战时，替补出场的克鲁尔牢牢抓住了短短的几分钟上场机会，以近乎完美的表演在世界杯的足坛上刮起了“克鲁尔”旋风，真可谓是“时势造英雄，英雄亦适时”。克鲁尔之所以能成为轰动世界杯的足球英雄，一方面固然与他冷静沉稳的性格有关，另一方面也与他平时不畏板凳的清冷寂寞，勤学苦练守门技术有关（其实，这两方面的因素在其他门将身上也同样存在）。除此以外，我觉得更为重要的是，在淘汰晋级的关键时刻，一旦机遇来临，克鲁尔能“遇风即扯篷”，紧紧抓住，顺势而为，从而一举成名。这就可见，机遇对一个人的影响是多么至关重要啊！

机遇是什么？在许多人心中，它是一种很奇妙的东西，常常是不期而至，似乎只可意会不可言传，只可遇见不可相求。但它对于智者来说却是攀登的台阶，对于强者来说可是囊中之物，对于懒汉来说则是镜花水月。它来的时候像鸿毛一样悄无声息，然而一旦与你失之交臂，它走的时候定会让你追悔莫及。因此，面对机遇，你要像面对一位蒙着面纱的美丽女子那样，知道如何寻找她，捕捉她，等待她，知道如何借花献佛，投其所好，先于他人，乘胜追击。因为唯有为她做出了“衣带渐宽终不悔，为伊消得人憔悴”的不懈追求，才能最终俘获她的芳心，掀起她的盖头，看到她对你灿烂的微笑。

天上不会掉“馅饼”，任何机遇都偏爱有充分准备的头脑，只有长期的不懈努力才是把握机遇的最佳条件，这是因为：“时机可能是召集军队打仗的号角，但号角的鸣叫永远不能制造出士兵和胜利。”（加富尔语）

法国著名的幻想小说家凡尔纳，18岁时在巴黎学习法律。有一次，他参加一个上流人士的晚会。当从楼上向下走时，童心未泯的凡尔纳像个孩子一样从楼梯扶手向下滑，结果撞在了一个胖胖的绅士模样的人身上，而这个人恰巧是大仲马。二人从此便相识了，成为了无话不谈的好朋友。由于抓住了这个看似不是机遇的机遇，凡尔纳才走上了文学创作之路，并成为了法国的“科学幻想之父”。

现在想想，假如当初凡尔纳与大仲马相撞后，仅仅只是道一下歉，不由此而进行亲切地攀谈，深入地交谈，相信凡尔纳一生都只会是一个默默无闻的小律师。可见，成功地抓住一次机会，就能扼住自己命运的喉咙，去开创属于自己的全新人生。

古今中外，类似像克鲁尔、凡尔纳这样成功地抓住机遇，紧紧地攥住命运的人可谓是不胜枚举。原为布衣、躬耕南阳的诸葛亮，之所以给世人留下了“足智多谋、神机妙算”的美名，就是因为他抓住了刘备三顾茅庐的机遇，从而扬名天下。牛顿之所以发现万有引力，也是因为他抓住了苹果从树上掉下来这个机遇，从而开启了物理学的新篇章。中国当今文坛上不可多得的珍宝——韩寒，这个集“中国80后领袖”与“著名赛车手”等一系列至高无上的荣誉于一身的作家，假如当初高中辍学在家时，停止了认真阅读有关文学书籍的脚步，特别是放弃全国新概念作文比赛这个机遇，也许就没有了他今天的光芒四射。

有些同学也许会说，我也知道机遇对成功的重要，可它总是隐形匿迹，叫我如何去抓呢？我们认为，机遇其实并不在遥远的天边，而就在我们每个人的身旁。它既不青睐于富者，也不钟情于贵者，它只善待每一个对她真心热爱的精心准备者；它既不喜欢懒汉，也不欣赏投机者，它只伴随着勤奋努力的人，不断开拓的人，持之以恒的人，以及力求创新的人。

所以，每一个青少年同学既不能奢望机遇亲自送上门来，也不能像守株待兔的宋人那样苦苦等待，而应该用敏锐的眼光去寻找机遇，用勤奋的汗水去创造机遇。一旦机遇来临，就应该“乘着顺风，就该扯篷”（西班牙小说家塞万提斯语），毫不犹豫地伸出你的双手，紧紧地握住它，努力去开创一个“大风起兮云飞扬”的壮丽时刻。

在浮浮沉沉中历练成长

学校里的生活，不可能像想象的那么一帆风顺，成绩会有起伏，情绪会有波动，思想会有变化，与同学的关系也会时好时坏……遇到了这些情况，究竟该如何来正确对待呢？

有日本“经营之神”美誉的松下幸之助，小时候就从一件不起眼的小事中，悟出了应对上述情况的好方法。有一次，松下无意间看见农民在洗甘薯，他们用木制的特大号水桶，装满了要洗的甘薯，然后用一根扁平的大木棍不停地搅拌。在木桶里，大小不一的甘薯随着木棍的搅动，忽沉忽现，不断翻滚。有趣的是，浮在上面的甘薯不会永远在上面，沉在下面的甘薯也不会永远在下面，而总是浮浮沉沉，互有轮替。看着看着，善动脑筋的松下忽然福至心灵，悟出了这样一个道理：“这种浮浮沉沉、互有轮替的景象，正是人生的写照。每一个人的一生，就像那甘薯一样，总是浮浮沉沉，不会永远春风得意，也不会永远穷困潦倒。这样持续不断地一浮一沉，就是对每个人最好的磨练。”从此，他就一直用这一理念来指导自己的生活。每当遭受到挫折和打击时，他的脑际就会浮现出乡下人洗甘薯的一幕，并坚信厄运能变成好运，危机能变成转机，逆境能变为顺境，故而他总能百折不挠，愈挫愈勇，最终战胜逆境，转败为胜，化危为安。所以，尽管他的一生充满着不幸与坎坷，11 岁辍学，13 岁丧父，17 岁差一点儿淹死，20 岁不但丧母，而且得肺病差点儿亡故，34 岁时唯一的儿子出生仅 6 个月就夭折，他的一生还频遭疾病的纠缠，常常因病卧床，可他不仅硬是从这些磨难中顽强地闯了过来，而且还事业大成，声名远播，健康长寿（他现在已达九十六岁的高龄）。像他这样事业、名声、长寿三者得兼的人，在人类史上，恐怕也很难找出几个。

月有盈缺，潮有涨落，人的一生，也总是在浮浮沉沉中度过。你可别害怕和讨厌这浮沉，因为生命中的每一次浮沉，都是为了下一次更好地散发属于自己的人生之香。沉下的是过去的幽怨，浮起的是明天的希望，只有在这浮浮沉沉之中，生活才会展现其多彩的姿容，人生才会变得韵味悠长。人生是一幅长长的画卷，高扬处绚丽多彩，低沉处晦涩暗淡，该如何面对这高扬和低沉的两端呢？这就需要我们具备一个平和的心态。因为只有心态平和了，我们才能眼更清明，心更透亮，才能不管是在浮还是在沉的境况中，都不会迷失自我，都不会迷失前行的方向。平和就好比是一条清澈明丽的小溪，能将高扬与低沉的两端自然巧妙地连接起来，使它们和谐地成为我们生命的一个有机组成部分。

明儒高攀龙说："人生处顺境，好过却险；处逆境，难过却稳。"此话言简意赅，可真是说到了点子上。所以，在行进的路途中，我们千万别总想着顺境，也千万别总害怕逆境，而要时刻做好在浮浮沉沉中经受历练的充分准备。人生如茶，若用温水沏茶，茶叶轻浮水上，断然不会散发清香，只有用沸水冲泡，反复几次，茶叶才会在浮浮沉沉之中，释放出深蕴的清香，释放出四季的风韵：春的幽静，夏的炽热，秋的丰盈，冬的清冽。从某种意义上来说，人生亦同样是这样，那些不经风雨的人，就像用温水沏的茶叶，只是在生活的表面漂浮，根本就浸泡不出生命的芳香，只有那些饱经各种苦难的人，才能在浮沉和得失的反复历练之中，芳香四溢，余韵悠长。"有磨皆好事，无曲不文星"，浮浮沉沉的生活，固然会给我们带来创伤和苦痛，但更多的给我们带来的，却是醒悟与反思，却是进步与成长。人生成功的秘诀，在别人的身上，更在我们自己的心里，就看我们能不能很好地把握。人生就如同一部剧本，你既是编剧，又是导演，同时还是主演，在那浮沉起伏的剧情中，究竟有多少闪光耀眼的亮色，决定权就完全在你自己手中。

奇迹是怎样创造出来的

有一些青少年同学，在学习和生活中遇到了一些困难和挫折，就会眉头紧锁，满脸愁云，丢失了应有的精气神："唉，人生的道路怎么如此艰难呢，我实在有点儿挺不住了……"

其实，岂止是人生的道路充满艰难，所有有生命的东西要在这世上求得生存，都是非常不容易的事情。

茫茫大漠之中，炎炎烈日将整个大地炙烤得干燥无比，酷热难熬。在那晨光熹微之中，趁着太阳还没有发威的时刻，一群甲壳虫从沙漠底部的家中出发，开始了它们的行动。随着它们的爬动，仿佛能看见它们脚底下腾起的灼热的青烟，可它们还是不畏艰难，使劲地往前爬着，一直爬到那沙丘的制高处。到了那里，只见它们一个个倒立起来，光滑的背甲全部对准了同一个方向，并列着形成了一大排长长的队伍。它们何以会采用这种奇怪的姿势，它们究竟要做什么呢？这时，忽然有阵阵的清风吹向它们的背部。小甲虫长时间一动不动，宛然老僧入定一般，莫非它们是在以这种姿势让这凉爽的清风带走堆积在体内的酷热？时间一点一点地过去，奇妙的是它们的背甲上竟然凝起了水珠。风软软地、悄悄地吹来，那水珠越聚越大。终于，水珠变成了一颗水滴。水滴在甲壳虫的背上渐渐挂不住了，开始缓缓向下流淌，流过小虫的脖子，流过小虫的脑袋，流过小虫的鼻子，最后流进了小虫的嘴巴……原来，它们以光滑的背部向着晨风，是让背部成为吸纳晨风中那些微湿润的板块；倒立着，是为了能够尽享那一滴维系一天生命的甘露。要在烈日炙烤的大漠中生存，对于每一种生命来说，都是何等的不易，更何况是如沙粒尘埃一般卑微和渺小的甲壳虫呢？然而，甲壳虫并没有因此而畏难，它始终满怀着对一滴水的憧憬和期冀，并为此而付出了常人所难以想象的异乎寻常的努力，结果终于在大漠中闯出了自己的一片天地，在大自然中亮出了自己特有的一处风景。

小动物的生存能力如此令我们惊叹，那么植物的生存能力又是如何呢？澳大利亚西南部有一片无名沙漠。那里雨水极少，常年干旱，炎炎夏日最高温度可达50摄氏度，既没树木也不见动物，只有狂风呼啸而过。人们或许会以为，这一定是又一片人迹罕至的死亡地带。可实际情况却大出我们的预料。一次，知名的植物学者弗兰纳利独自驾着摩托车旅行，不经意间来到了这片沙漠。当看到这里的一片景物时，他喜不自禁地高声喊道："感谢上帝！我找到了一片神奇的土地！"原来，在这片生存环境十分恶劣的地方，竟然生长着3 600多种植物。如果按照单位面积计算，这里的物种多样性远胜于南美的热带雨林地区——尽管那里是热带植被的天堂。当时春光明媚，各种灌木的枝头挂满了争奇斗艳的花朵，在烈日金沙的大背景下，显得美轮美奂，令人惊艳。是什么神奇的力量把沙漠装扮得如此绚烂？弗兰纳利开始了潜心的研究。他发现，此处的植物对于水和养分的需求少得可怜，仅仅是其他地方同样植物的十分之一。植物的叶子也不是常见的绿颜色，而是有着各种各样鲜艳的色彩。花朵也美得让人心动，尤其是花冠，硕大而又鲜艳。而尤为奇特的是，花朵能够分泌出超乎寻常的大量花蜜。专注的研究持续了三十年，谜底终于揭开了：这片沙漠的土壤成分主要是不含养分的石英，只有对水分和营养需求极少的植物，才能够生存下来。植物的繁衍主要是靠传播花粉，在这种条件下，植物只有开出最大最鲜艳的花朵，才能吸引潜在的授粉者的注意。3 600多种植物，全部拥有令人惊叹的忍耐力，所以才能在逆境之中扎根，成长，开花，繁衍。需求极少，花开得既大又美，花蜜分泌得特多，这就是无名沙漠中的植物能够顽强生长的主要原因，这就是无名沙漠能够变成美丽花园的奥秘之所在。

卑微的动物，弱小的植物，都能在极端困难的条件下顽强地奋斗，不屈地生存，贵为万物之灵的人类，自然就更能以非凡的勇气和坚韧，去创造更令人惊叹不已的奇迹。德国天文学家开普勒，是个只在母腹中呆了七个月的早产儿。他一降生，就连遭不幸：天花使他成了个麻子，猩红热又弄坏了他的眼睛。父母双亲对这个多灾多难的小生命，没有爱和温暖，陪伴着他度过一生的，除了宇宙和星辰，剩下的就是贫困和疾病。早在孩提时代，开普勒的求知欲和上进心就极为旺盛，他的学习成绩一直在同学们中遥遥领先。正当瘦弱多病的开普勒尽情地遨游在知识海洋的时候，不幸的事情又降临到他的头上：父亲因为负债，不能继续供他读书。失学之后，他只得到自家经营的小客栈里提酒桶、打杂。但是，他始终没有放弃学习。成家之后，开普勒更加发愤地从事天文学方面的研究。他把自己写的书寄给远在布拉格的天文学家第谷·布拉赫。布拉赫对他非常赏识和关注，回信表示欢迎他去布拉格。去布拉格的路是遥远的，妻子担心开普勒的身体受不了，劝他放弃此行，可他坚毅果断地说："无论怎样我一定要去！"途中，开普勒病倒了。在一家乡村小客栈里，他们住了几星期，带的一点路费早就花完了，病人要买药，妻儿要吃饭，而周围没有一个亲人。绝望中，开普勒只好向第谷·布拉赫求救。多亏这位同行慷慨相助，雪中送炭，这才使他一家活着熬到了布拉格。在布拉格，开普勒潜心研究火星，刻意要揭开它的秘密。这个时期，乃是他一生中最快乐的时期。可惜，好景不长，他的益友布拉赫不久便溘然长逝。这不仅在事业上使开普勒遭到严重损失，而且他一家的生活也因此又陷入困境。有人说："开普勒的一生，大半是孤独地奋斗……布拉赫的后面有国王，伽利略的后面有公爵，牛顿的后面有政府，但是开普勒的后面只有疾病和贫困。"然而，没有任何障碍能阻止住开普勒。他跌倒了，又站起来，他失败了，但他把这些失败收拾起来，建成一座高塔，终于抓着了天体运动的三大定律。开普勒是一个在不幸和失败堆起的高塔上永远奋进的人，是一个善于将钻入体内的沙子包裹起来使它变成一颗价值连城的珍珠的人，是一个"挫折虽多意更坚，誓与天地争春回"的坚定执着的人。

以上的事实都异常雄辩地告诉我们：挫折和磨难就好像是风，我们万不可被它吹迷了自己的双眼，以致看不清前进的道路，偏离了正确的航向，而要让它鼓起我们生命的风帆，以便早日驶向成功的彼岸。挫折和磨难又好像是雨，即便它打湿了我们背负的行囊，并使我们脚下的道路泥泞不堪，我们也绝不能犹豫彷徨，而要让冰冷的雨点使我们的头脑更加清醒，从而以更坚定的步伐去创造我们所期盼的奇迹。

雄鹰固可艳羡，蜗牛亦应钦敬

水往低处流，人往高处走。在学校里，就一般的情况来说，即便是一些成绩不太理想的同学，也都不会安于现状，甘于落后。他们也时刻在想着要发愤努力，要奋起直追。可心想是一回事，现实往往又是另一回事，这“追”其实也并不是那么好“追”的。不少同学虽说吃辛吃苦、累死累活地很“追”了一阵子，可往往还是收效甚微，仿佛仍在原地踏步。面对这样的情况，就有同学想出了“只追前一名”的方法。这“只追前一名”，目标特明，难度最低，且切实可行，易于操作，故而大多都能收到较好的成效。不过，在一些特定的学校和班级里，在一些特定的时段里，即便是采用这“只追前一名”的方法，也未必就一定能收到预期的理想效果。一旦碰上了这种情况，有些同学就会觉得自己是陷入了铁桶阵中，再怎么左冲右突也出不去了，于是便垂头丧气，于是便心灰意冷，完全失却了再继续奋进的勇气。

在生活中果真会遇到这样的情况么？遇到了以后究竟该怎么办呢？新东方集团董事长俞敏洪在功成后回母校演讲时，自述的他在北大读书时的一段经历，就正可以回答这些问题：

……我记得我奋斗了整整两年，希望能在成绩上赶上我的同学，但是北大精英人才太多了，你的前后左右可能都是智商极高的同学，也是各个省的状元或者说第二名。所以，在北大追赶同学是一个非常艰苦的过程。尽管我每天几乎都要比别的同学多学一两个小时，但是到了大学二年级结束的时候，我的成绩依然排在班内最后几名。我非常勤奋，却又非常郁闷……这导致的结果是，我在大学三年级的时候得了一场重病，这个病叫做传染性侵润肺结核。我在医院里住了一年，苦闷了一年，读了很多书，也写了六百多首诗歌，可惜一首诗歌都没有出版过……记得我在北大的时候，到大学四年级毕业时，我的成绩依然排在全班最后几名。但是，当时我已经有了一个良好的心态。我知道我在聪明上比不过我的同学，但是我有一种能力，就是持续不断地努力。所以在我们班的毕业典礼上我说了这么一段话，到现在我的同学还能记得，我说："大家都获得了优异的成绩，我是我们班的落后同学。但是我想让同学们放心，我决不放弃。你们五年干成的事情我干十年，你们十年干成的我干二十年，你们二十年干成的我干四十年。"我对他们说："如果实在不行，我会保持心情愉快、身体健康，到八十岁以后把你们送走了我再走。"

俞敏洪的这一经历，清楚明白地告诉我们，在一些高手林立乃至英才荟萃的学校和班级里，要追赶前面的同学，还当真不是一件容易的事情，有时候即便是使出浑身解数，用尽了九牛二虎之力，也还是有可能碰壁而归，难如所愿。如果自己当真是处在了那样的环境里，当真是遇到了那样的情况，那就要明白这是上苍对自己的一个严峻考验，那就得向俞敏洪学习，很好摆正心态，不断提高能力，以持恒不懈的精神去正确面对，而决不轻言放弃。俞敏洪读书时努力不努力？那"每天几乎都要比别的同学多学一两个小时"的述说，说明他确实是竭尽了自己的努力。可这样努力的结果，却是"到了大学二年级结束的时候，我的成绩依然排在班内最后几名"，却是"到大学四年级毕业时，我的成绩依然排在全班最后几名"。要是一些心志不坚的人遇到了这种处境，很可能就会灰头土脸，甚至是暗自饮泣了。可俞敏洪没有，他虽然坦陈"在聪明上比不过我的同学"，但他绝没有打退堂鼓，他仍然自信地表示要"持续不断地努力"，并在班级的毕业典礼上，信心满满地向大家表达了这样的心志："大家都获得了优异的成绩，我是我们班的落后同学。但是我想让同学们放心，我决不放弃。你们五年干成的事情我干十年，你们十年干成的我干二十年，你们二十年干成的我干四十年。""如果实在不行，我会保持心情愉快、身体健康，到八十岁以后把你们送走了我再走。"字里行间，充分彰显了他永不言败的精神，以及永远进击的豪情。而正是这样的精神和豪情，促成了他后来事业上的巨大成功。

结合自身的这一经历，俞敏洪还作了这样一个生动比喻：有一个故事，说能够到达金字塔顶端的只有两种动物，一是雄鹰，靠自己的天赋和翅膀飞了上去。我们这儿有很多雄鹰式的人物，很多同学学习不需要太努力就能达到高峰。很多同学后来可能很轻松地就能在北大毕业以后进入哈佛、耶鲁、牛津、剑桥这样的名牌大学继续深造……这些有天赋的人就像雄鹰。但是，大家也都知道，有另外一种动物，也到了金字塔的顶端，那就是蜗牛。蜗牛肯定只能是爬上去，从低下爬到上面可能要一个月、两个月，甚至一年、两年。在金字塔顶端，人们确实找到了蜗牛的痕迹。我相信蜗牛绝对不会一帆风顺地爬上去，一定会掉下来、再爬、掉下来、再爬。但是，同学们所要知道的是，蜗牛只要爬到金字塔顶端，它眼中所看到的世界，它收获的成就，跟雄鹰是一模一样的。所以，也许我们在座的同学有的是雄鹰，有的是蜗牛。我在北大的时候，包括到今天为止，我一直认为我是一只蜗牛。但是我一直在爬，也许还没有爬到金字塔的顶端。但是只要你在爬，就足以给自己留下令生命感动的日子。应该说，俞敏洪的这番话颇富哲理，蕴含深意，值得我们反复体味，深刻领会，特别是值得眼下尚属“蜗牛”的同学好好学习借鉴。

雄鹰固可艳羡，蜗牛亦应钦敬，因为人的一生犹如一场马拉松比赛，学习乃是一辈子的事情，起步时的或先或后并不完全说明问题，只有到临近终点时，才能真正判定到底谁是输家，谁是赢家。客观地说，眼下的广大少年，都还只是处于马拉松赛的起步阶段，还很难说究竟谁是雄鹰，谁是蜗牛，所以即便是一时取得了优势，也绝没有什么可以骄傲，就算是暂时处于劣势，也根本不必泄气。请记住：无论当前你是处于什么方阵之中，唯一正确的做法就只是：量力而行，妥善安排，眼盯前方，脚下鼓劲，永不停歇，快步奔跑，力争跑出自己的最好水平！

善良的人几乎优于伟大的人

应该看到，当今社会，由于来自多元社会价值观的猛烈撞击，造成了善良教育在学校和家庭教育中的严重缺失，以致让我们觉得在很多场合下，善良有一种跟我们渐行渐远的感觉，甚至似乎已成了一种较为奢侈的事情。可事实上呢，善良却始终应该是我们每一个人都须臾不能离开的珍宝，对广大青少年来说，情况就尤其是这样。

从前，有一个小女孩，她家在山上有一栋大房子。每天，太阳都从南边的窗户射进来，照得房里的每件东西都亮亮的，漂亮极了。奶奶住在北边的屋子里，太阳从来都照不进去。一天，女孩对她的父亲说："为什么太阳照不进奶奶的屋子呢？我想她也是喜欢阳光的。"父亲便说："太阳公公的头探不进北边的窗户，除非你给奶奶带一点阳光进去。"从那以后，如何能带一点阳光给奶奶的问题就一直在女孩的头脑中盘旋着。一天早晨，她在花园里玩耍时，看到了太阳光线照到了她金色的头发上，也照到了她漂亮的衣服上，便想："我要用衣服把阳光包住，然后把它们带进奶奶的屋里。"接着，她便欢蹦乱跳地跑进了奶奶的屋子，大声叫道："看，奶奶，看，我给你带来了一些阳光！"她打开了她的衣服，却看不到一丝阳光，不由感到非常难过。可是奶奶却说："孩子，阳光从你的双眼里照出来了，它们在你金色的头发里闪耀。有你在我身边，我就不需要阳光了。"女孩不懂为什么她的眼睛里可以照出阳光，但她很愿意让奶奶高兴。从此，她每天都到花园里玩耍，然后再跑进奶奶的屋子里，用她的眼睛和头发，给奶奶带去阳光，带去欢乐。

这个故事中的女孩何以这么可爱？关键就在于她有一颗纯净透明的善良的心。有了这颗善良的心，她就变成了载负着阳光的精灵，天天给脸上布满了皱纹的奶奶带去阳光，带去欢乐。

“人之初，性本善。”所有未经世俗侵扰的孩子们的心灵，就犹如一张白纸般干净清爽，都有着一颗非常善良的心。也许他们的学习成绩不尽如人意，也许他们的外表并不特别美丽，也许他们还有着这样那样的缺点，但这并不影响他们用善良的心来打动别人，亦并不妨碍他们用善良的心来拥抱世界。善良的心不需要华丽的外表，也不需要他人的渲染夸耀，而只需要始终心存一个善良的念头。所以，当看见老人摔倒时，孩子们都不会有“扶”与“不扶”的彷徨，也不会有“讹”与“被讹”的纠结，而能胸怀坦荡，积极主动地去乐意为之，一心一意用自己善良的心和爱，去温暖他人，同时也温暖自己。

“云在青天水在瓶”，云和水始终都保持着应有的纯净，我们人呢，也应无论在什么情况下，都怀有一颗善良的心。善良是中华民族的传统美德，它是人类千古流传下来的瑰宝，以其岁月凝聚的光泽，闪烁着永远不变的色彩。善良是发自内心的一种纯朴感情，它就像山间汩汩流淌的清泉那样，清澈，纯净，不带任何一点杂质，只伴有野花的一丝幽香。它不存有任何的企图，只是自然而然地产生，延展，不断地浸润着身边所有的一切，使草木长得更加丰茂，使人间变得愈发美好。善良是我们每个人的灵魂和支柱，是温暖人们心灵的火焰，是心与心的亲和与信赖，也是爱与爱的共振与交融。只要每个人都有一颗善良的心，人与人之间就多了一分信任和理解，少了许多猜忌和埋怨，整个社会就多了一份和谐和安宁，少了许多吵闹和争斗。那样，我们的世界就充满了仁爱，我们的岁月就溢满了温馨。

善良的种子，总是隐藏在最细微之处，我们最柔软的心扉，一天天默默地汲取着生活的养分，到了关键时刻，便会展现出属于自己的全部美丽。最美教师张丽莉，眼见车祸将临，毅然先推开学生，甘愿自己从此再也站不起来。在那生死攸关的紧要关头，只要有些许杂念，丁点胆怯，都很容易选择逃避，然而，植根于她内心深处的那颗善良的种子，以及厚存于她心中的那份深情、那份挚爱，却闪现出了人性的耀眼光辉，绽放出了夺目的美丽花朵，使她义无反顾地以自身的伤残换来学生的健康成长。

正因为善良有着如此的作用，有着这样的份量，所以众多名人都把最美的赞词献给了善良。英国哲学家罗素说：“在一切道德品质之中，善良的本性在世界上是最需要的。”美国作家马克·吐温说：“善良，是一种世界通用的语言，它可以使盲人感到，聋子闻到。”法国作家雨果更是说：“善良是历史中稀有的珍珠，善良的人几乎优于伟大的人。”

要做一个善良的人，一定得有同情心，没有同情心就没有善良。同情心是一种重要的心理品质。早在一千多年前，孟子就说：“人皆有不忍之心。”这“不忍之心”，就是说的同情心，即看到别人孤弱无助，同情心就会油然而生，急欲上前帮扶一把。被誉为现代经济学之父的亚当·斯密也说：“完美无瑕的人性，就是关心他人胜过关心自己，就是公正无私和慈善、博爱的情怀。”这种“情怀”，也同样是说的同情心。同情心是做人的根本，是其他一切良好品性的基础。富于同情心的人，善于将心比心，设身处地替别人着想，随时准备从道义上、行动上支持别人，从内心深处关心人、同情人，因此也就总是能最大限度地释放善意，奉献爱心。同时，越来越多的研究表明，富有同情心的人相对来说更快乐、更健康，并且可能更长寿。既然富有同情心如此于人有利，于己有益，那就让我们每个人都更多一点同情心吧。

要做一个善良的人，并不一定非做出惊天动地的大事不可，只要时时为他人着想，处处为他人付出，从身边的每一件小事做起就可以了。这是因为，善良虽博大如海，却又总是蕴于简单而平易的细节之中：有时，它就是在风雨中热心为他人撑开一把伞；有时，它就是在黑暗中为他人悄然点亮一盏灯；有时，它就是在寒冬里为他人及时燃起一盆火。而在更多的时候，它仅只是给他人的一句亲切问候，一个善意微笑，一声真诚祝福。可千万别小看了这些看似简单的言语和举动，因为它们都是我们通往善良的路径，都是我们开启善良的钥匙，因为它们都能把岁月谱写成诗，将生命装点成画。

人生在世最需要的是善良

在读了《善良的人几乎优于伟大的人》一文以后，也许有同学会说：善良的人一天到晚除了付出，就是奉献，而自己却什么也得不到，不免多少有点儿傻吧？

是的，善良的人不管是做什么，从来都不会介意自己到底是吃亏还是赚了，从来都不会计算自己付出了究竟会得到什么样的回报和好处，看上去似乎是有点儿傻乎乎的样子。然而，他们却傻得可爱，傻得于他人、于社会有益，因而也就总能得到上苍特别的眷顾。赫赫有名的新东方掌门人俞敏洪的经历，就很能说明这个问题。俞敏洪从高考三次不中，而到终于跨进北京大学的校门；从校园里内向自卑的丑小鸭，而到成为英语系里耀眼的单词王；从被北大扫地出门的穷酸教师，而到一跃成为名动大江南北的培训界领军人物；从大街小巷刷广告的个体户，而到终成亿万身家的上市公司老总；从付不起学费无缘出国的可怜虫，而到一举成为学员遍布美国的"留学教父"，他的经历可真是太有传奇色彩了。那么，他何以会取得这么巨大的成功呢？这里面固然有诸多的原因，而其中最为重要的一点，我们认为就在于他有一颗善良的心。他功成名就后回北大对学生所作的一次讲演，就透露了此中的奥秘。他说：进了北大以后，我养成了一个良好的习惯，每天为宿舍打扫卫生，这一打扫就打扫了四年。另外，我每天都拎着宿舍的水壶去给同学打水，把它当作一种体育锻炼。大家看我打水习惯了，最后还产生这样一种情况，有时候我忘了打水，同学就说"俞敏洪怎么还不去打水"。但是我并不觉得打水是一件多么吃亏的事情，因为大家都是一起同学，互相帮助是理所当然的。同学们一定认为我这件事情白做了……又过了十年，到了

1995 年年底新东方做到了一定规模，我希望找合作者，结果就跑到美国和加拿大去寻找我的那些同学，他们在大学的时候都是我生命的榜样。我为了诱惑他们回来，还带了一大把美元，每天在美国非常大方地花钱，想让他们知道在中国也能赚钱。后来他们同意回来了，但是给了我一个十分意外的理由。他们说：“俞敏洪，我们回去是冲着你过去为我们打了四年水。我们知道，你有这样的一种精神，所以你有饭吃肯定不会给我们粥喝，所以让我们一起回中国，共同干新东方吧。”而这就为他后来做大新东方奠定了坚实的基础。所以，我们不妨说，正是俞敏洪的善良，正是他看似傻乎乎的不计回报的付出，使他“把很多琐碎的日子堆砌起来，变成了一个伟大的生命”。

据说，上帝造人的时候，为了区分好人与坏人，给了某两个人各 100 颗心，一个人是 99 个善心，一个歹心。另外一个人是 99 个歹心，一个善心。可后来在评选好人的时候，却是有 99 个歹心的那个获得了好人的名号。有 99 个善心的人知道以后，便怒气冲冲地去找上帝，问上帝为什么偏把好人的名号给了另一个人。他说：“我有 99 个善心，他就一个善心，为什么好人是他，而不是我？”上帝说：“是的，你确实善心比他多，但是孩子，他对人对事总是把 99 个歹心埋在心里，用唯一一颗真诚的善心去对待他人。而你呢，对人对事总是以唯一一个歹心对待人，而把 99 个善心埋藏在心里。”这个故事说明了什么呢？它明白无误地告诉我们：光有一颗善良的心是不行的，还必须时时刻刻将它付之于切实的行动，只有将自己所有的善良毫无保留地奉献出来，这才能使善良成为最悦耳动听的音乐，成为最沁人心脾的甘霖，成为最能打动人心的力量，才能使所有的人都感觉到生活的温馨、甜美和快乐，而付出善良的人呢，也才能由此而成为一个名副其实的善良的人。

一位哲学家有一次问他的学生：“人生在世最需要的是什么？”学生们给出了很多的答案，但有一个学生说：“一颗善良的心！”“正是，”那位哲学家赞叹地说，“你在善心两字中，包括尽了别人所说的一切话，因为有了善心，对于自己，则能自安自足，能够做一切与己适宜的事，对于他人，则是一个良好的伴侣，亲切的家人，可爱的朋友。”哲学家的话果然是极富哲理，寥寥数语即道明了善良的实质和好处，并颇为精警地为善良正了名：善良一点不傻，善良绝顶聪明，因为它在倾心地付出之中，干出了于人有利、于己有益的大好事。正因为如此，所以我们在成长的过程中，必须始终以善良为根，以正直为干，以丰富的情感为蓬勃的枝丫，不断地茁壮长大，以使自己的生命最终能结出最丰硕最甜美的果子。

多给别人一小撮

在日常的学习生活中，有些人一遇到自己利益受损，便不愿吃亏，非跟人争个不相上下不可；一看到别人瞧自己异样的眼神，总认为别人就是和自己过不去，便勃然大怒，睚眦必报。这一些人的做法，显然都不可取。那么，我们在实际生活中究竟该如何正确对待他人？纳伦德拉·莫迪的故事，给了我们这样的启示：不管何时何地，都要始终记得多给别人“一小撮”。

莫迪是一个下层种姓家庭的第三个孩子。1950 年，他出生于印度古吉拉特邦北部的马赫那县沃德讷格尔村，出身寒酸的他，少年时只得跟着父亲在镇里的火车站卖茶。煮茶、泡茶，这些看似任何人都会做的事情，莫迪却比他哥哥做得“精到”。因此只要他亲手泡的茶，总是比他哥哥卖得快些。哥哥泡茶，中规中矩，完全听从父亲的吩咐：只要有茶味就行。不光是他家的茶摊，火车站里几乎所有的茶摊奉行的都是这一点。那么，莫迪到底有什么“精到”之处呢？一天，莫迪的“精到”之处终于被父亲发现了。原来，他在父亲或哥哥泡好的每杯茶里，又都亲手加了一小撮茶。就是这一小撮茶，让茶水变浓了，变得有了“茶味”。也因为这个，他家的茶摊赢来了更多的顾客。回到家中，父亲非常高兴，夸他有经商的头脑。他却说：卖茶，卖的是良心。我没有考虑如何去招引顾客，我只是想：顾客给了一杯茶水的钱，就要给他们一杯对得住自己良心的茶。因此，我在下手的时候，比你们狠了一点——每杯都多给了一小撮茶。在我的眼里，我觉得这不光是赢来了顾客，更重要的是赢得了人心。

这个“多给一小撮”的小男孩，还有一个“卖茶小贩”的别称，他就是在今年号称“世界最大的民主选举”的印度人民院选举中胜出，并

“毫无悬念”地被当选为印度总理的64岁的纳伦德拉·莫迪。

此次莫迪及印度人民党能够大获全胜，好多人都在猜测，这与莫迪在竞选期间大打“经济发展偶像”、“卖茶小贩”、“低种姓出身”等悲情牌标签有关。而莫迪却说：“从卖茶小贩到印度总理，我始终没忘记一点——不管何时何地，都要记得多给别人‘一小撮’。”

不管何时何地，都要记得多给别人“一小撮”。莫迪的话一语中的，道破了他及印度人民党大获全胜的实质。正是他的友善，才让他在风雨中一路走到了最后，也笑到了最后。歌德也曾经说过：“友善是交际中最大的秘密。”的确，世界上最强大的不是坚船利炮，而是有一颗多给别人“一小撮”这样友善的心，因为它能使人体会到尊重和温馨。只要你能真正付出友善，那么必定会赢得别人的共鸣，并拥有意想不到的收获。

多给别人“一小撮”，意味着关爱他人，不苛求于人，不强加于人，进而有助于人；多给别人“一小撮”，是对“善”的感应和回敬，而不是一方对另一方的索取；多给别人“一小撮”，不是那种当面恭维、背后拆台的把戏，更不是笑里藏刀、口蜜腹剑的阴毒。多给别人“一小撮”，它并不是低三下四，更没有使自己的尊严受损，相反还会让人更敬重、更亲近。谁播种了它，谁就可能得到拥戴；谁珍惜了它，谁就可能获取温暖。

我们生存的这个世界，是由许多矛盾组成的，任何人、所有事都不可能是尽善尽美的，因此我们要学会用友善的眼光看待世界，给别人多一份友善。善待他人，固然是善待了他人，可其实也是在善待自己，因为帮助了他人，他人也必然会帮助自己。给别人设置绊脚石，往往也会堵了自己的路；为他人铺平道路，自己的路也会越走越宽。所以，我们千万不要把与人为善、予人帮助单纯地理解为付出、奉献和牺牲，其实在一定程度上，它也是在播种和储蓄，等到一定的时候，你就会零存整取地收获和谐的人际关系，收获施惠于人的快乐与幸福，收获雪中送炭或者锦上添花的回馈……奥地利作家茨威格曾说：“一个人的力量是很难应付生活中无边的苦难的。所以，自己需要别人的帮助，自己也要帮助别人。”美国经济学家埃·哈伯德也说：“聪明人都明白这样一个道理，帮助自己的唯一方法就是去帮助别人。”多给别人“一小撮”，就是一种帮助别人，也帮助自己的聪明的办法，它可以化解心头的坚冰，消除彼此的隔阂；它可以化干戈为玉帛，化对手为伙伴，帮助你在与“对手”的角逐中完好地胜出。因此，做到对人友善，有时候比坚持“正确”来得更艰难，也更重要。

人生难免有坎坷，生活中也少不了有误会，人与人之间也常常会遇到磕磕碰碰，但只有拥有一颗友爱之心，怀揣一份友善之情，才能体会给予的妙趣，才会感受到人际间的和谐美好。正如有一首诗所写的那样：“友善是春天的滴滴雨露，滋润情感中的缝隙；友善是夏天的一缕清风，吹走人际间的误会；友善是秋天的飞旋而下的落叶，搭建着天地间友谊的桥梁；友善是冬天的一杯热茶，让暖暖的温馨融入心房。”青少年同学们，请别吝啬我们的微笑，别藏匿我们的温暖，拥有友善，多给别人“一小撮”，你将会收获整个世界！

每一把斧头都有传奇

他的父亲是方圆数十里最有名气的铁匠，他以此为荣，一有时间就来铁铺帮忙。

那年暑假，有位顾客走进店里，想要打一把斧头。父亲不假思索地推脱道："你去找黑瞎子吧，他是专做斧头的。"那人便诺诺地走了。

他不明白父亲为何把到手的生意推给别人，疑惑地问："黑瞎子是谁，难道他做的斧头比您更好吗？"父亲点了点头："我们家的那把新斧头也是请他打造的。"

他好奇地跑到门口，举起斧头看了看，忍不住笑出声来："斧口都是钝的，连我都能抡得比它锋利，这样的手艺怎么能和您相比呢！"

父亲没再说话，示意他跟着自己去个地方。来到街头，父亲指着一间棚屋说："黑瞎子就在里面，你也去找他做把斧头吧。"

他犹豫着走进去，看见一位右臂残缺的老人坐在床头，正举着左手吃力地啃着一块面包，旁边火红的铁炉上，烧着一柄尚未成型的斧头。他刹那间明白了父亲把斧头生意让给黑瞎子做的缘由，也为自己嘲笑了那把钝斧而深感羞愧。于是，他悄悄地掏出一把零钱离开了。

这件事对他的影响一直伴随着他。后来，他获得了博士学位，当上了市长，又当选为国家总统……虽然一路顺风顺水，但他却从没有骄纵傲慢。因为在他看来，自己在有些方面的优秀，只是靠占据了更多的优势条件，而那些不具备这些条件的人，在背后兴许还付出得更多。他告诫自己，不要过高地估量所得到的一切，也不要总以自己的标准和条件苛求别人。他就是伊朗总统艾哈迈迪·内贾德。这位"铁匠的儿子"常说："不是利斧才有精彩故事，钝斧的背后，往往暗藏着更动人的传奇。"

对黑瞎子老人这样的竞争对手，父亲完全可以凭着自己的名气看轻藐视，目中无他。但父亲不只手艺娴熟，人品更是一流。因为他感到右臂残缺的黑瞎子老人在打造斧头的时候，要比四肢健全的自己付出更多的辛苦和汗水，他的钝斧里往往蕴藏着更动人的传奇。这也正是父亲敬重并帮助他的原因，并以此来教育儿子，感动儿子，内化其心，外化于形。不要因为自己的优势而骄纵傲慢，不要因为自己的杰出而轻视那些不如你的人，这不仅是父亲想要告诉儿子的话，也是小小故事中所蕴含的深刻道理。儿子之所以一路顺风顺水，最后高居总统职位，恐怕都是得益于父亲的教诲。

生活中有很多人在人际交往中往往凭一己之见或第一印象而轻视别人，这其实是建立广泛人际关系的第一大心理障碍，将不利于你与别人的有益交往。因为当你轻视别人的时候，别人同样也轻视你，而且在被你轻视的人中，极有可能出现日后和你命运休戚相关，甚至决定你命运的关键人物。所以，尊重和善待每一位你所接触到的人，就是尊重和善待我们自己。

美国某大学的心理学家曾做过一个实验，他们把一个班水平相当的学生分成三组，接着对第一组学生说："你们是这个班上最有潜力的学生，只要好好努力，将会前途无量。"对第二组学生不予理睬，无视他们的存在；最后对第三组学生加以批评。结果，被称赞和鼓励的第一组学生成绩有了很大提高，接受批评的第三组学生也有少许的进步，而进步最小的是不被理睬而被轻视的第二组学生。有位知名的教授经常在班上引导学生练习如何褒扬他人。他时常让同学们一个个站在全班同学面前，让他赞扬其他同学。这个方法不仅使全班同学感到愉快，而且也充分显示出同学们人性的另一面。有一个被同学称夸笑容很美的学生说："我和他同窗已经十五年了，可是这是他第一次注意到我的笑容而夸奖我！"这样的情形也很可能就发生在你我身上，但好多人也是和这位同桌一样，往往不去注意他人，不懂得夸奖他人，不找出鼓励他人的方法，他们注意的总是他自己。但是人生活在社会中，不能只靠一个人孤立于世而生存，所以还必须时时注意别人。当然，在人际交往中，我们在注意别人的时候，要防止出现只愿意趋近那些权势大、地位高的"显赫"

人物，对他们趋之若鹜的现象。因为这种靠溜须拍马、送礼、拉关系建立的人缘是为人们所不齿的，也是不牢靠的，一旦对方“风吹墙倒”，一切也就荡然无存了。所以，我们的人际交往，应该是与一切人平等相处，不因对方的名声、职位、身份、地位而异，我们看重的不能只是那些外在的东西，而应是一个人的内涵、人品以及他内在的潜能。一旦与这样的人结成人缘，他可以成为你人生的导师，使你在彷徨迷路时得到指点；或者成为你的挚友，与你共享欢乐，分担忧愁；或者在你孤立无援时，真诚地助你一臂之力。

不要轻视每一个有弱点的人，因为再有弱点的人也都有他的优点和特长，说不定你的弱项正是他的强项，说不定关键时刻给你帮助最大的正是你平时最轻视、最看不起的人。不要轻视一个人的职业，每一份存在的职业都有它存在的作用。如果说整个社会是一台宏大的机器，那么任何一个不起眼的职业就是一枚小小的螺丝钉，一旦缺少它的话，机器迟早会出现故障。你的生活离不开别人的细小的工作，你吃的饭，你穿的衣，可以说你的一切的一切，都凝聚着无数人无法计算的细微的工作。

世界上没有两片相同的树叶，每一个班级里也总有长得丑、成绩差或家境不好的同学。长得丑，家里穷，这些都不是他们的错，成绩差往往有着多方面的因素，而且也并不代表他其他方面都不好，更何况每一个同学在身份及人格尊严上都是平等的。因此，长得丑、家里穷和成绩差，都不能成为我们轻蔑贱视他们的理由。成熟的麦穗，是饱满而弯下腰的；真正的巨人，一定是俯身做事的。放低自己的身子，不轻视每一个人，善待、关爱、帮助那些比我们弱小的人，这应该是每一位青少年同学所拥有的胸怀和品行，也只有这样，才能真正懂得“每一把斧头都有传奇”的精彩，才能展现像艾哈迈迪·内贾德一样的出彩人生。

宽容是友谊的题中之义

在日常生活中，即便是再怎么要好的朋友，也难免会因为这样那样的原因而发生一些龃龉，甚至会闹得脸红脖子粗的一时下不了台，这就正如俗话所说的那样，“牙齿和舌头也有打架的时候”。如何才能化解这样的矛盾，使双方尽释前嫌，重归于好呢？有一些思想深邃、襟怀宽广的人的作为，就为我们指明了正确的方向：

两个朋友一起穿越沙漠，可在途中他们发生了争执，其中的一位朋友甚至还打了另一位朋友一记耳光。被打的人虽然非常伤心，但他什么也没有说，只是在沙地上写道：“今天，我最好的朋友扇了我一耳光。”继续前行了一段时间，他们终于发现了一片绿洲，便决定在那里洗个澡。不料被打过耳光的那位却在这里陷入了泥潭，眼看就要被淹死时，他的朋友伸手救了他。待缓过劲来后，他便在一块石头上刻下：“今天，我最好的朋友救了我一命。”那位打过他耳光又救了他命的朋友颇为不解，不由得问道：“我伤害了你，你把字写在了沙地上，可现在你却把字刻在了石头上，这是为什么？”被打的朋友回答说：“当某人伤害我们时，我们应该把它写在沙子里，宽恕的风会把它抹去。但当某人为我们做好事时，我们必须把它刻在石头上，任何风都不会将它抹去。”

这个故事明白无误地告诉我们：宽容乃是友谊的题中之义，唯有大度宽容，方是化解矛盾纠葛、增进朋友情谊的最好法宝。

什么是宽容？宽容就是彼之理是，我之理非，我让之；就是彼之理非，我之理是，我容之；就是既能容人之长，又能容人之短，既能容人之误，又能容人之怨，而绝不为区区小事非与人决一高低不可；

就是即便发生了矛盾乃至冲突，也不斤斤计较细节和私仇，而能心平气和地围桌而坐，微笑握手，安然友善地大步跨过情感的沟沟坎坎，欣欣然面有喜色地并肩前行；就是如弘一大师所说：“人之谤我也，与其能辩，不如能容。人之侮我也，与其能防，不如能化。”如果再具体一点说，宽容就是要尊重他人的独特之处而能有一种兼容之心；就是要承认他人的长处而常怀赞赏之意；就是要了解他人过失的起因而给予原谅，并常留一份信任之心；就是要体察他人的痛苦和难处而抱有同情之心，并及时地伸出热情的援助之手。

有位哲人说过：“天空收容每一片云彩，不论其美丑，故天空广阔无比；高山收容每一块岩石，不论其大小，故高山雄伟壮观；大海收容每一朵浪花，不论其清浊，故大海浩瀚无涯。”自然界的一切都离不开宽容，对于我们人类来说，宽容就显得更为重要，这是因为宽容有一种言语所难以表达的温暖，它能穿越心灵的隔膜使两颗心实现有机的契合，它能使纠结的双方在对视之中顷刻读懂彼此，从而彻底融化人们心底的冰雪，使友谊之花永远芳香扑鼻。所以，我们一定要将宽容的种子播撒在心田，让它生根，发芽，抽枝，长叶，以使我们沉重、憋屈、郁闷的心，一天天地变得轻松、慰藉和开朗。

宽容饱含着丰富的意蕴，宽容是一种非凡的气度，宽容代表了心灵的充盈和思想的成熟。只有学会宽容，方能真正领悟生命的内涵，对万物有更透彻的洞察；只有学会宽容，方能真正明白人生残缺的本质，对他人显现出特有的豁达大度；只有学会宽容，方能真正体谅人性的弱点，走出生命固有的盲区，成为一位生活的智者。需要特别注意的是，宽容作为一种品性，一种能力，并非与生俱来，而乃后天获得，这就需要学习，需要磨砺，需要不断反省自己，提升自己，需要一点一点地在人生的历程中认真加以培养。有人曾说：“生活如海，宽容作舟，泛舟于海，方知海之宽阔；生活如山，宽容为径，循径登山，方知山之高大；生活如歌，宽容是曲，和曲而歌，方知歌之动听。”所以，我们应该在日常生活中时时处处表现出宽容的雅量：当别人不小心踩到了我们，让一让，说声“没关系”；当别人无意中弄坏了我们的东西，笑一笑，表示“勿介意”；当别人冲动时恶语伤害了我们，摆摆手，示意“勿发火”……只要我们这么着持恒不懈，天长日久地去修炼，去滋育，那就终有一天，宽容会成为催化剂，帮我们消除隔阂，减少误会，化解矛盾；宽容会成为润滑剂，帮我们调节关系，减少磨擦，避免碰撞；宽容会成为清新剂，永远令我们感到人间的和谐温暖，和世界的芬芳美丽。

体谅他人是化解矛盾的法宝

在学校里，在跟同学和老师相处的过程中，总难免会发生各种各样的矛盾，自己的利益也或多或少地会受到某种侵害，每遇这样的情况，有些青少年同学往往就会只是从自己的角度和利益去考虑问题，一味地去埋怨和责怪对方。这样一来，双方的矛盾势必就会加剧，甚至会发生较为激烈的争吵，以致最后结下难以解开的深深嫌怨。要怎样才能避免这种情况的发生呢？一个有效的方法就是得向善于化解矛盾的高手们好好学习。为此，且让我们先来看一看著名演员邓超的一段故事：

那年，应导演胡明凯之邀，邓超签约了电视剧《少年包青天 2》。为了塑造好少年包青天这个角色，邓超提前三个月进驻剧组，进行形体、武术等专业强化训练，而且还特意将自己的皮肤晒黑。他一丝不苟的敬业精神和加班加点的训练劲头，让胡明凯异常感动，觉得自己没有选错人。谁知正式开拍前一个月，投资方突然提出要将主演改换为周杰，虽然胡明凯据理力争，但那也无济于事。就在胡明凯左右为难、不知道该如何向邓超解释的时候，邓超知道了情况，主动找到胡明凯，十分坦诚地对他说："投资方也是考虑收视率才做出这样的决定，这个完全可以理解。我不会因此怨恨任何人，您也是身不由己。虽然无法与您合作。但这两个月的强化训练，您给予的指导对我帮助很大。我得衷心地感谢您！"邓超一番体谅的话语，让胡明凯当场动容落泪，也让投资方感到过意不去，主动提出赔偿违约金。但被邓超婉言谢绝了。邓超离开剧组的那一天，全剧组的人都来相送，胡明凯和投资方负责人更是将邓超送上了飞机才就此惜别。拍摄《少年包青天 3》时，胡明凯和投资方不约而同地想到了邓超，认为他是主演的不二人选。凭借在电视剧中的精彩表演，《少年包青天3》创造了收视率的新高，成功打牢了邓超在影视圈的基础。

邓超的这段故事告诉我们：“拥有一颗体谅别人的心，是营造和谐人际关系的制胜法宝。”（有美国“股神”之称的巴菲特语）也就是说，与人交往遭遇不快时，只有学会站在别人的立场设身处地为他人着想，真切地去体会别人的心境，这样才能既有效地化解自己内心的不平怨恨，又赢得别人的感动和敬重。

在现实生活中，人与人相处时，磕磕碰碰是难免的，自身的利益受到侵害也是常有的事。每遇这种情况，关注自己的利益和感受是极为正常的，但如果相处的双方都偏执一端，只是死盯着自身的利益，矛盾就会愈发复杂，冲突就会愈发加剧，所以这时候就特别需要注意这样一条底线——不能忽视他人的利益和感受，要时时想到自己的言行可能给他人带来的不利影响。这是因为，有时候是非对错往往并非完全泾渭分明，甚至原本就很难说一定是谁对谁错，只是各自所持的立场和角度不同而已。所以在这种情况下，解决问题的最好办法，就是理解和体谅他人的难处。社会是由千差万别的个人组成的，如果人们之间没有相互的理解和体谅，那么差异就会成为不可逾越的鸿沟，社会就可能变成永无休止的战场。正因为此，建立和谐的人际关系，就必须从理解和体谅开始。理解和体谅他人，就是超越狭隘的个人经验和个人好恶，以开放的胸怀去体察他人的处境、感受和想法，从而消除误解与隔阂，造就和谐融洽的人际关系。理解和体谅他人的难处，其实就是以责人之心责己，以谅己之心谅人，就是站在对方的角度，想想他那样说那样做的原因可能是什么，道理在哪里。如果觉得对方的言行有一定的道理，自己就可平心静气地理解和接受。这样有了心与心的映照，心与心的呼唤，也就自然能做到与他人心息相通，解嫌消怨，化解矛盾，融洽感情了。

乍一看，这种对他人的理解和体谅，似乎只是对他人有利，对集体有益，而实际上呢，于自身其实也有着极大的好处。这是因为，理解和体谅他人，不仅能凸现一个人包容天下的宽广胸怀和高尚境界，而且能彰显一个人善于在异中求同、在同中聚力的非凡能力，这就在无形之中，在他人的心目中树立起了一个十分良好的形象。同时，理解和体谅他人，势必就要更善于站在别人的位置和角度上看问题，这样对事物的认识就能更接近、更符合事实，对他人的内心世界也就能有更入情入理的深入了解。这么一来，我们自然也就能愈来愈远离烦恼和仇视，愈来愈体验到心灵的安宁和满足。再有，你理解和体谅了别人，别人也一定会理解和体谅你，甚至会由此而十分地感谢你，欣赏你，从而给你带来许多难以言表的快乐和幸福，并很可能还会给你日后的发展提供极宝贵的良机。在拍摄《少年包青天3》时，胡明凯和投资方就都不约而同地想到了邓超，认为他是主演的不二人选，这不就是一个极有力的明证么？

理解和体谅他人，关键是要有宽阔的胸襟，要有一颗善良的心。只有心地善良一点，心胸开阔一点，才能更客观、更辩证地看待所遇到的事情，才能使自己的眼光离开自己的鼻子尖而投向他人的身上，而不至于心胸狭窄，小肚鸡肠，锱铢必较，寸利不让，把简单的问题搞得复杂化，将平稳的局面搞得乱成一锅粥。善良是我们每个人的灵魂和支柱，是心与心的亲和与信赖，也是爱与爱的共振与交融。只有每个人都有一颗善良的心，人与人之间才能增添一份信任和理解，少却许多猜忌和埋怨，整个社会才能增添一份和谐和安宁，少却许多吵闹和争斗。那样，我们的世界就充满了仁爱，我们的岁月就溢满了温馨。

如今，邓超已是我国影视界的一位著名演员，他主演的诸多电视剧中有十多部是收视冠军，有两部还获得了飞天奖。在电影中，他也有不俗的表现，曾多次获奖。同时，他还在2011年当选为中国电视艺术家协会演员工作委员会副会长。邓超之所以能在事业上取得如此卓著的成绩，这固然与他的表演天赋和勤奋刻苦有关，但最为重要的，还在于他有着一颗善良的心，有着能很好理解和体谅别人的优秀品质。所以，如果你真想从一些难解的矛盾和纠葛中解脱出来的话，那就请好好地学一学邓超的品质和做法。

心中有爱，学会感恩

现在的青少年同学，大多是独生子女，在家中都处在特受宠爱的位置上，尤其是在一些经济条件较好的家庭里，那就更是像掌上明珠似的被格外娇惯着。久而久之，这些同学也就习以为常，认为这是自己理所应当享受的权利，并由此而得寸进尺，变本加利地向父母提出一些不切实际的更高要求，稍不如意，甚至还会作出一些很出格的举动。一句话，这些同学已经不再去考虑父母为自己的成长付出了多少的心血，更不去思忖自己该如何感谢父母的辛劳。

应该说，上述这种情况的存在是令人堪忧的，因为它不仅会严重伤害青少年同学的心灵健康，而且还会对家庭的和谐带来很多的负面影响。正因为如此，我们觉得广大青少年同学还是应该很好传承和发扬我们中华民族“心中有爱，学会感恩”的优良传统。读一读下面这则故事，相信大家一定会有很深的感触：

从师范学校毕业后，我在一个农民工子弟小学教一年级的数学。期中考试时，我给孩子们出了这样一道题：“假如你家有5口人，买来10个苹果，每个人能分到几个苹果？”从年龄与智力发展水平来说，让七八岁的孩子来回答这道题，应该是很简单的。试卷交上来后，我却大吃一惊。由于打字员疏忽，“10”变成了“1”，这道题变成了：“假如你家有5口人，买来1个苹果，每个人能分到几个苹果？”我想，试题本身就错了，根本就不可能有答案了。可阅卷时，我竟发现有一个孩子在这道题下面写出了这样一个答案：每个人能分到一个苹果。我挺奇怪，就把这个孩子叫来，问她写这个答案的原因。孩子说：“假如爷爷买来一个苹果，他一定不会吃了它，因为他知道有病的奶奶一定很想吃，他会留给奶奶的；但奶奶也不会吃，她一定会把苹果送给她最疼爱的小孙女——我；但我也不会吃这个苹果，我要把它送给在街上卖报纸的妈妈，因为妈妈每天在太阳下晒着，口渴的她一定需要这个苹果；但是妈妈也不会吃的，她一定会送给爸爸，因为爸爸进城这一年来，每天都在工地上干很重的活，却从没有吃过苹果。所以，我们家每个人都会得到这个苹果。”那一刻，我含着眼泪，给了这个孩子满分。

一道对小学一年级学生来说是无解的题，为什么那个学生硬是把它解了出来，并得了一个满分呢？我们说，这就是“心中有爱，学会感恩”创造的奇迹。这个故事雄辩地说明了，只要心中有爱，学会感恩，真的可以把很多不可能都变为可能！

心中有爱，学会感恩，首先当然是要感恩父母。这是因为，父母对我们的爱，灿若银河，星星点点，洒落心间；香似繁花，朵朵簇簇，沁人心田；暖如冬阳，丝丝缕缕，温暖心灵……一句话，父母对我们的爱时刻在消融着我们心头的冰雪，滋润着我们干涸的心田，激发着我们心中的炽热。试想，面对父母这犹如无言的大海，深邃得简直让我们无以言表的挚爱，我们能不心潮涌动，感恩莫名么？而有了这种感恩，那么即便家里再穷再苦，一家人也定能和和睦睦，快快乐乐，心往一处想，劲往一处使，去开创幸福美好的明天。

一个木屋中，只要有爱，那爱就是一扇窗户；一个社会中，只要有爱，那爱就是一盏明灯；一个世界里，只要有爱，那爱就会营造出人间的天堂。我们不只是生活在一个家庭里，我们还生活在这个社会和这个世界上，所以我们就更应该心中有爱，学会感恩。社会复杂，世界偌大，唯有心中有爱，学会感恩，才能拔掉那颗腐蚀了我们心灵的蛀牙，才能随时用我们的一言一行向世人传递我们诚挚的心意，才能将爱洒满人间，让世界充满温馨。心中有爱，学会感恩，除了要感恩生育我们的父母以外，还要感恩教育我们的人，因为他们使我们获了得知识；感恩帮助我们的人，因为他们使我们渡过了难关；感恩关怀我们的人，因为他们带给了我们温暖；感恩鼓励我们的人，因为他们给予了我们力量；甚至还要感恩那些曾绊倒我们的人，因为他们强化了我们的双腿；以及那些曾伤害我们的人，因为他们磨炼了我们的意志……心中有爱，感恩无处不在，我们的灵魂将由此而熠熠生辉，整个世界将随之而溢满芬芳。

如何面对老师的亲疏和批评

老师对学生的教育，说到底就是一种爱的教育。师爱是一种理智的高尚的情感，是把具有不同的思想、知识、性格的师生联系起来去共同实现教育目标的情感因素。师爱是平凡而伟大的，是老师发自内心的由衷的热情。老师对学生的爱无时不有，无处不在，对优秀学生加强督促、严格要求是爱，对后进学生悉心教诲、促其进步也是爱，对学生学习、工作、生活上的指导帮助是爱，对犯错误的学生进行严厉批评，使其改正错误也是爱。师爱犹如春雨，无论滋润怎样的学生，都会产生巨大的效应——使学生看到自身的价值，产生向上的力量，不断自励进取。正因为如此，学生渴望爱的抚育，有时甚至超过对知识的追求。老师的爱是公正的，即所谓爱无差等，一视同仁，他们总是把欣赏的目光投向每一个学生，让更多的学生从中感受到殷切的期望，体验成功的喜悦，获取向上的动力。古语有云："亲其师，信其道。"所以，作为学生，应该心悦诚服地接受老师的教育。

老师对学生的爱无疑都是公正无私的，不过，由于思想修养的制约，由于能力水平的局限，由于个性特质的缺陷，或是由于审美倾向的偏差，老师对学生的爱总难免会有或亲或疏的不同表现，而且有时候老师也会犯这样那样的错误，对学生的言行做出失实的判断，并进而对学生进行不恰当的批评。而青少年学生呢，都有着敏感的心灵，丰富的想象，细腻的情感，老师的所有过错，乃至一些极其细微的差失，都很难逃过他们雪亮的眼睛。这时候，师生之间就有可能会发生纠葛，产生矛盾，甚至会擦出火花。面对这一情况，该如何来正确应对呢？这就很值得我们作番认真的研究。

科学研究表明，师生之间的认识具有相互反馈的特点，即老师对学生的认识会影响学生对老师的认识，反过来，学生对老师的认识也同样会影响老师对学生的认识。所以，老师对学生认识上出了偏差，错怪了学生，很自然会引起学生对老师的反感；但如果学生对这种反感不加克制，而听任它像脱缰的野马那样恣意奔腾，那势必就会加深老师的错误看法。这样，师生间相互错误的认识就会形成一种恶性循环，其结果就必然会导致师生关系的不断恶化，致使正常的教育难以有效地进行下去。所以，师生双方都必须做出应有的努力，尽可能避免这种情况的发生。在这篇文章中，我们想着重说一说作为学生一方，应该如何对待老师对学生有所亲疏，以及如何对待老师的批评这两个问题。

先说该如何对待老师对学生有所亲疏的问题。为了让道理说得更明白易懂一些，且让我们先来看一看下面的这个故事：

在美国的一所中学里，教语文的布朗小姐不仅教学水平高，还有着让学生着迷的美貌和气质。同学们都以能获得布朗小姐的青睐而自豪。罗斯有幸得到了布朗老师的赏识，也给他带来了不小的心理压力。为了不辜负老师的器重，罗斯学习更加用功，各门功课的成绩都遥遥领先。尽管如此，他还是未能摆脱旁人的议论和猜忌，甚至有同学放出风来说："罗斯将来要是不干出点名堂，布朗老师是不会原谅他的。"高中毕业典礼上，罗斯以学生代表的身份向全校师生致告别辞，随后开始颁发毕业证书。当罗斯再次登台的时候，布朗老师站起身来，当众亲吻了得意门生的额头，借以表达她内心的宠爱和祝福。布朗老师的这一举动，被视为最高的礼仪和荣耀，勾起一些毕业生的羡慕和醋意。毕业典礼之后，几位要强的男生心理不平衡，他们围住了布朗老师。其中一位名叫哈里的同学质问，为什么老师如此偏爱罗斯，而冷落别的学生？布朗老师和颜悦色地回答说，因为罗斯同学特别勤奋，所以赢得了自己的喜爱。她还以挑剔的口吻抱怨哈里说："如果以前你像罗斯那样努力，我今天也会吻你，以后只要你能干出一番事业，我一定给你补上一吻。"这番话让哈里面红耳赤，但又让他看到希望，同时也给罗斯带来更大的激励。一个人期待用行动证明自己也配得到老师的吻，一个人渴望用行动证明自己无愧于老师的吻。此后，他们都非常努力地投身于各自的事业，并且都有十分出色的表现。1945 年哈里成为美国总统，他就是接替罗斯福的杜鲁门。罗斯则凭借出类拔萃的文字能力，成为白宫负责出版事务的首席秘书。哈里任职后的第一件事，就是与远在密苏里州独立城的布朗老师取得联系，向她表达了已身为总统的他的夙愿："还记得当年您对我的抱怨吗？现在我有资格得到您欠的那个吻了吧！"

应该说，这个故事很好地说明了，作为一个学生，究竟该怎么来看待老师对学生的亲疏问题。首先，它告诉我们，老师对学生的稍有亲疏，其实也是一种人之常情的自然流露，并非是爱的不公，而仅是对特别勤奋的学生的一种特殊的激励，对还不够勤奋的学生的一种鞭策而已，也就是说，从某种意义上来看，这也可以算作是师爱的一种特有表达方式。所以，对老师所表露出的这种对学生的稍有亲疏，我们不能把它理解为一种偏心眼，而要把它理解为一种方式独特的爱。如果能够作这样的正确理解，那么那些被老师特别亲近的学生就会将它视作为对自己的更大激励，因此而越发努力，越发奋进，而绝不会飘飘然地躺在已有的成绩之上睡大觉，罗斯的表现就是一个很好的例证。如果能够作这样的正确理解，那么那些稍稍被老师疏远了的学生就会在感到羞惭的同时，也看到希望，从而急起直追，迎头赶上，而绝不会对老师愤愤然地心生恨意，并从此一蹶不振，哈里的作为就是一个极佳的典型。

一次，有位老师去超市购物，碰到了以前教过的一个学生，闲聊中得知他在城里的一家建筑工地干活，顿时感到非常诧异，因为他曾是一位很优秀的学生，按他当时的成绩考上重点大学都不成问题，怎么会没书可读？经一再追问，才知道他进入高二后成绩一落千丈，以致高考名落孙山。而导致他成绩下降的原因却非常简单，只是因为没能正确对待老师的批评。一天晚上，他突患感冒，没有按老师的要求背熟当天学过的英语，就早早地上床休息了。第二天英语课，老师检查课文背诵，正好抽到他。他刚背两句就背不下去了，还没来得及说明原因，老师就批评他说："别以为你学习不错，就可把老师的要求当耳旁风，你这样自负，最终成绩肯定好不到哪儿去，不信，走着瞧！"老师的话深深地伤害了他的自尊心，从此，他上到英语课就看小说，英语成绩因此而直线下降。有一次，英语老师又当着全班同学的面旧事重提："我早就说过，某某的成绩好不到哪儿去，这不，我的话应验了吧！"他听后怒不可遏，当即回敬道："只要你教英语，我就不好好学！"从此，他跟英语老师的关系更僵了，英语学科成了他的瘸腿，乃至高考痛悔当初，但为时已晚。

这个故事充分说明，对一个学生来说，正确对待老师的批评是极为重要的。要正确对待老师的批评，首先必须明白，老师对学生的批评，目的都是为了促进学生进步，为了避免今后遭受更大的损失。所以，学生一定要善待老师的批评，要把它当作自己前进路上的"垫脚石"，而千万别把它误作自己的"拦路虎"。遭到老师批评时，一定要善于自省，要多反思自己遭受批评的原因，而不要去多看老师的脸色。一般来说，批评都是比较严肃的，既然严肃，脸色肯定不会好看，可正是在这比较严肃的面孔中，蕴藏着老师一片深深的爱。俗话说得好："严是爱，宽是害，不管不问坏得快。"老师的批评尽管有时方式欠妥，用语失当，但其出发点和最终目的都是善意的，作为学生，应充分理解这种善意，虚心接受老师的批评，而不要过分计较老师的方式和态度。教师是人不是神，有时也会犯错，如果老师真是错怪了自己，也要谅解老师是出于"恨铁不成钢"的动机，而绝非是出于某种恶意，从而主动消除自己对老师的反感。要知道，老师的工作确实不太好做，他们要面对众多的学生，每个学生又具有千差万别的不同个性，而且又都处于发展变化之中，因此他们一时观察、判断的失误也就在所难免。所以，即便是老师当真错怪了你，你也要理智冷静地努力地克制自己，平心静气地跟老师作适当的解释，如果当时环境和条件不许可，那也应该权且放一放，留待以后找机会再作解释，以免在双方都不冷静的情况下使事态进一步恶化。试想，如果能这样设身处地地体谅老师，克制自己，岂不就能一如既往地尊重和亲近老师，而绝不会脸红脖子粗地跟老师顶撞和对抗了么？著名成功学家卡耐基曾说："既然我不能阻止别人不对我做任何不公平的批评，我却可以做一件更重要的事：我可以决定是否要让我自己受到那不公平批评的干扰。"这就告诉我们，受到老师不公平的批评是难免的，我们尽可不必太放在心上；只有让自己不受那不公平的批评的干扰，才是我们最需关注和最要把控的，因为只有这样，我们才能既不失自己应有的尊严，又继续保持与老师良好的师生关系。只要始终以这样的思想意识来指导自己的言行，那么即便是自己当真遭遇了老师不当的批评，我们也依然能以“宠辱不惊，看庭前花开花落；去留无意，望天空云卷云舒”的心态坦然处之了。

多看看“差等生”身上耀眼的闪光

在现今的学校里，在评价学生好坏的标准问题上，似乎已在无形中形成了这么一个共识：第一是看学业成绩，第二是看学业成绩，第三还是看学业成绩。正因为这样，只要是学业成绩冒尖的学生，那么不管他们其他方面的表现如何，老师和同学都会对他们赞赏有加，格外高看，把他们视为优等生；如果是学业成绩落后的学生，那么不管他们在其他方面有如何表现，老师和同学都会对他们不屑一顾，低看一等，把他们视作“差等生”。这一种到处盛行的评判标准真有道理么？看一看下面这篇文章，相信大家就一定会得到一个正确的结论。

班级里的体育生，大多晚不睡早不起，下课乱跑上课睡觉，学习成绩一团糟，还常常三五成群勾肩搭背地做一些损害集体的事，所以老师和同学都认为他们是“差等生”，大多不正眼瞧他们，甚至对他们深恶而痛绝。这些体育生在学校里唯一能露脸的机会，就是每年一次的春季运动会，因为班级在运动会成绩的好坏，一多半就取决于他们的发挥。而且，由于学校有明文规定，凡在校运动会上取得第一名者，即可直接升入本校高中部，体育生们自然也就更想在运动会上一显身手了。张文是专攻中长跑的体育生，他参加的 800 米和 3 000 米两个项目，班主任早就将 12 分算到本班的账上了，这样一来，他们班的总分就有望进入全校前三了。但让班主任感到诧异的是，800 米比赛一鸣枪，张文似乎就完全不在状态，只跑在第二的位置上，连非体育生都跑不过。本以为他是采取跟跑战术，没想到第 1 圈跑下来，他竟又落后了一位。同学们都替他着急，班长更是坐不住了，冲着跑道那边大喊道：“老张，凭你的实力，还用讲什么战术？”但张文似乎听而不见，一直到最后也没有超越那个小个子，只得了第3名。他低着脑袋回到看台，跟班主任说："对不起，我尽力了。"班主任心里很失望，本想嘲讽他一句："学习学不好，难道连跑都跑不好了吗？"可在稠人广众中，他还是忍住了，只是安慰张文说："好好休息一下，争取下午3 000米比赛拿个第一。"张文这才抬起头来："一定的，老师！"他说到做到，下午3 000米比赛时一马当先，以领先第2名500多米的优势率先到达终点，甚至打破了沉寂8年之久的学校纪录。运动会结束后，班主任把张文叫到了办公室，盯着他的眼睛质问道："你跑3 000米的时候，我专门拿秒表替你测过，比这次800米冠军的成绩整整快了10秒钟。这是为什么，难道你不拿班级的荣誉当回事？"张文低着头沉默了半天，终于下定了决心似的开了口："对不起老师，我确实没尽力。可您知道跑在我前面的初三（2）班的那个石小奇吗？他家的经济条件很不好，父亲下岗了，母亲常年有病，如果他考不上咱们学校高中，那他家根本拿不出额外的钱来让他去别的学校。但靠他的学习成绩，又没有把握做到直升，所以他把赌注放在了跑步上，经常跟我们一起训练。他的身体条件不是很好，但他训练很刻苦，他非常渴望继续学习，而这一届运动会又是他最后的机会了，所以我想把跑第一的机会让给他。"原来这孩子有这么一颗善良的心，班主任的气一下消了一半："但第8圈跑完，他就已经注定拿不到第一了，你对他的帮助也就没有了任何价值。在他已经拿不到第一的情况下，凭你的能力完全可以后来居上，重新夺回第一的。""我知道，"张文用脚尖划拉着地面，"但如果我帮不了他，也就不想让他知道我是在帮他。如果他注定因为这次比赛而丢掉前程，我也决不想让他的前程毁在我手里。我觉得自己的良心就拦在他的身后，让我的步子无法超越。"班主任终于第一次正眼看着张文，心潮翻滚地想：相比较在他身上表现出来的这种悲悯善良的情怀，会不会解应用题，能不能配平化学方程式，似乎倒成了无关紧要的事。

体育生的成绩一般都比较差，这是一个不争的事实，可我们绝不能因此就将他们与"差等生"画等号，更不能因此就认定他们是"坏学生"。这是因为，评价一个学生，要从德智体诸多方面来加以全面的衡量，如果两眼仅盯着一个"智"字，而将居于首位的"德"和其他诸方面都撇开不管，那岂不也太本末倒置，太以偏概全了么？即就上文中的张文同学来说，他的学业成绩固然差一点，可他有那么一颗善良的心，有那么一种悲悯的情怀，有那么一片甘愿损害自己的利益，也要一心去帮助处境困难的同学的情意，其心胸的博大，其品德的高尚，恐怕是许多学业成绩优异的同学都不能望其项背的。试问，像这样一位表现出众，非同凡俗的学生，我们有什么理由轻率地将他们打入“差等生”的另册呢？再说，他的学业成绩差，也可能有着诸多的原因，譬如或是因为特别爱好体育，而对其他功课缺少浓烈的兴趣，或是因为长期以来许多功课的底子一直较差，一时难以跟上，等等。如果老师和同学能对他的情况作具体的分析，并像他一样有着一颗善良的心，有着一种悲悯的情怀，有着一片乐于助人的情意，热情地向他伸出援手的话，那么他学业成绩的提升，应该说是有着极为广阔的空间的；这是因为，从张文跑 800 米时甘居第三的表现来看，他不仅有着卓异的情商，而且智商也是非同一般的。

对成绩差的同学，究竟怎么看？这决不是一个无足轻重的小问题，而是一个事关大局的亟待解决的大问题。这是因为，以学业成绩高低来作为评判学生好坏的唯一标准的做法，不仅是对某一学生所作出的评价是极不全面，极不客观，极不公允的，而且还会在其他许多方面都造成极其严重的危害：它会使学校和老师只重视学生学业成绩的提高，而忽视对学生思想道德方面的教育，这就必然会导致学生思想品德的全面滑坡，这对社会和国家的危害之大，将是无可估量的；它会使一些学业成绩较好的学生因得到过分的娇宠而日益骄傲自满，而不知自尊自爱，而忽略对自身修养提高的应有重视，这样想道德品质低下就必然会成为这些学生的致命的短板；它更会使成绩一般和成绩较差的广大学生造成心灵的严重扭曲，他们会因此而总觉得自己是二等公民乃至三等公民，因此始终挺不起腰，抬不起头，一直都生活在永远都摘不掉“落后”帽子的阴影之中，这也就是说，大部分学生的健康成长，都会因此而受到非常大的影响。所以，我们必须充分认识以学业成绩来认定学生好坏这一评判标准的严重弊端，并合力来彻底地推倒它，以使学校教育回到应有的正确轨道，以将广大学生从“分数第一”的桎梏中完全彻底地解放出来。

人人有个“灵山塔”

学界有一“木桶理论”，这种理论认为，一只木桶能够装多少水，取决于最短的一块木板的长度，而不是最长的那块。仅就木桶而言，这样的理论无疑是十分正确的。于是，就有人原封不动地将这一理论也套用到有关人的成长发展上面来，认为一个人到底能得到多大的成长，也同样是由他的短处而不是长处决定的，因而就特别劝诫人们要在克服自己的短处上狠下工夫。可我们认为，持这种看法的人是只知其一，不知其二，他们所说的一套虽看似言之凿凿，其实却失诸偏颇。因为桶是死的，人是活的，两者的情况完全不同，岂可一概而论，胡乱类比呢？

不料这种对“木桶理论”的不适当的过度宣传，竟然让一些阅历不深的青少年同学笃信无疑，颇为信奉。于是，他们的两只眼睛便成天死死地盯着自身的短处，并用尽吃奶的力气要把它们补将起来，而对自己的长处却往往视而不见，甚至根本就不管不顾。他们满以为只要将自身的“短板”补高了，肚子里的知识自然也就可以装多了，自身的本领自然也就可以变大了。可实际上呢，纵观古今中外的成功者，我们即可发现，没有哪一位是靠着补齐短板跻身于成功行列的，而都是凭借着发扬长处才叩开了成功的大门。

德国的奥托·瓦拉赫，是1910年诺贝尔化学奖获得者，他的成才过程就极富传奇色彩。在开始读中学时，父母为他选择的是一条文学之路。不料，一个学期下来，老师为他写下了这样的评语：“瓦拉赫很用功，但过分拘泥，这样的人即使有着完美的品德，也决不可能在文学上有所成就。”父母只好尊重儿子的意见，让他改学油画。可是，瓦拉赫既不善于构图，也不长于润色，对艺术的理解力也甚是低下，同样不是学油画的料，成绩位列全班倒数第一。老师的评语更是令人难以接受：“你在绘画艺术上是不可造就之才。”面对如此“笨拙”的同学，大部分老师认为他成才无望，只有化学老师认为他做事一丝不苟，具备做好化学实验应有的品质，便建议他试学化学。没料到就因为这一主攻方向的改变，瓦拉赫智慧的火花“嚯”的一下被点燃了，很快，这位在文学和绘画艺术上的不可造就之才，竟然成为公认的在化学方面“前程远大的高材生”。而最后呢，他果然不负众望，成为了世界化学研究领域里的一颗熠熠闪光的巨星。

认识自己的长处，找准适合于自己禀赋发展的正确道路，并在踏踏实实的努力中，将自己的长处尽情地发挥到极致，最后终于发生了脱胎换骨般的巨大变化，一下赢得了上苍的垂青，受到了世人的瞩目——这就是奥托·瓦拉赫给我们的启示。著名哲学家培根曾说：“深窥自己的心，而后发觉一切的奇迹在你自己。”认识和拓展自己的长处，你就会成为一座富有的金矿，你就能让自己的人生闪现出耀眼的光彩。这是因为长处是一个人的“精神生长点”，自尊、自信以及随之而来的对自我价值的肯定等，全都来源于此。认识和拓展了自己的长处，你就有了绽放生命之花的土壤，就有了勇往直前的信念，就有了乘风破浪的勇气，就有了傲霜凌雪的意志，你就能使不可能变为可能，就能使可能变为切切实实的光辉现实。所以，我们必须独具慧眼，善于发现和拓展自己的长处，牢牢把握我们最重要的“精神生长点”。

有位心理学家曾经说过：“人人都有巨大的潜能，只要你抱着积极的态度去开发这种潜能，就会有无穷的能量。”情况确实是这样，即使是智商很低的人，其实也有自己的潜能，也有自己的长处。武汉有个1978年出生的名叫舟舟的人，是个先天愚型儿，智商仅相当于3岁儿童，不识字，不认路，憨态可掬。但是，一旦登上指挥台，面对庞大交响乐团，他似乎立刻变了一个人——中外乐章，得心应手，指挥棒舞动得如醉如痴。他的指挥棒从中国一直舞到美国，使有幸得以观赏他表演的千万观众都激动异常，赞叹不已。不仅智商低的人有潜能和长处，就是一些大家所认为的坏孩子，也同样有他的潜能和长处。譬如韩寒上中学时，就是个名副其实的坏孩子，他叛逆，谈恋爱，考试七科，只有语文一门及格。然而，他“坏”而不“笨”，他由此而悟出学习并不适合自己，于是便转向他的强项——语文方面发展，开始学习写作和投稿。1999年，他以《杯中窥人》一文获得首届全国新概念作文比赛一等奖。2000年上高一时，他选择退学，并出版首部长篇小说《三重门》。2001年，他出版了文集《零下一度》，并获得当年全国图书畅销排行榜第一名。就这样，韩寒的地位一下得到了跃升，再也没有人因为他考试不及格而对他品头论足了。这就可见，世上没有绝对的废物，只要找到勇敢出击的突破口，谁都是可用之材，谁都有体现他价值的一面，这就如一首儿歌所唱的那样：“鲜花遍地开，朵朵惹人爱。”

古人说：“佛在灵山莫远求，灵山只在我心头，人人有个灵山塔，好向灵山塔下修。”自己的长处——这就是每一个人身上的“灵山塔”，只要我们能十分虔诚地信奉它，推崇它，光大它，让它时时刻刻都灵光闪闪，映照周身，那我们就一定能活出自己的真本色，秀出自己的真自我，使自己成为一个“风景这边独好”的美妙世界。

唯有扬长，方能达到优秀

在学校里，有些青少年同学成天都在忙着检讨自己的缺点，弥补自己的短处，可检讨来弥补去的，却又总是用力颇多，却收效甚微，不见有多大的长进，因此他们也就免不了一个个愁眉不展，一脸的痛苦不堪。何以会出现这种吃力不讨好的情况呢？主要是因为这些同学犯了一个极为严重的错误，那就是误以为利用优势必须以克服劣势为前提。在这一错误思想的指导下，他们也就只在改正缺点和弥补短处上花力气，而根本不去考虑如何在发现和拓展自己的长处上做文章。不错，缺点和短处都于成长不利，是要改，是要补，但这决不是问题的根本所在，因为一个人究竟能否有大的长进，有大的发展，关键还在于要善于发现自己的长处，并不断地拓展自己的长处。相较补短与扬长的作用，应该说补短仅能使我们达到及格，唯有扬长方能使我们达到优秀。在实际生活中，及格显然是远远不够的，因为这只是一个起码的要求，仅能让我们免于被淘汰而已；而优秀则会为我们的学习和工作贡献更多的砝码，使我们一步步走上成功之路。这就可见，只是补短，而忘了扬长，显然是犯了捡了芝麻，丢了西瓜的毛病，做了舍本逐末的蠢事儿，所以上述这些同学品尝难有长进的苦果也就不足为怪了。

也许有同学会认为：你们说长处如何如何重要，可我身上除了短处还是短处，很难找到什么长处呀！情况果真是这样么？看一看下面这则故事，相信这些同学一定会改变自己的想法。

一位穷困潦倒的年轻人流浪到繁华的巴黎，去找他父亲的一位挚友，期望他能帮自己找一份聊以糊口的工作。那人问：“你精通数学吗？”年轻人面露羞涩地摇摇头。那人又问：“历史、地理怎么样呢？”年轻人依然面露尴尬之色，机械地摇摇头。那人再问：“那法律呢？”年轻人挡不住那人的连连发问，只能木讷地露出了绝望的神色。见此情状，那人只得说：“那你先把自己的名字和住址写下来吧，我总得帮你找份工作呀！”年轻人很惭愧地写下了自己的姓名和住址，正急忙转身要走时，却被父亲的挚友拉住了：“年轻人，你的名字写得蛮漂亮的嘛，这就是你的优点啊！”“把名字写得好也是一个优点？”年轻人对此很感意外，但他从父亲挚友的眼神中看到了肯定的答案。接着，父亲的挚友更是满腔热情地说道：“把名字写好，就能把字写得叫人称赞，就能把文章写好！”受到鼓励的年轻人，因为父亲朋友的这句话，顿时兴奋得连脚步也变得轻快了起来。在这之后，他一点一点地不断放大自己的优点，数年后终于写出了《三个火枪手》、《基督山伯爵》等享誉世界文坛的经典作品，成为19世纪上半期家喻户晓的法国浪漫主义文学大师。此人不是别人，就是大仲马。

有关大仲马的这则故事，很好地说明了这样一个道理：即便是一个看上去似乎是一无是处的人，其实也蕴藏着他独到的长处，只要很好地去发现这一长处，经营这一长处，壮大这一长处，那么这个人也就有了立身之本，自信之本，成功之本。所以，不管当下的自己怎么处境艰难，不管眼前的自身如何暗淡无光，都一定要在凄怆困顿之中顽强地审视自己，找准自己的长处，确立自己的奋斗目标，义无反顾地向成功的殿堂迈开坚实的脚步，而千万不要被自己的短处束缚了手脚，精神萎靡地停止了前进的步伐。

努力地发现并拓展自己的长处，而不在弥补自己的短板上徒耗过多的精力，这不仅是基于心理学，而且是基于生理学、脑科学的研究成果。每个人的长处，主要是来自于自身的大脑结构（只有像博尔特这样少数的人，是凭借了生理的优势）。初生之时，我们的大脑神经突触极为众多，且都异常活跃。随着我们的成长，那些不经常被刺激的突触发生了大量且不可逆的死亡和萎缩，那些经常被刺激的突触则变得越发的强大和活跃。这些活跃的突触相互连接，构成了我们大脑的神经通路，就如同高速公路般通畅发达。我的长处就是基于这些“高速公路”，而其他的路径则已经被堵死。这就告诉我们，发现并拓展自己的长处，就有如是在高速公路上加速行驶，可以得心应手，取得事半功倍的效果，为自己描绘出一幅充满生机、斩获成功的人生画卷。而拼命去弥补自己的短板呢，就好比是要将业已经堵死的路径重新开凿出来，那就势必会事倍功半，甚至是事与愿违，其结果不仅将陷于深深的苦恼和自卑之中，甚至还会误入疲于奔命的歧途而难于自拔。

一个人必须发现并拓展自己的长处，这长处其实也不必怎么伟大，怎么高雅，只要通过我们的努力，能让它变得独特、实在，变得可以张扬又能张扬出去即可。你善于描述，就多在写作方面下工夫；你擅长思维，就在数理方面多花力气；你喜欢唱歌，就在音乐方面多作研究；你钟爱运动，就多去跑步踢球；你动手能力强，就在手工制作方面多作投入；你特别富有亲和力，就多去跟人交朋结友……你的长处也毋需过多，只要有一项或两项即可，因为过多了易于导致样样通、样样松的结果，最后反会落得个一事无成。在发现和拓展自己的长处时，只要这样不求大，不求多，而完全顺乎自我本性，专注于在一技之长方面狠下工夫，那么即便你是一条小溪，也能养育一池的精灵，灌溉一方的沃野；即便你是一滴水珠，也能折射出太阳七彩的光芒，让人们看到世上最美丽的颜色；即便你眼下还看似卑微渺小，日后也照样能成就别样精彩的风景，创造出令人惊讶不已的奇迹。

在得失之间精彩自己的人生

在学校里，可以说每一个同学都会遇到这样一个非常现实的问题，那就是总会时而有所得，又时而有所失。譬如，有时因在考试中发挥理想而得了个满分，可有时却又因发挥失常而挂了个红灯；有时因在集体活动中表现上佳而得了老师的表扬，可有时却又因表现糟糕而受到老师的批评；有时因参加演讲比赛得奖而倍受瞩目，可有时又因在作文竞赛中铩羽而归而遭人冷眼……面对这样时“得”时“失”的遭际，大多数同学一般都能正确对待，得当处置，可也有一些同学往往会举措失常，应对有误，特别是在遇到所失较为严重的情况时，就更易出现一些较大的问题。

时“得”时“失”，“得”“失”相伴，这乃是一种生活的常态，因此对于广大青少年同学来说，正确地应对“得”“失”，就成为必须很好学习的一门学问。如何学习呢？认真地阅读一些相关的文章，了解一些相关的人物，潜心地从中领悟和汲取有益的经验和教训，就是掌握这一门学问的一个重要途径。譬如读一读苏景义写的《得失之间》一文，我们的眼睛就定能为之一亮：

28 岁那年，黑人菲力斯成为全欧马拉松长跑冠军。为表彰他在体育上为国家做出的贡献，他所在国家给了他很大荣誉。一次，他应邀到全国最大的一所监狱作演讲。面对上千形形色色的罪犯，菲力斯讲了他贫穷的童年及他在坎坷中拼搏奋斗，自强不息，改变自己命运的经历。演讲引起极大反响，全场报以经久不息的掌声。在他演讲结束，即将下台时，一罪犯站起来，请他回答一个问题：“在你的一生中，你最感谢谁？”菲力斯没有马上回答，而是凝眉思考着。此时，提问者又接连发问：“是你的运动教练吗？是你最爱的父母吗？是你某个最好的朋友吗……”菲力斯不住地摇头，说：“这些人我都感谢，但不是我最感谢的。我最感谢一个特殊的人，没有他，就没有我的今天，我真想找到他，好好谢谢他。”他是谁呢？所有的人都等待着答案。“小偷，那个当年偷了我的自行车的小偷，是我最感谢的人。”菲力斯说。全场顿时一片哗然。在人们的一片惊讶声中，菲力斯道出了事情的原委：那年他13岁，正读初一。由于家穷，他不能住校，全靠一辆破自行车，一天两次来往于相隔5公里的家与学校之间。那是一辆破得不能再破的自行车，可有一天他到校后忘了给车上锁，车子被小偷偷走了。家里再也无力为他买自行车，他只好跑步上学。一天10公里，3年下来，他吃了不少苦头。可是，跑步先是使他成了全校长跑冠军，后又让他获得全市亚军……从此，他走上了运动生涯。他真诚地说：“如果不是因为当年丢车，我绝不会有今天的荣誉。”他总觉得对不起那小偷，也许那是小偷的第一次，由于他的疏忽，小偷轻易得手，从此一发而不可收拾。人们不禁笑起来，说不会那么巧吧。可就在此时，台下爆发出哭喊声：“我就是那小偷！”接着，管教对那人吼：“希库莱，你搞什么鬼？嫌刑期太短吗？”菲力斯制止了管教，耐心地听那罪犯的哭诉。当他听那罪犯说，他偷的那辆自行车由三种型号的机件拼接而成，车梁有焊痕、后圈有断裂的痕迹，他默默地走下台来，从胸前摘下一枚奖章，别到希库莱的胸前。希库莱满面羞惭，连说：“我不配，我不配！”人们纷纷惊叹：这真是上帝的安排啊。失者得到最丰厚的馈赠，得者失去了最宝贵的东西。“得”和“失”就像一对在岔路口分手的兄弟，走得越远，差别越大。

在日常生活中，在通常的情况下，多数人总是有所得就欣欣然面露喜色，有所失便戚戚然抑郁不快，心情完全随“得”“失”而起伏。可上述的文章却告诉我们，其实世上并没有绝对的“得”，也没有绝对的“失”，“得”中往往有“失”，“失”中则常常有“得”，有时在看似得到的过程中失去却已隐含其中，而一些看似给人造成极大伤害的失去，却很可能会给人带来意想不到的收获。文中的希库莱，轻易得手一辆自行车，不由心中一阵窃喜，此后便一发而不可收，屡屡出手，所“得”渐多，可实际上呢，在这看似屡有所得的过程中，他已在“失”的道路上愈行愈远，以致最后酿成了身陷囹圄之大“失”。而菲力斯呢，因偶尔的疏忽丢失了虽然破旧可对他却至为重要的自行车，损失可谓惨重，但他没有怨天尤人，更没有悲天怆地，而是以不畏艰辛的精神和加速迈开自己脚板的行动，克服了丢失自行车所造成的极大困难，结果反倒因“失”而“得”，使他成为了一名全欧马拉松长跑冠军，而尤为难能可贵的还在于，一举成名之后，他竟以德报怨，将当年偷他自行车的人视为自己最应感谢的人，并从胸前摘下一枚奖章，将它佩戴到了对方的胸前，从而在众人心目中树立起了一个异常高大的形象。这就可见，“得”也并不像有些人所想的那样都是好事，如果“得”之路途本就不正，且又迷迷糊糊地沉醉在那所得之中，那就必将小得小失，大得大失，有得必有失。这就可见，“失”也并非像有些人所想的那样绝对是坏事，只要直面所失，接纳所失，竭尽己之所能设法去战胜所失，那就必将小失小得，大失大得，有失必有得。所以，说到底，“得”并非是上苍对我们的赐予，“失”也并非是上苍对我们的惩处，究竟是“得”还是“失”，真正的主动权归根结蒂还是掌握在我们自己的手中。因此，我们一定要时刻牢记，当一道幸福之门关闭时，另一扇同样会给我们福祉的门就会为我们訇然打开，我们千万不可太多太多地盯着那道关闭的门，而对新开启的那扇门浑然不觉。

你还别说，在生活中，这种能够正确对待“失”，并努力将“失”转化为“得”的人，还真是大有人在。想当年，在世界女子乒坛上，邓亚萍和乔红曾是数一数二的两名顶尖高手，其名声之大，可谓是妇孺皆知，无人不晓。乔红出道较早，且较长一段时间内稳居第一，可随着邓亚萍的崛起，她就一直屈居第二，直至退役也没能再拿到第一。因此，常有人替乔红遗憾：“如果没有邓亚萍，这几年的世界冠军不全都是你的了？”可乔红却总是笑着说：“若不是她，我也不会天天感到有压力，拼命提高技术，水平也就会比现在差得多。”一直以来的第一的宝座被邓亚萍占去了，这对乔红来说无疑是一个重大的“失”，可乔红却并没有抱着“既生瑜，何生亮”的狭隘心理去看待这种“失”，而是从另一种视角来认识这种“失”的积极意义，看到了这种“失”给自己带来的压力，看到了自己水平由此得到的提高，并看到了由此而拥有的与邓亚萍来之不易的珍贵友谊。这样，她的心里也就永远充满了灿烂的阳光。乔红的经历昭示我们：只要能正视人生的得失，那么月亮即使有缺，也依然皎洁；人生即使有憾，也依然美丽。人生不如意事十常八九，而得失胜败的个中关键，实际上全在于自身面对“得”“失”所取的态度。一时的胜败得失，应该说并不重要，重要的是自己是否能正确地对待“得”“失”，并从中得到对自己真正有价值的东西。

在生活的过程中，总是既有“得”，亦有“失”，不是在“得”中有“失”，就是在“失”中有“得”，人的一生，可以说就是在“得”“失”之间度过的。“得”固然能使人有所收获，而“失”其实也并非是全然的失去，譬如花蕾失去了沉睡的畅快，却给了大地一片灿烂的色彩；白雪失去了飞舞的脚步，却装点了一个银装素裹的世界；又如失去了春天的葱绿，却得到了丰硕的金秋；失去了青春岁月，却使我们逐渐走向成熟……总之，即便我们失去了观看五彩世界的一扇窗，却可以由此而推开另一扇聆听人间天籁的门。失去，人们也许普遍认为是一种痛苦，但从另一种意义上来看，也未必不是一种幸福，因为在失去的同时，我们也往往会有宝贵的收获。这也就是说，“得”与“失”是以人类灵魂作支点的一根杠杆，杠杆的两端永远是相同的分量，至于它究竟偏向哪一端，那就要看你的心所在的位置。印度大诗人泰戈尔说：“如果你因为失去太阳而哭泣，那么你也会错过群星。”台湾著名作家李敖说：“‘得固欣然，失亦可喜。’悟此八字，得可与人俯仰一世，失可令人一世俯仰。”是的，我们绝不可因为失去而悲伤，而应多从失去中去寻觅得到的欣喜，从而在得失之间精彩自己的人生。

绝不强求完美，勇于接纳残缺

每一个人可以说都有着一心向好的强烈愿望，所以许多青少年同学在言谈之间，几乎都毫不掩饰地吐露出渴望完美和嫌弃残缺的意愿和心情。可是，现实和愿望之间，却又总是存在着很大的距离：你渴望完美，可完美却像跟你捉迷藏似的，总是在躲着你，避着你；你嫌弃残缺，可残缺却像块牛皮糖似的，总是在绕着你，贴着你。老是身处在这样的一种尴尬的境况之中，有些青少年同学就感到十分憋闷，非常难受，可又往往苦于一时找不到正确的应对之道。这样，他们也就不免陷入了一种莫名的痛苦之中。

渴望完美的心情是可以理解，也是值得肯定的，因为唯有渴望完美，才能使人永远充满一股奋进向上的力量，才能使人永不间断地向一个又一个更高的境界攀越。但是对于完美，我们也不可以将它看得过分绝对，因为在这世上其实并没有绝对的完美。虽说是“为草当作兰，为木当作松，兰幽香风定，松寒不改容”，可如果当真是每个人都作了“兰”，作了“松”，那么这世界还能像现在这样色彩斑斓、生机盎然么？而且，即便你果真成了“兰”，成了“松”，你也未必会真像你想象的那么完美，因为这世上本就没有绝对完美的东西。皎皎明月看上去是那么美丽，可它的表面却到处是坑坑洼洼；光润的美玉看上去是那么可爱，可它的里面却依然夹杂着瑕疵；冰肌玉骨的昙花看上去是那么艳香，但它却给人留下了瞬间一现的遗憾……所以，我们可以渴望完美，追求完美，却不能过分沉迷于完美，摆出一副非完美不可的架势来。因为“尺之木必有节，寸之玉必有瑕”，任何人都不可能做到绝对的完美。有个故事就颇为耐人寻味：有个渔夫从海里捞到了一颗晶莹圆润的大珍珠，为了去掉珍珠上的小黑点，他层层将黑点剥去，最后黑点没有了，可珍珠也不复存在了。看完这个故事，我们在为那渔夫惋叹的同时，就更应该懂得“人有悲欢离合，月有阴晴圆缺，此事古难全”这个连古人都早就明白的道理，千万不要再不切实际地刻意去强求完美。

因残缺而烦恼，而遗憾，这样的心情也是可以理解的，可嫌弃残缺的做法就并不可取了。有个不甚起眼的寓言小故事，就很能说明这个道理。有一天，一个被劈去了一小片的圆想要做回一个完整的自己，便到处去寻找自己的碎片。由于它的不完整，滚动得非常慢，因此也就领略到了沿途的各种美丽，蔚蓝的天空，洁白的云彩，绿意盎然的小草，美丽芬芳的花朵，都一一呈现在它的眼前，它还和虫子聊天，听鸟儿唱歌，向蝴蝶倾诉，与绿叶上的露珠嬉戏……沿途它也找到过很多碎片，但都不是原来的那块，所以它还是一路寻找并快乐着。有一天，它终于找到了属于自己的那一块，完整了自己，在路上滚动的速度一下就快了起来，快到使它异常的兴奋，但它也因此没了闲暇去领略沿途的各种美丽了。这个寓言告诉我们，完整固然有完整的兴奋，可欠缺也有欠缺的快乐。一个人要真是到了十分完美的地步，麻烦也就随之而来了，因为他没了期待的焦灼，没了追求的艰辛，因此也就没了成功的满足。残缺虽说会让人感到遗憾，但它同时也能引起人们无穷的兴趣，给人带来绵绵不绝的美的享受，这就是残缺演绎出的特殊的美丽，这就是残缺给予我们的宝贵的补偿，这一切都显然是完美所无法比拟的。

也许有些同学会说，寓言固然也能说明某种道理，但毕竟多少有点儿虚。那好，就让我们用更雄辩的事实来说明问题吧：

美国有个叫安迪的年轻人，右手只有 4 个手指，但是做一名电视节目主持人一直是他的梦想。尽管安迪业已具备了一个优秀的电视节目主持人几乎所有的条件，但是各电视台的负责人一看到他残疾的手，便都回绝了他。又经过一年半的努力之后，安迪终于被一家电视台录用了。在试镜的时候，安迪要按电视台的意见戴上仿指手套，这使安迪总是感到虚假和不自然。在正式主持节目时，安迪摘掉了手套，以最自然的态度去面对观众和自身的缺陷。这一真诚、自信和充满魅力的主持，使安迪受到了热烈的欢迎，成为了一名杰出的电视节目主持人。观众来信不断，不仅热情称赞他的主持艺术，而且对他面对缺陷的坦率也给予了热烈的赞美。安迪，这个个性坚强、心理健康的人，没有因为生理上的不足而自暴自弃，反而战胜了自己的缺陷，并将这缺陷转化成为自己特有的优势，从而获得了令人赞叹的非凡成功。

应该说，世间的美好事物似乎都不是十全十美的，都或多或少有些残缺。有残缺并不一定就是坏事，关键就看你如何对待残缺。如果你不能正确对待，残缺就会像被施了魔法似的，你越是敌视它，越是不能容忍它，它就会越是变大，直至使你身上其他的一切都黯然失色。倘若你坦然面对它，接纳它，将它视为理所当然的一部分，那它就会听从你的使唤，服从你的调遣，并由此衍生出许多令你意想不到的美丽来，变成彰显你独有特色的耀眼标志。上帝咬过的苹果并不是无用的废物，残缺并不是意味生命的丢失，而是上帝赐予我们的另一种礼物。只要我们承认残缺，接纳残缺，努力挖掘残缺所蕴含的丰富内涵，并进而激发自身所深藏的巨大潜能，就必能使残缺为我们所用，借助它来造就渐趋于完美的自我。正因为这样，从美学的角度看，残缺也是一种美丽，即所谓“缺陷美”。说残缺也是一种美，是因为有了残缺，才能使人生显得更为真实，才能使我们时时有所思，处处有所悟，更深切地感觉到人类追求完美和进步的最深层的呼唤和力量。从这个意义上来说，“缺陷美”也可以说是一种期待的美——期待尽快实现完形的美。我们每个人都有一双隐形的翅膀，只要我们能坦然接纳残缺，勇敢直面残缺，将我们隐形的翅膀使劲地扇动起来，那我们就一定能飞得更快，飞得更高，一直飞到那闪电之上。

被上帝多咬了一口怎么办

在学校里，常会遇到一些被上帝多咬了一口，生理上有着这样那样缺陷的同学，他们中固然不乏能正视自身的生理缺陷，坦然去面对生活的人，可也有些同学却缺少直面自身生理缺陷的勇气，他们往往会觉得连上帝都对他们如此不公，自己再怎么努力恐怕也是白费力气了。于是，不管是做什么事情，他们都少了点应有的精气神。可事实上呢，即便是一个有生理缺陷的人，只要他自己不小瞧自己，也照样是可以大有出息的。不信么，那就请先看一看下面这则故事：

一个小男孩几乎认为自己是世界上最不幸的孩子，因为患脊髓灰质炎而留下了瘸腿和参差突出的牙齿。他很少跟同学们玩耍，老师叫他回答问题时，他也总是低着头一言不发。一年春天，小男孩的父亲从邻居家讨了些树苗，他想把它们栽在房前。他叫他的孩子们每人栽一棵。父亲对孩子们说："谁栽的树苗长得好，我就给谁买一件他最喜欢的礼物。"小男孩也想得到父亲的礼物，但看到兄妹那蹦蹦跳跳提水浇树的身影，不知为什么，他便萌生出一种想法：希望自己栽的那棵树早日死去。因此，浇过一两次水后，他再也没去管它。几天后，小男孩再去看他种的那棵树时，惊奇地发现它不仅没有枯萎，而且还长出了几片新叶子，与兄妹们种的树相比，显得更嫩绿，更有生气。父亲兑现了他的诺言，为小男孩买了一件他最喜爱的礼物，并对他说，从他栽的树来看，他长大后一定能成为一个出色的植物学家。从那以后，小男孩慢慢变得乐观了起来。一天晚上，小男孩躺在床上睡不着，看着窗外皎洁的月光，突然想起生物老师曾经说过植物一般都是在晚上生长，脑子里便蹦出这样一个念头：何不去看看自己种的那棵小树呢？当他轻手轻脚地来到院子里时，却看见父亲正用勺子在向自己栽种的那棵树下泼洒着什么。顿时，他明白了一切，原来父亲一直在偷偷地为自己栽种的那棵小树施肥！他返回房间，任凭泪水肆流，决心从此一定要好好振作起来，以不辜负父亲的一片良苦用心。几十年过去了，尽管那个瘸腿小男孩没有成为植物学家，但却成了美国总统——他就是富兰克林·罗斯福。

这个故事清楚地告诉我们，一个被上帝多咬了一口的身残者究竟能否成才，起决定作用的并不是他的身体条件，而是他的思想信念。不错，与健全人相比，身有残疾的人身体条件是要差一些，施展自己才能的天地是要狭小一些，可供选择的机会也确实要少一些，但只要心残志不残，不自甘卑微，不丧失信心，而是抱定决心去作不懈的奋斗，那么就同样是可以有所作为，甚至是大有作为的。古今中外的无数事实都充分证明了这一点：

斯蒂芬·霍金，是本世纪享有国际盛誉的伟人之一，被誉为继爱因斯坦之后世界上最著名的科学思想家和最杰出的理论物理学家。可从1970年开始，他就因患卢伽雷氏症（肌萎缩性侧索硬化症）而全身瘫痪，一直被禁锢在一张轮椅上，然而他凭着顽强的意志，克服了残废之患，而成为国际物理界的超新星。他只有三个指头能活动，既不能说，亦不能写，但他超越了相对论、量子力学、大爆炸等理论而迈入创造宇宙的“几何之舞”。尽管50多年来他那么无助地坐在轮椅上，他的思想却出色地遨游到光袤的时空，解开了宇宙之谜。他还是位现代科普小说家，他的代表作《时间简史》，想象丰富，构思奇妙，语言优美，字字珠玑，充分展现了世界之外和未来之变的神奇和美妙。这本书至今累计发行量已达2 500万册，被译成近40种语言。

我国的史铁生，也是一位因为残疾和生病而与轮椅结伴近四十年的人，可他同样没有悲观，没有消沉，而是在极度的艰难中提起了笔，诚如他自己所说的那样“职业是生病，业余在写作”。他的写作与他的生命完全连在了一起，他用残缺的身体，说出了最为健全而丰满的思想。他体验到的是生命的苦难，表达出的却是存在的明朗和欢乐。他睿智的言辞，照亮的反而是我们正常人日益幽暗的内心。当多数作家在消费主义时代里放弃面对人的基本状况时，史铁生却仍旧在苦苦追索人之为人的价值和光辉，仍旧在坚定地向存在的荒凉地带进发，坚定地与未明事物作斗争，他这种非凡的勇气和执着，使他成为当代中国最令人敬佩的作家之一。他的《我与地坛》、《我的遥远的清平湾》和《病隙碎笔》等著作，无不促人猛醒，催人奋进，使人肃然起敬。

这些遭受种种不幸的残疾人，何以都能成为生活的强者，获得非同凡响的成功呢？细究起来，主要有这样几方面的原因：一是他们身残志不残，有着对理想执着追求的坚定信念，有着与命运抗争的顽强斗志，有着百折不回的坚忍精神。“一个人如果身体有了残疾，决不能让心灵也有残疾。”“我的手指还能活动，我的大脑还能思维；我有终身追求的理想，我有爱和爱我的亲人朋友；对了，我还有一颗感恩的心。”霍金的这些话语，可谓是道出了他们共同的心声。二是他们能专心地投入自己所钟爱的事业，有足够时间去深入思考问题。残疾人深知自身生理条件的限制，因此他们都能排除一切非份的欲念，集中时间和精力去做最适合他们的一件事情。霍金就曾说：“我要感谢上帝，如果我不是残疾人，酒巴、舞厅就会留下我的脚步。我残疾，少了许多社会繁杂事务，可以集中时间思考问题。”残疾人做事，就像那一滴水老在一个点滴个不停，时间久了，自然也就把顽石穿透了。三是他们都有改变自身状况的强烈愿望，因此往往比正常人多了某些“特异功能”。著名哲学家培根曾说：“有残疾者往往对造物怀有不平之心。”是的，残疾人都有一颗要将世间的不平等彻底颠覆的心，但他们充分认识到自己和健康人的明显差异，所以便竭尽努力地建立起超我的人格意识，便想方设法地激发起非凡的过人智慧，于是双目失明使他们有了超乎寻常的听力，腿脚废残使他们的双手显得格外灵巧，嘴巴不能说话使他们以漂亮的文字与世人交流……一切的磨难反倒使他们以独特的方式创造出了属于他们自己的缤纷世界。四是他们都付出了异乎寻常的勤奋刻苦的努力。海伦·凯勒练习发声的经历就是一个很好的明证：她学发声，要用触觉来领会发音时喉咙的颤动和嘴的运动，而这往往是不准确的。为此，海伦不得不反复练习发音，有时为发一个音一练就是几个小时。失败和疲劳使她心力憔悴，一个坚强的人竟为此流下过绝望的泪水。可是她始终没有退缩，夜以继日地刻苦努力，终于使她可以流利地说出“爸爸”、“妈妈”和

"妹妹"了，全家人惊喜地拥抱了她，连她喜爱的那只小狗也似乎听懂了她的呼唤，跑到跟前直舔她的手。而正是这样的勤苦付出，使海伦一步步从地狱走上了天堂。成功来自勤奋，而残疾人所获得的成功，就更是以超越常人十倍百倍的勤奋堆垒而成的。

霍金、史铁生等的伤残是那么的严重，可他们依然有了那么了不起的建树，现今学校里一些有生理缺陷的青少年同学，他们的伤残程度与霍金等人相较，应该说要轻了许多许多，甚至根本就不值一提。情况既然是这样，那还有什么理由不卸却包袱，振奋精神，勇敢地去创造属于自己的美好未来呢？

量，是解决一切的根源

在跟一些青少年同学接触时，有些同学会很焦躁地提出这样的问题：自己原先的基础虽然不太好，不过并没有灰心丧气，而是下决心要改变先前的状况，而且已经下了较长一段时间的工夫了。可是，到目前为止，还是不见有什么明显的起色，这到底是怎么回事呢？是不是说明自己当真就不是一块学习的料呢？

这些同学不甘于落后，下决心改变面貌，而且业已付诸了行动，这应该说都是非常可贵的。为一时的成绩还没有明显的提高，而有点着急，有所忧虑，这种心情也是可以理解的。只是就此而信心不足，认为自己当真就不是一块学习的料的想法，却无疑是错误的。这是因为，任何事物的发展变化，都有一个由量变到质变的过程，做任何事情要想取得成功，都要付出长期的艰苦努力，绝不是一心想着满壶子烧酒气，就可以一步登天的。

很多年以前，美国一家报纸曾刊登了一则园艺所重金悬赏征求纯白金盏花的启事，那高额的奖金一时间曾让无数人为之心动，全都跃跃欲试。然而，在千姿百态的大自然中，金盏花除了金色的，就是棕色的，要培植出白色的，绝非是易事。所以，许多人在一阵冲动之后，就把那则启事抛到了九霄云外。时间一晃就是20年。有一天，那家园艺所意外地收到了一封热情的应征信和100粒“纯白金盏花”的种子。寄种子的，竟然是一个年逾古稀的老太太，一个地地道道的爱花人，当她看到那则启事后，她便不顾八个儿女的一致反对，决心迎接挑战。她撒下的，是一些最普通的种子，经过精心照料，一年之后，金盏花开了，她就从那些金色的、棕色的花中挑出一朵颜色最淡的，任其自然枯萎，以取得最好的种子。次年，她又把它们种下去，然后再从这些花中挑选出颜色更淡的花的种子，接着再栽种……日复一日，年复一年，终于，在 20 年后的一天，这位可爱又执着的老太太，在花园中看到了一朵期盼已久的白色金盏花，那花儿呀，似雪如银，白得耀眼……

一个不懂遗传学的老人，为什么能破解连专家都解决不了的大难题呢？关键就在于她从量的改变入手，不急不躁地为此而日复一日，年复一年，付出了她所能付出的全部心血。这就正如中世纪一位著名的宗教哲学家所说："量，是解决一切的根源。"

园艺种植需要在量的积累、量的改变上下工夫，读书学习自然也就更是如此了。加拿大医师奥斯勒在医学方面有过很多贡献，医学上以他的姓氏为名的术语就有奥斯勒结节、奥斯勒氏病等，他还成功地研究了第三种血细胞（又称血小板）。奥斯勒身兼多职，极为繁忙，除了睡觉、吃饭外，他每天的时间几乎全都排得满满的，可作为一个书迷的他，还是给自己定下了这么一个规矩：每天睡前，必须读 15 分钟的书。不管多晚进卧室，就是凌晨两三点钟，也一定要读 15 分钟的书才入睡。为什么要作这么严格的规定呢？因为奥斯勒曾作过这样的计算：一般人的阅读速度，一分钟大约可以达 300 字的水平，15 分钟便能读 4 500 个字，一周即可读 3.15 万字左右，一个月读完 12.6 万字没有问题。一年下来，阅读量就可高达 151.2 万字了。如一本书平均以 7.5 万字算，每天读 15 分钟，一年就可读 20 本书。正是因为是秉持着这样的理念，奥斯勒这一睡前读书 15 分钟的习惯，整整坚持了半个世纪之久，共读了 8 235 万字，1 098 本书！

"每天睡前 15 分钟"的阅读，使奥斯勒博学多才，不仅成了医学专家，还成了文学研究家。可以说，这神圣的 15 分钟，赋予了他生命另一种神奇，而在这神奇背后，就正是一种积累的力量，就正是一种多米诺骨牌式一块一块地向前推进的巨大力量。生命本来就是由一分一秒组成的，关键就看我们怎么使用。在生命的过程中，我们千万不可以轻忽任何一个量的积累和改变，因为这一积累和改变，往往很可能就是改变大局的触发点。

索尼公司创办人、董事长盛田昭夫曾说："如果你每天落后别人半步，一年就是183步，10年就是十万八千里。”由此，我们觉得不妨倒过来这样想：“如果你每天超越别人半步，一年就是183步，10年就是十万八千里。”只要我们在这一过程中，不急于求成，不拔苗助长，而能循序渐进，持恒不懈，那么积以时日，我们“劳其筋骨，苦其心志”的艰苦努力，就总有一天会得到丰厚的回报，我们的能力和水平，就总有一天会有令人刮目相看的大幅提高。情况既然是这样，那我们还有什么理由焦躁不安、忧虑着急呢？

学会在排列组合上多做文章

在《量，是解决一切的根源》一文中，我们说了任何事物的发展都必须首先从量变开始，没有一定程度的量的积累，就不可能有事物性质的根本变化。不过，与此同时，我们还必须注意量变引起质变的另一种情形，那就是构成事物的成分在结构和排列次序上发生了变化，也能引起质的变化。

"田忌赛马"的故事，就很能说明这一道理。"田忌赛马"，说的是战国时齐威王与大臣田忌赛马，两人各出上、中、下三匹马，上马与上马赛，中马与中马赛，下马与下马赛，结果田忌三战三败，输得一点脾气也没有。军事家孙膑知道了这件事，便给田忌出了个主意：下次再赛，以下马对上马，以上马对中马，以中马对下马。比赛结果，田忌一败二胜，反操胜券。由败到胜，这应该说是一个质的变化，但这一质变并不是由增加马的数量来实现的，而是由上、中、下三匹马排列组合方式的改变来促成的。

只要我们善于观察，这样的事例在现实生活中其实是随处可以发现的。比如同是木头，经过不同的设计组合，可以打制成形态各别的不同家具。比如砖头、水泥和钢筋，经过不同的设计组合，可以建造成风格多样的不同房屋。比如 1、2、3、4、5、6、7 七个音符，经过作曲家的创作，可以谱写成旋律迥然有别的乐曲。再比如 26 个英文字母，不同的组合排列可以构成不同的字、词，并进而可以撰写成格调全然不同的文章。而所有这些质的变化，显然都不是因木头、砖块、音符和字母的数量增减所决定的，而是由它们排列组合的不同而引起的。

懂得了这样的道理，我们可以有意识地将它运用到我们的学习上去。

具体来说，可以从这样两个方面加以运用：

一是可以由此而科学地运筹时间，在学习时适当地转换兴奋的中心，合理地把读书学习与其他活动有机地穿插起来，从而很好地提高学习效率。在学校里，广泛流传着这样两个公式：4+4<8；8–1>8。这是什么意思呢？前一个公式是说，成天埋头苦读，把 8 小时的时间都用在学习上，效果往往会大打折扣，远不如想象的那么效果显著。后一个公式是说，如果每天学习 7 小时，而抽出 1 小时进行体育锻炼，或是参加各种课外活动，由于脑力得到了合理的调配，学习效率反而会大大提高。所以，为了能使自己的学习有更大的进步，我们一定要对学习时间有更精确的计算，作更妥善的安排。

二是要学会将所学的知识很好地排列组合起来，使之构成便于掌握的“知识树”和“知识网”。有些同学学习时很刻苦，很用功，可他们只是满足于死记硬背，陶醉于知识的量的累积，满以为只要记得牢了，积得多了，自己似乎就是一个饱学之士了。殊不知如果仅仅那样做，最多也只能成为一个两脚书橱而已。要想真正成为一个有学问的人，正确的做法就是要把所学的知识一点一滴地加以精心疏理，条分缕析地加以排列组合，使它们能巧妙地结合起来，有机地串联起来，很好地构成一棵“知识树”，结成一个“知识网”。唯有这样，我们才能对它们有融会贯通的理解，才能有一目了然的掌握。也唯有这样，所学的知识才能真正化为我们自己的血肉，我们的知识水平才能有一个质的飞跃。

把握生命里的每一分钟

虽说“一寸光阴一寸金，寸金难买寸光阴”这一古训，几乎每个青少年同学都能背得滚瓜烂熟，可是，或是由于懒散，或是由于贪玩，或是由于缺少一种强烈的责任心和应有的紧迫感，不少同学还是经常让那珍贵的光阴轻易地从自己的指缝中悄悄地溜走了。而且，面对那溜走的宝贵光阴，有些同学还会很不以为然地说：不就是一分、两分钟么，有什么大不了的，反正凭它们也办不成什么大事儿。

情况果真是这样么？美国著名教育家本杰明·布鲁姆的一个故事就很好地回答了这一问题。一次，本杰明接到了一个向往成功、渴望指点的青年人的求助电话，答应在自己的家里跟他见面。待那个青年人如约而至时，本杰明的房门敞开着，里面乱七八糟的，狼藉一片。没等青年人开口，本杰明就招呼道：“我这房间太不整洁了，请你在门外等候一分钟，待我收拾一下后，你再进来。”说着，他便把房门关上了。不到一分钟的时间，房门打开了，本杰明热情地将青年人迎了进去。这时，展现在青年人眼前的完全是另一番景象：房间内的一切已变得井然有序，还有两杯刚倒好的红酒，在淡淡的香水气里荡着微波。可是，还没等青年人把满腹的有关人生和事业的疑难问题向本杰明讲出来，本杰明就非常客气地说：“干杯，你可以走了。”手持酒杯的青年人一下子愣住了，既尴尬又遗憾地说：“可是，我还没向您请教呢……”“这些，难道还不够吗？”本杰明一边微微笑着，一边扫视着自己的房间，轻言细语地说，“你看，你进来又有一分钟了。”“一分钟……一分钟……”青年人若有所思地说，“我懂了，你让我明白了一分钟的时间可以做许多事情和可以改变许多事情的深刻道理。”本杰明舒心地笑了，青年人也把杯里的红酒一饮而尽后，向本杰明连连道谢着开心地走了。很显然，以上这个故事，是本杰明精心设计的一个“局”，它极为巧妙和深刻地向我们说明了这样一个道理：千万别小看了一分钟，它的作用可大着呢！我们只有把握好了生命的每一分钟，才能真正把握住自己的人生。

古人曾说：“不积跬步，无以至千里；不积小流，无以成江海。”又说：“合抱之木，生于毫末，九层之台，起于累土。”所有这些古训，说的都是积少可以成多、积小可以变大和积薄可以为厚的道理。同样，时间也是由分分秒秒积聚而成的，没有秒，也就没有分；没有分，也就没有小时；没有小时，也就没有日、没有月、没有年，没有一个人的一生。一分钟，只是一小时的1/60，一天的1/1 440，看似微不足道，可我们的生命就是由千千万万个一分钟组成的，只要我们把这无数个一分钟积起来，累起来，串起来，联起来，它们也就成了一条时间的河，我们就可以在上面扬起波，掀起浪，就能勇立潮头，大有作为。一分钟，一分钟，缓缓地组合，就是我们一世的生命。一公里，一公里，徐徐地前行，便是我们一生的行程。所以，我们要真是重视自己的生命，要真想在自己的有生之年搞出一点名堂来，就一定要从重视那分分秒秒的时间开始。这就正如我国著名数学家华罗庚所说：“时间是由分秒积成的，善于利用零星时间的人，才会做出更大的成绩来。”正如英国的弗莱彻所说：“集腋成裘，聚沙成塔。几秒钟虽然不长，却构成永恒长河中的伟大时代。”正如苏联作家雷巴柯夫所说：“用‘分’来计算时间的人，比用‘时’来计算时间的人，时间多五十九倍。”亦正如美国著名科学家和发明家富兰克林所说：“你热爱生命吗？那么别浪费时间，因为时间是构成生命的材料。”

除了因为懒散、贪玩和对一分钟的重要性认识不足而浪费了许多宝贵的时间之外，有不少青少年则往往是因为缺少强烈的责任心和应有的紧迫感，而虚掷了许多大好的光阴。下面这则故事所反映的问题就颇具代表性：

一天，五官科病房里同时进来了两个病人，都是鼻子不舒服。在等待化验结果期间，甲说，如果是癌，就立即去旅游，首先要去的是拉萨。乙表示同意。化验结果出来了，甲得了鼻癌，乙长的是鼻息肉。甲列了一张告别人生的计划表，就离开了医院，乙住了下来。甲的计划是：1. 去一趟拉萨和敦煌；2. 去攀枝花坐船一直到长江口；3. 到海南的三亚以椰子树为背景拍一张照片；4. 在哈尔滨过一个冬天；5. 从大连坐船到广西的北海；6. 登上天安门城楼；7. 读完莎士比亚的所有著作；8. 力争听一次瞎子阿炳原版的《二泉映月》；9. 成为北京大学的一名学生；10. 要写一本书……在这张生命清单的后面，他还写道：我的一生有很多梦想，有的实现了，有的由于种种原因，没有实现。现在上帝留给我的时间不多了，为了不遗憾地离开这个世界，我打算用生命的最后几年去实现我剩下的这27个梦想。就在当年，甲辞掉了公司的职务，去了拉萨和敦煌。第二年，他又以惊人的毅力和韧性通过了成人考试，成为北京大学中文系的一名学生。这期间，他登上了天安门城楼，去了内蒙古的大草原，还在一个牧民家里住了一个星期。现在，他正在实现他要出一本书的夙愿。有一天，乙在报上看到了甲写的一篇散文，就打电话去问候甲。甲说，我真的无法想象，要不是这场病，我的生命会是多么的糟糕，是它提醒了我去做自己想做的事，去实现自己想要实现的梦想。现在我才体会到什么是真正的生活和人生。你生活得也挺好吗？乙没有回答，因为在医院时所说的一切，早因患的不是癌症而烟消云散了。应该说，这个故事是很发人深省的，它充分地说明，每一个人的身体里其实都是蕴藏着极为巨大的潜能的，平时只是由于缺少巨大的压力，缺少应有的紧迫感，而没有很好去挖掘，因此也就把许多宝贵的时间白白虚掷了。所以，我们应该以此为戒，时时提醒自己：难道我们真的非得等到死亡之神前来叩门时，才会醒悟，才会去珍惜吗？不，从现在这一刻开始，我们就必须让生命的每一分钟都活得有份量，有价值！

在周华健演唱的歌曲《真心英雄》中，有这样一段歌词："把握生命里的每一分钟，全力以赴我们心中的梦，不经历风雨怎么见彩虹，没有人能随随便便成功。"每当听到这颇显阳刚之气的演唱，相信每个人都会有一种荡气回肠的感觉，都会产生一种惜时如金的感慨，一种奋发向上的动力，并由此从心底里涌动起一份自信，一股豪情。为什么？就因为这歌词用极为朴实的语言，深刻地向我们阐述了这样一个真谛：不珍惜生命里的每一分钟，不全力以赴地为实现梦想而奋斗，我们就绝不可能取得我们所期望的成功。那好，就让这动人的歌，永远在我们的耳边回响，成为激励我们珍惜生命的分分秒秒的一种巨大力量吧！

在集体的熔炉里熔铸自己

斯大林曾这样讲述过希腊神话中英雄安太的故事：

安太的父亲是海神波赛东，母亲是地神盖娅。安太很有力量，没有哪一个英雄能与他匹敌，因此大家都认为他是个无敌的英雄。为什么他这样有力呢？原来他同敌人战斗遇到困难时，只要往地上一靠，即往生育和抚养了他的母亲身上一靠，就会取得一股新的力量。但他有一个弱点，就是生怕别人用某种方法把他同地面隔开。后来有个敌人叫盖尔枯黑斯的，就利用他这个弱点，把他举到了空中，使他无法同地面接触，结果便把他在空中扼死了。

读了这则故事，或许你也想成为像安太一样的无敌英雄吧？而你要成为像安太一样的英雄，首先就得始终牢记安太强大无比的根本原因，首先就得像安太那样始终紧紧地靠着生养自己的母亲——靠着滋育我们不断长大成人的充满活力的集体。

所谓集体，就是许多人集合起来的有组织、有共同目标和行动规范的团体，它大到一个民族、国家、社会，小到一个工厂、车间、乡镇、村落、学校、班级。人类自从诞生以来，个人与集体就一直是相依为命，不可分离的。在那远古时代，我们的祖先无爪牙之利，无皮革之坚，在无情的大自然面前，只能靠群居集处，才能求得生存。后来，人的力量虽然越来越强大了，但要建设国家，要抵御外敌，同样得团结一致，依靠集体的力量。到了今天，每个人的智慧和力量已经强大到我们的祖先无法想象的程度了，但要征服自然，要制止侵略，要登上月球，要步向太空，还是得齐心协力，依靠集体的共同努力。

人虽为万物之灵长，但任何个人的才智和能力都是非常渺小的，只有当许多人团结在一起，形成一股合力的时候，才能产生巨大无比的力量。佛祖释迦牟尼曾考问他的弟子：“一滴水怎样才能不干涸？”弟子们冥思苦想：孤零零的一滴水，一阵风能把它吹干，一撮土能把它吸干，其寿命能有几何？怎么会不干呢？弟子们你看看我，我看看你，始终答不上来。释迦牟尼便说：“把它放到江、河、海洋里去。”个人就是一滴水，集体就是江，就是河，就是海洋，只有当许多人汇集成一个集体之后，才能像大海一样，具有势不可挡、排山倒海的无穷力量。

集体为什么会具有超乎想象的巨大力量呢？这是因为“整体大于各孤立部分的总和”，有组织、有共同目标的集体具有其组成个人在孤立状态中所没有的新质，每个个人在井然有序的集体之中，能够更充分地表现他的种种性能。布莱基曾经说过：“组织得好的石头能成为建筑，组织得好的社会规则能成为宪法，组织得好的词汇能成为漂亮的文章，组织得好的想象和激情能成为诗篇，组织得好的事实能成为科学。”同样，组织得好的集体就能成为一个坚固的堡垒，就能具有坚不可摧的神奇伟力。

一位畅游南美洲的作家曾亲眼目睹过这样一个景观：草原上秋日的一天，一片临河的草丛突然起火，呼呼的烈焰形成一个火圈，向草丛中央一个小小的丘陵包围过来。丘陵上无数的蚂蚁被熊熊火势逼得节节后退，包围圈也越来越小，它们除了葬身火海，似乎已无路可走。但就在这时，出人意料的事发生了，蚂蚁们迅速聚拢，抱成一团，滚成一个黑色的“蚁球”，冲进火海。烈火将外层的蚂蚁烧得噼啪作响，然而“蚁球”却越滚越快，终于穿过火海，冲进河中，使大多数蚂蚁得以绝处逢生。

你瞧，那共同的精神支柱，共同的心理依托，共同的奋力追求，共同的浴血苦战，所组合成的力量，是何等的无与伦比啊！这就正如一首我们常听到的歌所唱的那样：“团结就是力量，这力量是铁，这力量是钢，比铁还硬，比钢还强……”

著名教育家苏霍姆林斯基曾经说过：“良好的个人素质，美好的人性人格，只有在与人相处与友交往的过程中，才能得以熔铸锤炼和淬火。

要使每个人从少年和青年时期就对人的高尚精神深怀赞美，产生敬爱之心。这实际上决定着对人、对人性美的信任，如果缺少这种信任，人的内心将是空虚的。”有谁不希望自己成为一个具有高尚精神的人呢？那好，就让我们都全身心地投入到集体之中，在集体这个熔炉里锤炼和熔铸自己吧！

在竞争中互助，以互助促竞争

现今的社会是一个激烈竞争的社会，学校并非处在真空之中，自然也同样充满了激烈的竞争。正由于这样，有些同学的脑子里就被“竞争”两字塞得满满的，成天只想着怎么让自个儿往前走，向上攀，其他同学要他们帮个忙儿呀什么的，他们也就完全不管不顾了。应该说，这并不属于正常的现象，因为这样做不管是于己还是于人，都没有什么好处。对照着看一看下面这两个故事，我们就会明白其中的道理。

先看第一个故事：一个精明的荷兰花草商人，从遥远的非洲引进了一种名贵的花卉，培育在自己的花圃里，准备到时候卖上个好价钱。对这种名贵花卉，那商人爱护备至，许多亲朋好友向他索要，一向慷慨大方的他却连粒种子也不给，他计划繁育三年，等拥有上万株后再开始出售和馈赠。第一年的春天，他的花开了，花圃里万紫千红，那种名贵的花开得尤其漂亮，就像一缕缕明媚的阳光。第二年的春天，他的这种名贵的花已繁育出了五六千株，但他和朋友们发现，今年的花没有去年开得好，花朵略小不说，还有一点点的杂色。到了第三年的春天，他的名贵的花已经繁育出了上万株，但令这位商人沮丧的是，那些名贵花的花朵已经变得更小，花色也差多了，远没有它在非洲时的那种雍容和高贵。当然，他也就没能靠这些花赚上一大笔。难道这些花退化了吗？可非洲人年年种养这种花，大面积、年复一年地种植，并没有见过这种花会退化呀。他百思不得其解，便去请教一位植物学家，植物学家拄着拐杖来到他的花圃看了看，问他：“你这花圃隔壁是什么？”他说：“隔壁是别人的花圃。”植物学家又问他：“他们种植的也是这种花吗？”他摇摇头说：“这种花在全荷兰，甚至整个欧洲，也只有我一个人有，他们的花圃里都是些郁金香、玫瑰、金盏菊之类的普通花卉。”植物学家沉吟了半天，说：“我知道你这名贵之花不再名贵的致命秘密了。”植物学家接着说：“尽管你的花圃里种满了这种名贵之花，但和你的花圃毗邻的花圃却种植着其他花卉，你的这种名贵之花被风传授了花粉后，又染上了毗邻花圃里的其他品种的花粉，所以你的名贵之花也就一年不如一年了，越来越不雍容华贵了。”商人问植物学家怎么办，植物学家说：“谁能阻挡住风传授花粉呢？要想使你的名贵之花不失本色，只有一种办法，那就是让你邻居的花圃里也都种上你的这种花。”于是，商人把自己的花种分给了左右的好多邻居。次年春天开花的时候，商人和邻居的花圃几乎成了这种名贵之花的海洋——花朵又肥又大，花色典雅，朵朵流光溢彩，雍容华贵。这些花一上市，便被抢购一空，商人和他的邻居都因此发了大财。

再看第二个故事：美国南部有一个州，每年都举办一次南瓜品种大赛。有一个农夫的成绩特别优异，他经常是首奖或优等奖的得主。可在得奖之后，他却每回都毫不吝啬地将得奖的种子分送给街坊邻居。有一位邻居对此很是不解，便问他：“你的奖项得来不易，为了改良品种，你每季都投入大量的时间和精力，现在为什么这么慷慨地将种子送给我们呢？难道你不怕我们的南瓜品种超越你吗？”这位农夫回答道：“我将种子分送给大家，帮助大家，其实也就是帮助我自己！”帮助大家怎么会就是帮助自己呢？原来，这位农夫的地都跟邻居的地毗邻相连，他将得奖的种子分送给邻居，邻居们就能一起改良他们南瓜的品种，这样就能避免蜜蜂在传递花粉的过程中，将邻近的较差的品种转而传染给他的南瓜，如此一来，他也就能够更专心致力于品种的改良了。相反，若是他将得奖的种子私藏起来，那么邻居们在南瓜品种改良方面势必无法跟上，蜜蜂就容易将那些较差的品种传染给他的南瓜，这样他就必须在防范外来花粉方面花费更多的精力，投入更多的成本。由此可见，这位农夫所说的“帮助大家，其实也就是帮助我自己”的话语，并不是他虚于应酬的客套话，而是他发自肺腑的大实话。

上述的两个故事，一个是讲的种植花卉，一个是讲的种植南瓜，所种的东西虽然不同，但其种植的道理却是相同的，即不管是种植什么，都必须兼顾竞争和互助这两个方面，才能取得理想的收成。这是因为，虽说就某一方面来看，花农和瓜农夫都确实跟他们的邻居们处于互相竞争的态势之下，然而从另一方面来说，花农和瓜农跟他们的邻居却又同时处于微妙的合作状态之中，这就决定了他们在种植的过程中，固然要在竞争中努力胜出，但同时也必须切实抓好互助这一重要环节，以求得共同的提高。如果只考虑个人的私利，两眼仅盯着竞争，而置互助于不顾，那就会因小失大，得不偿失，于己于人都极为不利。只有着眼大局，既通过竞争互相激励，又通过互助互帮互扶，才能携手共进，于己于人都得到较多的好处。故事中的瓜农着眼于全局思考问题，着眼于长远规划未来，不算小账而善算大账，既努力竞争而更重视互助，确实值得称道。故事中的花农起始只打个人的小算盘，脑子里只有竞争，而将互助丢到了爪哇国，结果碰壁失利，可谓是咎由自取，幸好他知错能改，迷途知返，最终还是走上了与大家共同致富的道路，仍属“孺子可教”之列，同样是值得肯定的。

“帮助大家，其实也就是帮助自己”，不仅在种南瓜和种花卉时是这样，在学习知识的时候也同样是如此。这是因为你在学习知识的过程中要去帮助别人，首先得自己对所学的知识作更深更透的研究，有更真更切的了解，要不然以己之昏昏是绝对不可能使人昭昭的。这也就是说，要帮助别人，得有一个前提，那就是必须自己学得更认真，钻得更深入。既然如此，帮助别人对自己来说不正是一件极大的好事么？同时，所谓帮助别人，绝不是你居高临下地总给别人作单向的知识灌输，在有些时候则也许是相互的切磋和研究，而在这样的切磋和研究之中，往往会“水击产生涟漪，石击爆发火花”，使你在“愚者千虑，必有一得”的创意中，获得新的启迪，产生新的思想，掌握新的知识。再有，在你或更多的“你”的帮助下，班里同学的成绩整体上去了，整个班级的教学起点就必然会进一步提高，这不就为你成绩的提升构建了一个更为理想的平台么？所以，只要仔细地往深处想一想，我们就会明白：在学习上帮助别人，绝不是简单的单向付出，更多的乃是他人的丰厚回报。只要明白了这个道理，相信所有成绩较好的同学，一定会卸却一些不必要的思想包袱，义无返顾地投身到帮助别人的行列中去。

事实上，许多在学习方面取得优异成绩的佼佼者，都是在学习时既有竞争，又有互助的。我国著名的科学家高士其和周培源，年轻时都在美国芝加哥大学求学。有一次，高士其遇到了一个物理难题，他翻阅了许多资料，也没有弄懂，便去问周培源。周培源立刻热情地为他讲解，直到他弄明白为止。他俩在学习时一直这样互相帮助，共同进步，结果双双成为了我国著名的科学家。此事或许稍稍远了一点，那就再说一个近一点的。成都外国语学校的一个寝室里曾住着四位情谊很深的同学，毕业后她们三人考入清华，一人出国留学，而她们之所以能取得这么出色的成绩，很大程度上就是得益于她们平时学习过程中的资料共享，以及经常不断的切磋琢磨和谈心互勉。这就可见，一个人即便非常聪明，可他的能力也毕竟是有限度的，只有互助合作，方可让所有的人力和资源得到最充分、最有效的使用，方可更好地启发思维，开阔视野，集聚智慧，激发创造性，使每个同学都人尽其能，使每种资源都物尽其用，这样最后也就必然能真正做到互惠互利，共享成果。

“一花独放不是春，百花齐放春满园”，建设祖国的重任绝不是一个两个人所能担当的，而是需要千千万万个中华儿女共同努力，这就要求我们必须从小就培养互助合作的精神。这是因为，互助是连接我们与他人的一座桥，是运载我们与他人一起奔向快乐王国的一艘船，只有加强在竞争中互助，方能融洽彼此之间的关系，使得竞争的气氛更和谐美好，使双方都更充分地发挥自己的水平；只有在竞争中注重互助，方能更好地交流切磋，共同探索，既使人人都得到应有的提高，又使大家都得到共同的发展。“轻霜冻去单根草，狂风难毁万木林”，在当今社会，竞争和互助的双轮滚动，比翼齐飞，可以说是一种历史的选择，也是一种时代的精神。互助的前提是信任，互助的基础是理解，互助的关键是宽容，我们就应该在共同目标的指引下，在这些方面多费心思，多花力气，努力把在竞争中加强互助、在互助中促进竞争的工作做得好上加好。倘若真能如此，那我们的学习就一定能锦上添花，收获累累的硕果。

别把竞争当战争

说起“竞争”这个词，相信每一位青少年同学都不会感到陌生，因为处在青葱的校园里，同学们时刻都面临着紧张而激烈的竞争，如为当上班干部而竞选，为拿到考试第一而竞争，为能考上理想的高一级学校而苦争……诸如此类的竞争现象，虽然增强了班级及学校的生机和活力，但也让不少的青少年同学忍受着痛苦的煎熬，品尝了酸甜苦辣的滋味。正因为这样，在一些青少年同学的眼里，竞争似乎就像战争一样，只残留下一些负面的影响：学习的压力愈发增大，同学间的关系变得微妙和复杂，自身的心灵也渐渐变得扭曲了。然而，竞争真的就那么可怕，那么残酷吗？显然不是的，因为许多事实都充分说明：竞争的情况决非如此严酷，它同样也充满了满满的正能量。

古罗马名士奥维德说过：“一匹马如果没有另一匹马紧紧追赶着它，就永远不会疾驰飞奔！”奥维德的这句话可谓是形象生动地阐释了竞争的重要性，它告诉我们：正是有了竞争对手的紧追不舍，才有了你朝着目标疾驰如飞，才有了成功目标的转眼即至。我们不妨设想一下，若自然界没有了竞争，远古时代的水中细胞又怎么能发展成植物和动物，又怎么能分化成不同的种类？若人类社会没有了竞争，作为万物之灵长的人类，其惰性也就会显现无疑，整个社会也就因此而缺少了创造和活力，我们所处的时代也就不会有今天的飞速发展。

有生命的地方就有竞争，竞争可谓是无处不在，它不仅是自然界和人类社会发展的普遍规律，而且也是我们不断前进的不竭动力。刘易斯与伯勒尔在田径场上的一段佳话，就很好地诠释了这样的道理。在第三届世界田径锦标赛上，美国短跑名将卡尔·刘易斯创下了 9 秒 88 的世界男子百米新纪录，当东京国立竞技场上6万名观众高呼“刘易斯”的名字，为他欢呼雀跃时，刘易斯却流着眼泪与他的对手伯勒尔紧紧地拥抱在一起。面对着记者的采访，他热泪盈眶：“如果没有伯勒尔，没有他的‘9秒90’，我也许不会跑得这样快，正是遇到了伯勒尔这样优秀的对手，才不断激励我勇敢地去超越。”在排名世界第一的百米纪录面前，刘易斯并没有自以为是，沾沾自喜，而是道出了一个大大的实话。正是竞争对手伯勒尔的“9秒90”的百米成绩，使刘易斯在前进的道路上拥有了赶超的目标，并激发出自己内在的最大潜能，最终取得了骄人的战绩，同时也刷新了世界男子百米的历史纪录，从而在世界田径史上抹下了重重的一笔浓彩，这正是竞争给竞技体育所带来的力量。

同样，在学校中，要想建立一个有着浓厚学习氛围的优秀班集体，那班级的每一位成员都必须有明确的目标，从而在学习上形成你追我赶、互不相让、既有竞争又有合作的良好风气。这样，大家在和谐、愉快的气氛中学习知识，体验探索之趣，获取成功之乐。反之，如果大家把对方都视作如两相交战的仇敌，那就势必会相互猜忌，彼此提防，班级就会如同一盘散沙，团队也就没有了凝聚力和向心力。

“海阔凭鱼跃，天高任鸟飞”，广阔的青春舞台上，每一位青少年同学都可以怀揣梦想，为了人生路上的一个个目标，不畏艰难，求实奋进，在奋进中竞争，在竞争中进步，尽情挥洒自己的青春才华。所以，面对竞争对手，我们既不必“暗”中较劲，也不必敌视回避，而要感谢上苍为你树立了这样一个对手，给了你挑战和超越的勇气和机会。一个有分量的对手更能激发相互的斗志，其结果往往会形成你追我赶、比翼双飞的局面。正因为此，我们千万不能把竞争当作战争，不择手段地对对方采取粗暴的“毁灭”行动。如果那样的话，恐怕不仅有悖于竞争的精神和内涵，而且对自己的成长也极为不利。

没有泪水的人，他的眼睛是干涸的；没有正当竞争意识的人，他的人生也必将是迷茫的。太阳总在有竞争的地方升起，月亮也总在有竞争的地方朦胧。用自信、宽容的胸襟去拥抱对手，拥抱竞争，那么我们就将收获一个金色的秋天！

别视考试为畏途

在与青少年同学交谈时，有位同学曾不止一次地向我这样倾吐了他心中的苦恼：每次考试结束后，紧接着便是班级排名，甚至年级排名。虽然我一直都很努力，每次考试也都想取得优异的成绩，但每次考试成绩一公布，望着自己的班级排名，我便总恨自己是那么的不争气，心头便弥漫着深深的失落感。有时明明自我感觉分数考得还可以，但从排名的角度来看，我却是在不断地退步。以致每逢考试，我总是心烦意乱，对其产生了惊恐和畏惧。

听了这位同学的诉说，我陷入了深深的沉思。目前许多学校的教育的确存在着如这位同学所说的问题。“考考考，老师的法宝；分分分，学生的命根”，许多学校的教育都是只重视教学，不重视育人，一切为了考试，一切为了分数；通过学科考试来排名，通过分数竞争来管理，这些都往往超出了某些青少年同学的心理承受能力，从而让他们的身心备受煎熬，历尽折磨。有些同学甚至因此而产生了严重的考试恐惧病、竞争恐慌症，以致在学习中一蹶不振，自暴自弃，破罐破摔。作为一名曾经也一路从考试竞争中走过来的人，我在感同身受的同时，也深深地理解并体谅这些同学的苦衷。

然而，与此同时，我也要告诉这些同学：考试其实就是一种特殊的竞争方式，我们大可不必过分恐慌，将它视为畏途，而是必须正确地对待它。现今的世界，不光在我们的学校之内，就是在广阔的自然世界抑或是纷纭复杂的人类社会，紧张激烈的竞争可谓是无处不在，无所不有。草原上万马嘶鸣，扬鬃飞驰，这是群马在无垠的原野上展开激烈的竞争；猛兽为争夺食物、捍卫领地而奋力厮杀，这是自然界走兽之间为“物竞天择，适者生存”而进行的残酷竞争。同样，纷纭复杂的人类社会也如广阔的自然世界一样，存在着紧张激烈的竞争。虽然人类社会的竞争表现形式与自然界的竞争表现形式有所不同，但是，无论从竞争的激烈程度以及竞争发生的频度和广度来看，人类社会的竞争一点也不亚于上述自然界的竞争。特别在当今这个经济迅速发展、社会日新月异的年代，紧张激烈的竞争可以说已经融入生活的方方面面。现在社会的各个阶层，都已普遍接受了竞争的意识。毕业找工作需要竞争应聘，进事业编制或是公务员招聘，同样需要竞争，即使在我们的学校里，也要通过考试来竞争。这就明白无误地告诉我们，现今的社会，竞争乃是常态，不竞争则为非常态，所以我们一定要正确地对待竞争，对待考试。

不错，对有些同学来说，考试及排名确实会带来压力，甚至是伤痛，但作为以学业为重的学生，考试是你成长过程中必须要越过的山，迈过的坎，这是因为有教育的地方就必然有考试，有考试就必然要看考分。况且，在目前人才选拔机制还没有一种理想的方法时，考试制度仍然是一种最公平、最公正、最科学的竞争选拔方式。只要中高考选拔机制不从根本上改变，那我们在平时的学习中，就不可能告别学科考试、竞争排名。既然考试和竞争无法避免，那我们就应该坦然地去面对它，并欣然地接受它。

考试是一种激烈的竞争，虽不见刀光剑影，却也暗潮涌动，但我们大可不必为此而恐慌和畏惧，这是因为考试毕竟也有着以下的诸多好处，有利于我们的进步和成长：

1. 可以检测我们的学习效果，了解我们的学习情况。

2. 可以了解我们在学习中存在的不足，以便进一步改进学习方法。

3. 可以提高我们的应试能力、应变能力和创新思维能力。

4. 如果考出好成绩，还能提高自己的自信心，进一步激发学习的积极性和主动性。

总之，考试既是一种检测手段，亦是一种学习方法，更是一种激励措施。它就如同百米赛跑一样，能够夺冠，那是何等荣耀；倘有差距，也有利于迎头赶上。

考试是重要的，但考试分数揭晓后，我们不能唯分数至上，用分数来衡量和评估自己的一切。因为考试分数只是检验学习效果的一个尺度。考得好，说明你对前一段时间所学内容掌握得较好；考得不好，说明你对前一段时间所学的内容掌握得还不够，仅此而已。考试虽说是一种检测手段，但考试成绩并不能完全反映一个人真实的学识水平。因此，考得好，没什么了不起，千万不能忘乎所以，沾沾自喜；考得不好，也没什么大不了，一定不能垂头丧气，自暴自弃。更何况，考试分数并不与你的兴趣特长有关，也不与你的思想品行相联，更不能就此决定你的前途命运。

说到考试分数并不能决定一个人的前途命运，我不由得想起这样两份名单来：一份是：傅以渐、王式丹、毕沅、林召堂；另一份是：顾炎武、吴敬梓、蒲松龄、龚自珍。前一份名单上的人物都是清朝的科举状元，高中时被众星捧月，万人敬仰，曾经是那么的辉煌和显赫！而后一份名单上的人物，却是清朝的科举落榜者，落第时郁郁寡欢，亲友奚落，门庭冷清，曾经是那么的痛苦失意，前程黯淡。然而，谁能想到，历史却跟大家开了一个天大的玩笑：当年那些号称“时代精英”，且是人人羡慕的状元们，并没有对人类历史做出本应与其身份相符的一番大事业，在享尽人间荣华富贵，人死灯灭之后，即寂寂无闻，一个个被历史的尘埃所湮没。反倒是那些名落孙山的寂寞落榜者，不甘沉沦，埋头苦干，奋发进取，勇于创业，最终取得了骄人的成绩，从而流芳千古。与几百年前的清朝相比，而今二十一世纪的社会，人们成功的机会增多，门道变宽，早已不再是过去的“自古科举一条路”，而是“条条大道通罗马”。因此，即使你在重大的中高考考试中名落孙山，也大可不必恐慌和埋怨，因为怨天尤人、满腹牢骚，只会徒增苦闷，自添烦恼，唯有埋头苦干、迎头赶上，才是争取有所作为的正道。只要你有着宽广的胸怀，积极的心态，不视考试为畏途，紧盯目标不罢休，那么哪怕输在了起点，也一样可以赢在终点。

在紧张激烈的竞争中，心态决定一切，细节决定成败。积极的人在每一次竞争中都会看到一个机会，而消极的人则在每一次竞争中只能看到某种忧患。因此，我们必须把每一次考试竞争都看作是自己向上的一次机会，进步的一个平台，努力凝聚起前进路上的正能量，以期一步步跨入成功的殿堂。

察事阅人如何减少看走眼

在跟青少年同学交谈时，不少同学都会提及这样一个问题：由于有些人和事的外表与内在往往存在较大的差异，也由于有些人和事的当下与未来往往会有很大的不同，所以在察事阅人的时候，常常会出现看走眼的情况。该怎样才能尽量减少这种看走眼的情况？为了便于说明问题，不妨先来看一看《有缺陷的种子》这篇文章：

十五岁的那年深秋，父亲让我乘车到县城去购麦种。到了县城的种子交易市场，见几家种子门市的地上和货柜上，都摆满了麦种样品。那些麦种看起来真的很好，一粒粒饱满、肥大，捧到手里，沉甸甸、亮闪闪的，就像一粒一粒的珍珠。几次在店主巧舌如簧的游说下，我差不多就要掏钱购买了，但想起父亲的叮嘱，我还是最终把捧在手里的麦种依依不舍地又放进了样品盆中。父亲说种子公司的国营门店里有上好的麦种，有省城来的农业教授亲自在那里出售，他再三叮嘱我一定要到种子公司的门店，去买那个农业教授培育出来的小麦一代杂交新品种。我一路打听着，终于找到种子公司的门店，见到了那个戴着深度近视镜的教授和他培育出来的一代杂交新麦种，不过我失望极了。我的失望不是对教授，而是对教授培育出来的新麦种。那些麦种个头大小不一，也不饱满，一粒一粒瘪瘪的、瘦瘦的，像一把一把细细的小小的麻雀舌苔，还一个一个灰土灰脸的，几乎没什么光泽，远不如前面那些个体种店出售的麦种，甚至同我家里收回来的麦粒也不能同日而语。我抓了一把捧在手掌里细细看了足足有三分钟，才怀疑地问站在一旁的教授说：“这真的是您培育出来的一代杂交新品种？”教授笑着点点头说：“是的，是的。”我怀疑地问他说：“怎么成色这么差呢？”教授解释说：“一代杂交的新品种都这样，种几茬成色就会越来越好了。”我一点也不相信他的解释，母种都这样，还能结出什么样的好麦子来？我断定教授一定是骗人的，只不过是仗着教授的幌子想靠出售麦种捞上一笔钱而已。这样的麦粒只配喂鸡，哪里配得上做麦种呢？于是，我果断地离开了种子公司的门店，到街上的个体种子店里买了几十斤颗粒饱满、个个通体金亮的麦种。麦种带回家后，我向父亲讲了我的推测，父亲也没说什么，很快就把种子播进地里去了。直到第二年收麦时，我和父亲才惊讶地发现，我们家那些颗粒饱满的麦种长出的麦子并不好，麦粒又细又烂不说，产量也很低，而村里几家买教授麦种的人，他们的麦子穗长、粒实，颗粒饱满、金亮，产量高出我家好几倍。后来我请教一位搞农业育种的专家，专家一听就笑了，他说，那些一代杂交的种子确实看上去不起眼，嘈杂、瘪小、亮色也差，可它们毕竟是一代杂交的呀，它们种一年就变得饱满些，再种一年，就更加饱满了，它们在一年年克服着缺陷，在拼命趋向饱满和完美。而那些看上去饱满、金亮、完美无缺的种子，它已经完美到尽头了，没路再向上走了，所以只有一年年退化，只有一年年向缺陷发展，最后被彻底淘汰掉，永远退出土地和田园。

这篇文章告诉了我们什么呢？

第一，察事阅人不能只看表面，而要注重其内在的实质。比如在上述文章里“我”的眼中，交易市场那几家种子门市的“那些麦种看起来真的很好，一粒粒饱满、肥大，捧到手里，沉甸甸、亮闪闪的，就像一粒一粒的珍珠”，而种子公司门店的那些麦种呢，“个头大小不一，也不饱满，一粒一粒瘪瘪的、瘦瘦的，像一把一把细细的小小的麻雀舌苔，还一个一个灰土灰脸的，几乎没什么光泽”，于是他就决定“以貌取物”，不听父亲的忠告，硬是没买种子公司门店的好麦种，而将交易市场门店的孬麦种买了回去，结果吃了个大亏。察物不能只看其貌，阅人也同样如此。吕后的外表应该算是漂亮的，可在那美丽外表掩盖下的却是她的蛇蝎心肠，却是她意欲篡权夺位、祸国殃民的狼子野心。长着一脸大胡子的尼采，看起来极为怪异丑陋，但他的眼神和内心里却深藏着坚定与悲悯，这使他似乎成了悲剧中那永远的英雄。著名国学大师王国维曾说：“诗人对宇宙人生，须入乎其内，又须出乎其外，入乎其内，故能写之。

出乎其外，故能观之，入乎其内，故有生气。出乎其外，故有高致。”这“入乎其内，出乎其外”，正是我们认识人、事，认识世界的最好方法。唯“入乎其内”，方能对人、事有深入的本质的了解。唯“出乎其外”，方能通过比较对照，看清人、事之间的差别和规律，方能真正了解生活的真谛。

第二，察事阅人不能只是静止地看，而要用发展的眼光去看。上述文章里的“我”以为，交易市场那几家种子门市的麦种饱满肥大，粒重光亮，那么种下后长出来的麦子也一定是狗赶鸭子——刮刮叫；种子公司门店的麦种大小不一，也不饱满，瘪瘪瘦瘦，那么种下后长出来的麦子也一定是麻袋装车袋——一代不如一代。此人在察物时，就完全是用了静止的眼光，他根本不懂得“那些一代杂交的种子确实看上去不起眼，嘈杂、瘪小、亮色也差，可它们毕竟是一代杂交的呀，它们种一年就变得饱满些，再种一年，就更加饱满了，它们在一年年克服着缺陷，在拼命趋向饱满和完美。而那些看上去饱满、金亮、完美无缺的种子，它已经完美到尽头了，没路再向上走了，所以只有一年年退化，只有一年年向缺陷发展，最后被彻底淘汰掉，永远退出土地和田园”的道理，而这也正是他完全看走眼的根本原因。察事当用发展的眼光，阅人就更应如此才对。古往今来，曾经的“神童”后来却湮没无闻，先前的“笨蛋”最终却成名家大家，这样的事例，岂不是比比皆是、不胜枚举么？

第三，对完美和残缺要有辩证的认识，要有正确的态度。完美，这几乎是人人都赞美，都向往的，可在有些时候，完美其实也是一种缺陷：一幅画画得太满，没有留白，就不能给人以想象的空间；一片湛蓝的天空，没有一丝白云，就不能给人以云卷云舒的心灵悠然；一张洁白的纸笺，没有一丝墨迹，就不能让人引发一丁点的诗情画意……完美过了头，也就成了一种无法弥补的缺陷，过于完美的人生，恰恰成了有缺陷的人生。残缺，这几乎是人人都忌讳，都避让的，可在有些时候，残缺却也是一种美：昙花虽美，却只绽放一夜；明月虽美，却多有月缺之时；维纳斯虽美，却失去了她的双臂……残缺虽让人感到遗憾，但它却能给人们留下许多浮想联翩的空间，却能激发人们不断拓展自己的无限潜能，并由此而充分展现自己独特的美丽。

成功离我们并不遥远

一些青少年同学聚在一起谈及有关“成功”的话题时，起始大多会两眼放光，可说着说着，有些同学就会略显神色黯然了。何以会出现这种情况？这是因为，每一个同学的心中都有着一个梦，都有着对成功的渴望，可另一方面呢，不少同学又总觉得自己缺少应有的天赋，身上存在着这样那样的诸多不足，离成功实在是太过遥远了，所以觉得还是实际一点，从梦里回到现实中来吧，于是他们心头渴望成功的火焰也就很快熄灭了。然而，成功离他们果真就那样遥不可及么？应该说，回答只能是否定的。

两个年轻人都酷爱画画，一个很有绘画的天赋，另一个的资质则明显要差一些。到了20岁的时候，那个很有天赋的年轻人开始沉醉于灯红酒绿之中，整天美酒笙歌，醉眼迷离，于是便丢掉了自己的画笔。而那个资质差的年轻人呢，虽然生活极为贫困，每天需要上山打柴，下田劳作，但他始终没有丢掉自己钟爱的画笔。就算每天回来得再晚，再累，他都要点亮油灯，伏在破桌上全神贯注地画上一个钟头。即使是在做木匠走村串户为别人打制桌椅床柜的时候，他的工具箱里也时刻装着笔墨纸砚。只要有短暂间隙，他便画个不停，甚至是在路边歇息稍坐时，他也会以草棍代笔，在泥地上画上一通。40年后，他终于成功了，从湖南湘潭一个名不见经传的小镇上的一介平凡木匠，成为了蜚声全球的画坛大师，这个人就是齐白石。齐白石成功后，曾和他一起酷爱过绘画的那个年轻人曾到北京拜访过齐白石，不过，此时他已是年过六旬的老头了。齐白石听那人慨叹美术创作的艰辛和不易，并对自己的半途而废表示深深的惋惜之后，莞尔一笑地说：“其实成功远不如你想的那么艰辛和遥远，从木艺雕刻匠到绘画大师，仅仅只需要4年多的时间。”“只需要4年多一点儿？”那人简直听愣了。齐白石拿来一支笔一张纸，伏在桌上给他计算说：“我从20岁开始真正练习绘画，35岁前每天只能有一个小时绘画的时间，一天一个小时，一年365天，只有365小时，365小时除以24，每年绘画的时间是15天。20岁到35岁是15年，15年乘以每年15天，这15年间绘画的全部时间是225天；35岁到55岁的时候，我每天练习绘画的时间是2小时，一年共用730小时，除以24，总折合是31天，每年31天乘以20年，合计是620天；从55岁至60岁，我每天用于绘画的时间是10小时，每天10小时，一年是3 650小时，折合152天，5年共用760天。这样算来，我绘画共用1 605天，总折合为4年零4个月。”

齐白石的禀赋并不卓异，可他仅用了4年零4个月的时间，就完成了从一个乡村懵懂青年成为一代画坛巨匠的嬗变，这难道还不足以说明，只要勤奋努力，只要持恒不懈，成功其实离我们并不遥远吗？齐白石的成功虽说只是个个案，可其蕴含的道理却有着普遍的适用性。放眼四顾，我们常常可以发现，在这个世上真正能如愿达成目标的，往往并不是那些看上去反应灵敏，极其聪慧的人，而是那些看起来老实巴交，稍显愚钝的人。原因究竟何在呢？这主要是因为：那些看似反应灵敏，极其聪慧的人，大多易自恃聪明，以为自己有的是能耐，杀鸡根本就无需用牛刀，因此做事时常常心猿意马，东一榔头西一棒的，不能专注于一个目标，而且一路之上，他们还经常会被那旖旎风光迷住目光，被那琐碎事务分散精力，以致在中途就迷失了方向，或是走上了歧路，从而终止了最初追求的目标。就这样，他们也就聪明反被聪明误，虽有过人才华却老是才不能尽其所用，很容易将事情办砸。而那些看似老实巴交，稍显愚钝的人呢，他们知道自己的脑瓜并不聪慧，唯一可行的办法就只有以勤补拙，所以做事时就特别用心，特别专注，绝不敢有丝毫的放松懈怠。这么着长年累月，不懈坚持，他们也就具备了不受外物诱惑的定力，永不偏离目标的执着，以及日益增强的信心和火一样燃烧的热忱，从而也就拥有了一步步走上成功大道的强大实力。他们就好比那执着的登山者，一路如“将军赶路，不追小兔”，只是专心一意地朝着高山走去，最后自然也就笨鸟先飞，能真正享受那“会当凌绝顶，一览众山小”的极顶快乐了。蜗牛不因步履的缓慢而自卑，一步一个脚印地向着自己的目标爬行，终于到达了自己的目的地；水滴不因力量的弱小而泄气，一步一个脚印地撞击着坚硬的石块，终于造就了水滴石穿的奇迹；蚕蛹不因外壳的坚硬而悲观，一步一个脚印地向外冲撞奔突，终于获得了破茧重生的光明；在生活中，稍显愚钝的人基础往往会差一点，起跑往往会慢一点，而且途中往往还会遇到许多的障碍，但只要不自轻，不自贱，一步一个脚印地不停奔走，那就“笨鸟先飞志悠悠，笨哥外憨心内秀”，完全有可能成为在终点处第一个撞线的人。

由此可知，一个人的成败与否绝不是由他智商的高低决定的。那么，决定一个人成败的关键因素到底是什么呢？为了更好地说明问题，不妨让我们先来看一看英国心理学家、《力量心理学》的作者哈德飞曾经做过的一个很著名的试验——他给两组志愿者进行了不同的“催眠”，他对第一组的人说：你现在身体非常非常虚弱，你已经变成婴儿了，你全身都很细小，你的手指像小鸟爪子那么瘦……慢慢地，这些人就真的相信了。这时，他给这些人一个握力器，结果受测者的平均握力只有29磅。然后，他又对第二组的人进行了这样的“催眠”：我现在往你口中滴的是营养液，是泰森服用的那种，所以，你会像泰森一样强壮，而且将越来越强壮。听者全都信以为真，一个个精神都极为振奋。此时，他又让这些人去握握力器，结果他们的平均握力竟达142磅。而事实上，这两组人在清醒状态下的正常平均握力，都是101磅。在日常生活中，人们所经历的情况与此也大致相同。如果我们总是给自己负性“催眠”，那么我们的力量就会减弱；但是，如果我们给自己的“催眠”是正面的、积极的，那么我们的力量就会大大增强，有时甚至能完全超出自己的想象！由此，我们似乎可以得出这样一个结论：如果一个人是一个优秀的自我“催眠师”，在生活中善于利用积极的心理暗示，持续地给自己加油鼓劲，不断地增强自己的勇气，鼓舞自己的斗志，使自己不管在什么情况下，都能攻坚克难，勇往直前，即使是在困境和逆境之中，也能够忘却烦恼，重新振作，那他就必然会成为一个生活从容、事业有成的人。如果一个人是蹩脚的自我“催眠师”，成天给自己灌注的是自卑沮丧的迷魂汤，使自己总觉得自个儿这也不行，那也不是，干什么都不是一块合格的料，那就将使自己始终处于精神萎靡、举止猥琐的状态之中，那就将一步步坠入那平庸者的行列，永远与成功无缘。这就告诉我们，精神是支柱，心态定成败，究竟有没有昂扬的精神，有没有乐观的心态，这就是决定一个人能否成功的关键之所在：若是自轻自贱，总爱原地踏步，自然就与成功愈来愈远；如果自爱自重，坚信必有作为，那么成功离我们就并不遥远。

成功与不成功之间，实际上并没有横亘着一道不可逾越的鸿沟，成功其实很简单，只需要每天进步一点点。每天进步一点点，看起来并没有什么惊人的声势，也并没有什么可观的成果，可只要我们每天、每时、每刻，都能进步一点点，那么一月两月，一年两年，八年十年之后，不就能聚沙成塔，集腋成裘，收获多多，硕果累累了么？我们常常只是惊艳于许多成功人士的惊人成果，并误以为这都是他们天赋加运气的产物，殊不知他们之所以能戴上成功的桂冠，正是他们刻苦努力，日积月累，每天进步一点点，能量聚积到临界程度后自然爆发的必然结果。可以毫不夸张地说，正是因为有了每天进步一点点的努力，才有了人们的成长，才有了事物的变化，才有了世界的发展。

“每天进步一点点”，说起来也许非常简单，可真要做到却也并不那么容易。一是要耐得住寂寞，不可因收获不大就心浮气躁，不能为目标尚远就轻易动摇，而要有持恒不懈的韧劲；二是要顶得住压力，不可因面临困难就畏惧退缩，不能为遭遇挫折就垂头丧气，而要有攻艰克难的勇气；三是要抗得住干扰，不可因各种诱惑就分心走神，不能为冷嘲热讽就犹豫停顿，而要有专心致志的定力。总而言之，为了让每天进步一点点能得到完全的落实，我们一定要以“百折千磨志不改”、“衣带渐宽终不悔”的精神，永不止息地挥洒热汗，倾心尽力地书写华章。唯有如此，生命的火花才能被我们擦亮，成功的乐曲才能为我们奏响。德国哲学家海德说过：“春天不播种子，夏天就不会生长，秋天就不会有收获，冬天就不能有品尝。”是的，如果今天我们不播下希望的种子，将来就不可能成为祖国的栋梁之才。学习生活就像一杯不加糖的苦咖啡，苦涩，难喝，但是我们不能因此就不愿去品尝，我们要学会将自己变为甘糖溶入其中，使整个学习生活变得有滋有味，丰富多彩。“会当击水三千里，人生笑傲二百年”，我们要心比天高，梦比海远，在岁月的激流中迎风波浪，在青春的舞台上尽展己才，做一个善于驾驭生命的高明骑师，永远向着成功的目标飞奔疾驰。

也许你并没有过人的天赋，也许你起步确实是晚了一点，但只要你愿意付出每天进步一点点的切实努力，幸运女神还是迟早会垂爱你，光顾你的。在前方不远的拐角处，成功正微笑着在向你热情地招手呢，奋力前行吧！

羞辱是成功的鞭子

开创印象派画风的伟大艺术家毕加索，时至今日仍然为人们所推崇，他所作的画是世界各地人们竞相购买的珍藏品。可是谁又能想到，这样一位无限风光的大画家，也曾经有过不堪回首的岁月。

毕加索初到巴黎时，谁都不认识他。因为当时在巴黎以画为生的年轻人实在太多了，而画店的老板大多只是附庸风雅，在大堂中摆放着当时的名家名作。尚未成名的他于是四处碰壁，贫困潦倒，只能住在一间狭窄的小房子里，靠画人像为生。

一天，一个富人经过这里，见他的画画工细致，很是喜欢，便请他帮忙画一幅人像，双方约好酬金是一万元。一个星期后，人像完成了，富人依约前来拿画。这时，他心里突然起了歹念："画中的人是我，这幅画如果我不买，那么，绝不会有别人来买这个年轻又未成名画家的画作，我又何必花费那么多的冤枉钱呢？"于是富人摆出一副赖账的模样，死也不肯按约定支付酬金，只愿花 3 000 元买这幅画。

青年画家当场呆住了，他从来没碰到过这种事，费了许多口舌，向富人据理力争，希望富人能遵守约定，做个守信用之人，然而还是没有说服富人。

"我只能花 3 000 元买这幅画，你别再啰嗦了。"富人认为他已占据上风，下起了最后的通牒，"我最后再问你一句，3 000 元，卖不卖？"青年画家知道富人故意赖帐，按捺住心中的怒火，以平静而又坚定的语气说："不卖。我宁可不卖这幅画，也不愿受你的侮辱。今天你失信毁约，将来一定会付出 20 倍的代价。""笑话，20 倍，是 20 万耶！我才不会笨得花 20 万买你这幅画！""那么，我们等着瞧好了。"青年画家对悻悻然离去的富人说。

经过这一事件的刺激，画家搬离了这个伤心地，重新拜师学艺，日夜苦练。苍天不负苦心人，十几年后，他终于闯出了一片天地，在艺术界成为了一位知名人物。

那个富人离开画室后，就把画家的画和话全都淡忘了。直到有一天，富人的几位朋友不约而同地来告诉他："有件事好奇怪喔！这些天我们去参观一位著名艺术家的画展，其中有幅画不讲价，标价20万，画中的人跟你长得一模一样。最好笑的是，这幅画的标题竟然是——贼。"

富人好像被人当头打了一棍，他立刻想起了十多年前的事。如果这幅画正是自己当年赖账的那幅画，那么这件事对自己的影响可就太坏了。他立刻连夜赶去找青年画家，果然不出所料，这幅标题为《贼》的画，正是自己当年赖账的那幅。于是他赶紧向画家道歉，并且花20万买回了那幅人像画。

青年毕加索就是凭着这一股不服输的志气，让富人低下了高傲的头。

屈辱，可以成为泯灭一个人理想之火的冰水，也可以成为鞭策一个人发愤图强的动力。面对着沉重的打击，饱受的羞辱，毕加索没有像阿Q似的寻求聊以自慰的精神胜利，也没有像霜打的茄子垂头丧气，更没有站在道德的高地，仗着自己年轻力壮，对着不守信用、大肆撒赖的富人暴跳如雷，甚至大打出手，而是在富人的羞辱中依然保持着那份冷静，并借着这次打击来锻炼自己的心性品格。他没有把打击他的人看成仇敌，而是把他当作帮助自己的"贵人"，用自己心中重新燃起的信念去化解屈辱，并把它化为自己重新拜师学艺、日夜苦练的行动，从而最终走出了那曾经的羞辱，不仅让富人羞愧于当年的过错，更让自己踏上了成功的阶梯。

有一首诗写得真好："我相信有一天／我流过的泪将变成花朵和花环／我遭受过千百次的遍体鳞伤／将使我一身灿烂……"所以说，在很多时候，面对着"羞辱"，我们心中应该多一份感谢，少一些仇恨，因为只有这样才可以让我们轻飘自负的心里有着一些沉重感，成为激励我们奋发前行的正能量。手握羞辱的鞭子，让它化为成功的动力，这事不只发生在毕加索身上，古今中外这样的例子可谓举不胜数。越王勾践卧薪尝胆，三千铁甲终吞吴；秦末韩信年少贫寒无依，身受胯下之辱，却忍辱负重，志存高远，终成一代名帅；战国苏秦早年贫困潦倒，身受家人羞辱，用锥刺股苦读，精研纵横术，后游说六国，合纵成功，身挂六国相印，终于功成名就。羞辱不只让有志之人走出绝境，到达成功的巅峰，还可让曾经的浪子悔过回头。有位法国小青年，由于出身于贵族家庭，自小家境优越，生活奢侈，整天游手好闲，不务正业，周围的人都一致认为他永远是个没有出息的人，连他的父亲一提到他也摇头叹息，说他不可救药。在一次盛大的宴会上，他去邀请一位漂亮的姑娘跳舞，谁知姑娘不仅拒绝而且羞辱他说："请站远一点，我最讨厌你这样的花花公子。"骄横的他有生以来第一次受到别人对他如此的藐视和冷漠，而且还是自己心仪的年轻貌美的姑娘。这让他无地自容的羞辱，却使他突然清醒过来，开始对自己的过去产生了悔恨和羞愧。后来，他给家里留下一封信，悄悄地离开了家乡。信中写道："请不要探询我的下落，让我刻苦努力地学习，我相信自己将来会创造出一些成绩来的。"果然，8 年以后，这位曾被人羞辱伤害的少年，成了当时赫赫有名的化学家，不久在 1912 年又获得诺贝尔化学奖，他就是法国科学家维克多·格林尼亚。

其实，每个人都会遇到被人瞧不起、遭轻蔑、受讪笑的境地，但无论你是在穷困不达之际，还是在衣食无忧、家境殷实之时；也不管你是奋发而为的有志青年，还是花天酒地的好闲之徒。面对着别人的羞辱，最关键的是要拥有正确的心态。生活中我们也看到有的人因羞辱而产生怨恨，继而自暴自弃，把心中的怨气变为仇恨的种子，撒向羞辱者，最终酿成了惨案；有的人因羞辱而悲痛欲绝、痛不欲生，最终以自己的生命来抗争，不仅让自己走上了不归之路，也给亲人留下了无尽的伤痛；而有的人面对羞辱却用智慧和幽默去化解它，甚至把它变成持久奋进的推动力。以上的许多事实正是表明了：面对羞辱，不同的心境决定了不同的命运。

现在虽说大家都生活在一个衣食无忧的时代，但激烈的竞争、学习的压力以及生活的差异，还是让有些青少年同学在与同学、朋友相处的时候，难免会遇到他人的羞辱。倘遇这种情况，只要我们时刻想起上述的故事，始终牢记"羞辱是上天给一个人走向成功的鞭子，我们不能因'鞭'打的痛苦而丧失希望"这个道理，始终保持良好平和的心态和奋发向上的意志，那就一定会走出羞辱，走上拥有鲜花和掌声的舞台。

用心做事才能把事做好

在与一些青少年同学交谈时，常有一些同学会这么跟我叹苦经：“凭心而论，我在学习上还是认真的，刻苦的，可成绩却一直不见有明显的起色，看来我确实是就这么一点能耐了，将来也不会再有什么大的出息。”听了他们的这些诉说，我就跟他们说，他们吐露的感情无疑是真实的，可他们的行动和认识显然都还存在着一定的问题。首先，他们对自己所作的努力可能是高估了。尽管他们觉得自己在学习上已经很认真了，但据我的经验，他们还远没有做到真正用心的地步，其中还有很大的空间可以大做文章。其次，他们对自己前景所作的展望应该是太过低估了。尽管他们目前的处境并不尽如人意，但看来这主要是因为受了他们自身思想的制约，只要这个问题能够得到解决，情况就必将会发生根本的变化。为了使他们，也使大家，都能正确地认识上述的这个问题，就让我们先从下面这个故事说起，慢慢地一一细加剖析吧：

一天，一个年轻人去到一位禅师跟前，向他请教获取成功的秘诀。禅师指着寺庙里的一棵大树说，如果你能在十分钟内爬上去，我将告诉你答案。年轻人看了看大树，便立即脱去厚厚的外套，开始攀爬。可几个小时过去了，年轻人累得气喘吁吁，也未能到达大树的顶端。年轻人只得无奈地不辞而别，灰溜溜地回家了。第二天，年轻人扛着梯子早早走进寺庙，不费吹灰之力就爬到了大树上面。禅师看见了，微笑着朝他走过去。年轻人麻利地从树上下来，恭敬地请禅师释惑。禅师解释道：昨天爬树，尽管你很努力，可你只是眼里有树，你的心却并没有到树上去，所以你也就只能望树兴叹了。年轻人听了似有所悟，就接着问道：那今天又作何解释呢？禅师笑着说：今天爬树时，你是有备而来，这说明你不仅是眼里有树，而且你的心早已先到树上去了，所以能爬到树端也就是情理之中的事情了。年轻人听了，不由连连点头称是。

爬树要靠体力，要靠技能，但最主要的还是得靠心志，只有有了必定能上的心志，才能如愿爬到树上。爬树如此，做其他事情亦然是如此。布勃卡是举世闻名的奥运会撑杆跳冠军，一直享有"撑杆跳沙皇"的美誉。他曾三十五次创造撑杆跳领域的世界记录；并且他所保持的两项世界记录，迄今为止，还没人能够打破。在接受由总统亲自授予的国家勋章时，记者们纷纷向他提问："你成功的秘诀是什么？"布勃卡微笑着回答："很简单，就是在每一次起跳前，我都会先将自己的心'摔'过横杆。"原来，作为一名撑杆跳选手，他也曾有过一段很艰难的日子，那时尽管他不断地尝试冲击新的高度，但每一次都是失败而返。在那些日子里，他苦恼过、沮丧过，甚至怀疑过自己的潜在能力。有一天，来到训练场上，他禁不住摇头叹息，对教练说："我实在是跳不过去了。"教练平静地问："你心里是怎么想的？"布勃卡如实回答："我只要一踏上起跳线，看清那根高悬的标杆时心里就害怕。"突然，教练一声断喝："布勃卡，你现在要做的就是闭上眼睛，先把你的心从横杆上'摔'过去！"教练的厉声训斥，让布勃卡如梦初醒，顿时恍然大悟。遵从教练的吩咐，他重新撑起跳杆又试跳一次。这一次，他果然顺利地跃身而过。于是，一项新的世界记录又刷新了，他再一次超越了自我。教练欣慰地笑了，语重心长地对布勃卡说："记住吧，先将你的心从杆上'摔'过去，你的身体就一定会跟着一跃而过。"

何谓"先将你的心从杆上'摔'过去"？这与上一则故事中禅师所说的"心先到树上去了"，可以说有着异曲同工之妙。它们都是说的，做事时要突破心障，就要先在内心里确立不断超越自我的坚定信念。著名心理学大师卡耐基有言："我想赢，我一定能赢；结果我又赢了。"此话说得一点不错，超越自我，赢得成功的最好办法，就是首先得让自己的心先过去，相信自己一定能赢。只要心先过去了，相信自己一定能赢，那么世上就没有过不去的坎，胜利就一定属于你。

爬树要心先上去，跳高要心先"摔"过杆，做其他事情呢，也同样需要有一颗定能把事情做好的心。如果问美国首富是谁？许多人可能会毫不犹豫地回答是微软创始人比尔·盖茨。据福布斯排行榜统计，比尔·盖茨连续15年蝉联美国首富，他的确是当之无愧。但美国《财富》杂志推出的另一项美国历史最富排行榜，则由石油大王洛克菲勒（John Davison Rockefeller）夺冠，盖茨仅位列第五。该排行是以占当时美国GDP比重进行评比的，70年前洛克菲勒个人财富比例高达美国GDP的1/65，而微软创办人比尔·盖茨个人资产总值虽超过了800亿美元，却仅占目前美国GDP1/152。可富可敌国的世界石油大王洛克菲勒，年轻时却是在一家石油公司从事一份全公司最简单又最烦躁的工作，就是检查石油罐盖焊接好没有。但他没有为这样一种简单而又烦躁的工作而烦恼，而是一直在仔细观察焊接过程中的奥妙，结果他发现焊接好一个石油罐盖，共用了39滴焊接剂，于是他便想：为什么一定要用39滴？少用一滴行不行呢？在这之前，已经有好多人干过这份工作，可从来没有人想过这个问题。洛克菲勒不仅这么想了，而且还开始了认真的试验，他先后研制出了“35滴型焊接机”、“36滴型焊接机”和“37滴型焊接机”，但经过试用，在焊接后都会漏油，因而没有获得成功。人们都劝他不要吃饱饭没事干，如果闲着，不如下班后去做兼职。然而，洛克菲勒的心早就扑到研制的工作上去了，他没有因此而退缩，结果终于研制出了“38滴型焊接机”，获得了完全的成功。洛克菲勒节省的虽然只是一滴焊接剂，但日积月累，这“一滴”却给公司带来了每年5亿美元的利润。这一滴焊接剂就这样成就了洛克菲勒的事业，也使他后来成为了美国著名的石油巨头。这就正如他本人所说的那样：“我是从一滴焊接剂上扬起事业成功的风帆，对我来说，点滴就是大海。”

这就可见，洛克菲勒的成功绝非偶然，而正是他一心扑在工作上，将心先“摔”过去，相信自己一定会成功的必然结果。他后来在给儿子的信中，就直白地坦露了自己的这一心声：“那时我每天天刚蒙蒙亮就去上班，办公室里的鲸油灯很昏暗，但那份工作从未让我感到枯燥乏味，反而很令我着迷和喜悦，办公室里的一切繁文缛节都不会让我对它失去热情……”他还认为，乐于工作的人的专心致力地投入，自然能获得成功：“天堂或地狱都由自己建造。如果你赋予工作意义，不论工作大小，你都会感到快乐，自我设定的成绩不论高低，都会使人对工作产生乐趣。

如果你不喜欢做的话，任何简单的事都会变得困难无趣。”

爬树时要心先爬上去，跳高时要心先“摔”过杆，工作时要一门心思地扑到工作上，学习时也毫无例外地要全身心地把所有的精力都投入到学习中去。本文开头提到的那些同学，虽然学习时也认真了，刻苦了，但从深层去看，应该说还没有真正做到一心向学，全力以赴，还没有完全将自己的心“摔”过学习的“横杆”，故而他们也就产生了许多的困惑和忧虑，缺少了义无反顾的精神和百折不挠的勇气——而这，正是他们陷入目前困境的主要原因。所以，这些同学必须卸掉思想上这样那样的负担，让自己的心灵自由自在地振翅飞翔，冲破那各种有形无形的障碍，努力跃过那横亘在自己面前的学习的“横杆”。唯有这样，这些同学的聪明才智才能得到最大限度的充分发挥，目前的处境才能从根本上得到彻底的改变，年轻的生命才能闪现出最耀眼的光芒。

别空羡，好花尽皆汗浇成

在学校里，一些青少年同学对那些名演员、名主持和名运动员，大多是特别喜欢，特别向往，认为他们是那么风光，那么荣耀，那么令人羡慕，因此往往梦想着自己也能有那样美好的一天。不错，那些名演员、名主持和名运动员是荣耀的，但这些荣耀的得来，却并不是那么容易，而是他们优秀人品和辛勤付出的结晶。这就正如冰心在《繁星·春水》中所说的那样："成功的花，人们只惊羡她现时的明艳！然而当初她的芽儿，浸透了奋斗的泪泉，洒遍了牺牲的血雨。"

看一看《崔永元的第一堂课》，相信大家一定会对此有更深切的体会：

名嘴崔永元从央视辞职后，任教于母校中国传媒大学。为了上好第一堂课，他提前三个多月就开始备课，泡图书馆，查阅资料，制作教案，可谓精益求精。开课前一天，他想在网上再淘点资料以完善教案，没想到，输入关键词后，他当时就崩溃了，因为他发现网上各种观点比他想要告诉给学生的还要全面。重新备课已来不及，崔永元只得硬着头皮走进课堂。大概讲了十来分钟，就有学生站起来提问，那是个在学术界都没有定论的问题。怎么办？是装腔作势地谈出一二三点，还是应付一句"这个问题我们将在下一次课谈及"？显然，这都不是好办法，崔永元知道，如今那个"只有你知道，学生不知道"的时代已经一去不返，蒙混是过不了关的。相较于主持人，老师的要求高得多，主持人可以说这样的话："上个世纪有这样一件事。"但大学老师则不能，他们必须说："一九几几年，几月几日如何如何，某某报纸怎么报道。"也就是说，主持人能够含糊其辞，而大学老师必须提供真实准确的资料。不过，崔永元反应很快，也很冷静，在那学生提问后，没有再按教案讲课，而是对全班学生说："刚才，这位同学的问题很好。一件事在历史上说法很多，哪个才是真相呢？下面，大家可以谈一谈自己的看法。"在他的引导下，学生们开始畅所欲言，课堂气氛非常热烈。几十分钟很快过去，这堂课在大家意犹未尽中顺利结束。从备课到授课，崔永元的第一课其实更像一种历险，他之所以能最终涉险过关，关键在于他没有用"著名主持人"的名头去唬弄学生，而是把自己摆在"新手"的位置上，对教学环节做过较为充分的准备，以至于面对难以解答的学生提问时，能够选择最为恰当的探究式教学法，最终成功完成教学任务。这就给人们一个启示：一个人，不管他（她）曾经有多么"牛"，在跨界之后，都应该先老老实实地做一只"羊"。

作为央视名嘴，崔永元在中华大地上可以说是一个家喻户晓、妇孺皆知的大名鼎鼎的人物。可他为什么放着驾轻就熟的央视主持人不当，而偏要去传媒大学当一个教学新手呢？这是因为崔永元认为"口述历史"是一项在我国当代具有开创性意义的文化工程，值得他去致力研究。当今社会，随着城市化建设的快速推进，许多人文遗产正以惊人的速度消失湮灭，那些曾经的历史文化就更显弥足珍贵，更应深入挖掘，用心去开发和保护。而"口述历史"，就是从重要历史见证人的角度，让尘封的历史及那些远去的历史真相，在个体的生动叙述中流淌和浮现出来的真实宝贵记录，有着非同寻常的历史文化价值。正因为此，崔永元便甘愿舍弃央视这一他人欲求而难得的宝贵平台，而去传媒大学专门从事"口述历史"研究。这就是崔永元特立独行的追求，这就是崔永元所说的从"干活"转向"干事业"的追求，也是他令我们觉得特别可敬可佩的原因之所在。

为了这一与众人迥别的追求，为了上好第一堂课，崔永元可真是下足了工夫，他读了30本专著，从学术角度认真备了课。曾参与将口述历史研究项目引进学校的中国传媒大学校友会秘书长、文化发展研究院书记卜希霆就曾这样说："他第一次上课还是蛮紧张的，备了三个月的课，他把其他所有的工作都推掉了，专心做这个准备。他说：'我怕误人子弟，授课要严谨，要有学术要求，不能像主持讲话逗逗大家。'"尽管崔永元为第一堂课铆足了劲儿，做了充分的准备，可上课没多久，麻烦就找上了门来，有位同学提出了一个在学术界都没有定论的问题。

面对这一意外，崔永元虽不如主持央视节目时“目送归鸿，手挥五弦”那样的游刃有余，但还是反应很快，也很冷静，他既没有故作高深地发表所谓的“高见宏论”，更没有用“著名主持人”的名头去唬弄学生，而是把自己摆在了“教书是新手”的位置上，虚心地让学生们畅所欲言，谈谈自己的看法。你还别说，他这一不管自己曾经有多么“牛”，在跨界之后，都应该先老老实实地做一只“羊”的招数，还真是灵验，他由此而涉险过关，化险为夷，取得了不错的教学效果。转行以后，能够这样自褪光环，放下身段，“和学生一边讨论一边研究”，这正是崔永元宝贵人品和高尚风格的集中体现，也是崔永元令我们觉得可敬可佩的另一个原因之所在。

虽说第一堂课的气氛非常热烈，虽说此后一年的试讲也吸引了不少的学生，但崔永元却觉得：“效果不是特别好，总的来说还是理论上不太扎实，以后还是要改进教材，加强理论，毕竟做研究还是要理论先行。”崔永元还说，他很高兴的是，大家都能对“口述历史”这个话题提出很多尖锐的问题，这让他对教书这件事情充满着信心。总而言之，他看到了问题，向自己提出了更高的要求，他感到了压力，决心将压力化为动力，同时他还希望“口述历史”能成为一个专业，填补国内在这个领域的空白，并希望学生毕业后可以加入他的团队继续做研究。这就是崔永元美好心灵的真诚表白，这就是崔永元奉献精神的熠熠闪光，也是他令我们觉得可敬可佩的又一个原因之所在。

事业大成却不甘吃老本，而能另辟蹊径，开创新路；头顶光环却不随意摆谱，而能“从零开始，不耻下问”；初见成效却不自满自足，而能自找问题，自加压力——崔永元有着这样一颗金子般的心，相信曾经拥有央视名嘴头衔的他，也必将能在新的领域中开辟出一片属于他的更灿烂辉煌的崭新天地。

古人有云：“临渊羡鱼，不如退而结网。”与其成天去羡慕名演员、名主持和名运动员的光环和荣耀，不如好好去学学他们的品性和精神，并采取一些切切实实的有效行动，因为唯有这样，我们才也许有可能获得成功的机会。

生气不如争气

有些青少年同学，似乎特别喜欢生气，只要一遇到他们不愿意面对的事情，感到不痛快的事情，或是想做而没有做成的事情，哪怕是一些鸡毛蒜皮的，小得不能再小的小事情，他们就往往会一下子“气”上眉梢，嘴巴翘得可以挂油瓶。他们这么喜欢生气，可生气却一点也不喜欢他们，不仅不帮他们解决任何问题，反使他们的脾气愈来愈坏，反使他们的作为愈来愈遭人垢病。情况既然是这样，这些同学就该好好动动脑筋，想一想究竟怎么才能摆脱目前的尴尬境地。

古时候有一个妇人，特别喜欢为一些琐碎的小事生气。她也知道这样不好，便去求一位高僧为自己谈禅说道，以开阔胸襟。高僧听了她的讲述，一字不发地把她领到一座禅房中，落锁而去。妇人气得跳脚，破口大骂。骂了许久，高僧也不理会。妇人又开始哀求，可高僧仍置若罔闻。妇人无计可施，终于沉默了。高僧来到门前，问她：“你还生气吗？”妇人说：“我只为我自己生气，我怎么会到这地方来受这份气。”“连自己都不能原谅的人，怎么能心如止水？”高僧说完，便拂袖而去。过了一会儿，高僧又前来问她：“还生气吗？”“不生气了。”妇人说道。“为什么呢？”高僧接着问道。“气也没有用处呀。”妇人无奈地答道。“你的气仍未消逝，还压在心里，爆发后将会更加剧烈。”高僧说着又离开了。此后，高僧第三次来到门前。妇人见了便对他说：“我不生气了，因为不值得气。”高僧笑道：“还知道值不值得气，可见心中还有衡量，还是有气根。”说完又转身走了。当高僧的身影迎着夕阳立在门外，将门打开时，妇人问高僧：“大师，什么是气？”高僧将手中的茶水一下倾洒于地，妇人视之良久，终于猛有所悟，叩谢而去。

什么是“气”？细味这个故事，我们便会明白，“气”便是别人吐出，你却偏将它接到口里的那种东西。只要你一吞下，便会反胃，便会胸闷，便会浑身不舒服；如果你不看它，不接它，视若无睹，它便奈何你不得，就像倾洒于地的茶水那样，自然而然地消散了。所以，说到底，“气”乃是用别人的过错来惩罚自己的蠢笨之举。而且，“气”之于我们，绝无半点儿好处，因为不管我们怎么暴跳如雷，怎么气死气活，“气”终究不能帮我们改变宇宙中一粒分子的正常运动，不能帮我们解决生活中所遇到的任何烦心事儿。

生命途中，可谓处处皆有“气”，事事都有“气”，一丁点没有“气”的人生，那决不是真实的人生，而只是幻想中的“乌托邦”。人生不如意之事十有八九，愚蠢的人两眼紧盯着这“八九”，因而只会生气，聪明的人则始终关注那“一二”，因而懂得争气。“生气不如争气”，那些琐碎的、令人心烦的小事儿，根本就不值得自己去生气。怨天尤人，怒气冲天，只会使自己的气愈积愈多，结果成为一只地道的“气包”。倒不如换种视角，换个思路，学会变生气为争气，不断增强自己抗击所有不如意事的底气。虽然每个人都有生气的权力，但是我们要尽量地不去行使这个权力，因为那样只会降低我们做人的档次，影响我们生活的态度，最后伤得最深的也是我们自己。只有“身稳如山岳，心静似止水”，变生气为争气，这才能活出人生修养，活出生存智慧，充分体现我们生命的张力，彰显我们生命的精彩。

国际佛光会世界总会会长星云大师，刚到丛林参学时，由于年纪很小，连老师出的作文题都看不懂，但他还是非常用心地写了好几张作业纸。老师阅毕发回，评语栏中写着两句诗：“两只黄鹂鸣翠柳，一行白鹭上青天。”同学们看到，在一旁嘲笑：“老师的意思是不知所云啊！”可他牢记母亲“要争气，不要生气”的教导，一点都没生气。下一次的作文课，他又认真地构思布局，在交出去前还看了又看，自觉是得意之作。不料数天后发回，老师的评语又是两行诗句：“如人数他宝，自无半分毫。”先前写得不好，是不知所云；这篇写得好，却又被误以为会有抄袭之嫌，星云也真是够冤够倒霉的了，可他依然没有生气，更没有泄气，反而更加细心地观察事物，揣摩思考，为作文付出更多的辛劳。经过一番努力之后，他终于佳作频出，老师渐渐对他刮目相看，有时还在课堂上予以褒奖。

如果星云大师一遇障碍就生气，那他也许就始终过不了横在他面前的一道道坎，什么事情也干不成。他不生气，不退缩，硬是不蒸馒头争口气，这才练就了一手好文章，这才成就了今天誉满全球的星云大师。

清晨有绚丽朝霞，傍晚有如金夕阳，中午有明媚阳光，夜晚有如银皎月，春天有五彩花朵，盛夏有蔽日浓荫，秋日有挂枝硕果，严冬有银妆素裹，人生的幸福和快乐时时都享用不尽，哪还有闲工夫去生气呢？只要我们能秉持这样的理念，并将它切实地付之于行动，那么我们的人生就必将能达到一种全新的境界。

尽量少生气，最好不生气

在跟一些青少年同学谈及有关不要随意生气的问题时，他们常常会颇为无奈地说，自己也知道生气不好，也不想轻易生气，可不知什么原因，自己又总是控制不了自己，免不了还是经常会生气。

这就提出了这样一个问题：究竟为何会生气？一般来说，能够引发生气的因素，主要来自这样几个方面：一是遭遇了令自己非常难堪的事情，二是遭遇了让自己十分失望的事情，三是遭遇了他人无端猜忌甚至是恶意攻击的事情。这时候，当事人就会觉得：事情怎么会这样呢？现实对自己怎么就这么不公呢？他人怎么会如此出格地做出这么不可思议的事情呢？哼，这一切都太出乎我的意料了，我实在是想不通，我完全接受不了！这些当事人这么一想，一股子气也就像喷泉一样汩汩地从胸中喷涌出来，而且越想越生气，越想越控制不住自己的情绪，随着也就会说出一些过激的言语，甚至采取一些激烈的对抗行动。而一旦身处在这样的境况之中，他们还会为自己的生气找到各种各样的理由，说出一些冠冕堂皇的大道理，以强调自己的生气是完全必要的，是绝对在理的。一句话，他们的脑子这时已成了一根筋，他们的思想已反复地沉陷于让他们生气的事件之中了。而且，他们还会觉得，此时此刻，“悠悠万事，唯此为大”，自己是最为倒霉，最为受害，可又是最为正确的人。这样，他们也就带着那一肚子气，“勇往直前”，连九头黄牛也拉不回来了。而事实上呢，情况远不是他们所想象的那么回事。只要当情绪稍稍平复，心情较为平静以后，再去回想生气发生的全过程，就连他们自己都会产生疑惑：“我为什么会把事情想得那么严重，把他人想得那么可恶呢？我怎么会那么不能自控，生那么大的气呢？”如果过了较长一段时间后，再回过头来想想那段往事，他们也许就更会深感自己的轻率可笑，不够理智和缺少涵养。这就告诉我们，即便遇有不顺心的事，不讨喜的人，也一定要冷静冷静再冷静，理智理智再理智，以使自己不至于做出丢人现眼的可笑之举，以使自己不至于伤害他人，破坏了和谐的人际关系。相反，若是执迷不悟，一意孤行，依然动辄生气，那么等待他的必将是更多的麻烦和痛苦，伴随他的必将是终身的内疚、悔恨和挣扎。

要少生气，甚至不生气，还必须很好了解生气的危害。一个人如果肝火太旺，喜欢生气，就极易受不良情绪的控制，作出许多失去理智的决定，做出许多有失体面的举动。而且，生气还会使你的身体长期处于战争状态，引起巨大的身体内耗，并逐渐导致机体的枯竭。所以，一个心情不好、容易生气的人，他的脸色就会难看，食欲就会下降，因此也就容易疲劳，容易生病。生气会严重伤害自己的许多器官，比如肝、肺、脾、胃和心脏等。很多疾病都是由于生气引起的，医学研究发现，人生气时会分泌大量毒素伤害身体。美国有一个生理学家研究发现，人生气时 10 分钟耗费掉的精力不亚于参加一次 3 000 米赛跑。生气时的生理反应更是十分剧烈，分泌物比在任何情绪时都要复杂，且具毒性，因此生气会严重影响人体的健康。再说，唯宁静方能安生，唯宁静方能致远，如果一天到晚气鼓鼓的，处于极度的烦躁之中，怎么还能专心一意地从事学习和工作呢？怎么还能安下心来规划未来的生活呢？生气既然对我们有着这么多方面的严重危害，我们还有什么理由不自觉地远离生气，不主动地拒绝生气呢？

明白了生气的产生经过，知道了生气的严重危害之后，我们就可以进一步来研究防止生气的一些具体做法了。要防止生气情绪的发生，很重要的一点是必须从平时就开始预防。而预防的关键，就在于要加强自身的修养，提升自身的素质，要不断地淡化自我，潜心培养大爱之心和慈悲之心，树立旷达、平和、沉静的态度，学会时时处处设身处地多为他人着想，争做一个善于掌控自我情绪的智者，从而使自己自觉自愿地远离生气。需要特别注意的是，强调要远离生气，并不是简单地提倡所谓“忍”的精神。“忍”字是心字头上一把刀，一味“忍气吞声”，那是十分艰难和异常痛苦的，如果硬是被迫无奈地去“忍”，实际上是很不容易做到的。真要远离生气，一定得先打内心里明白生气的原因和危害，以便让自己形成一种主动抵制生气的高度自觉，乃至达到让自己生不起气来的全新境界，这才能水到渠成，轻松自在地去采取必要的行动。

新加坡有一对夫妻很恩爱，先生说他的太太很贤慧，有时候遇到他妈妈错怪她，他太太就跪下去给他妈妈道歉。他觉得他太太这样做不免有点委屈，可他太太说，家有一老，如有一宝，婆婆是家里的一宝，老人家一生气会气坏身体，她只想着要赶快把老人的气降下来，不能让她继续生气伤了身，所以她就赶紧跪下来道歉。她这么一做，婆婆的气自然就下来了，而她也随之心安了，因此一点都不感到委屈。

在这个世界上，婆媳关系可算是比较难处的一种关系，吵吵闹闹、疙疙瘩瘩的婆媳几乎十有八九。新加坡的这个媳妇为什么能将婆媳关系处理得这么好？至关重要的一点，就在于她有很好的修养，很高的境界，能处处为婆婆着想，竭力降低身段去化解矛盾，融洽关系，心甘情愿地让自己彻底远离生气。可以毫不夸张地说，她当真已达到了某些人所说的这样一种境地：退一步自然安稳，忍一句自无忧伤。让人三分何等清闲，忍耐一时便是神仙。

要不生气，不仅要事先预防，还得要在一旦生气之后，妥善观照自己的内心，掌控自己的情绪，使自己千万别顺着心理惯性继续发展下去。在很多时候，事情刚发生时我们也许并没有那么生气，只是因为外部因素的介入，而自己又不懂得及时克制和制止，这才使怨怒之气像那星星之火一般，顺着风势更旺地燃烧起来，以致在心中更加蔓延和扩大开来的。这也就是说，生气的升级，实际上还是我们自己培养和滋生起来的。所以，在生气之初，我们一定要以应有的智慧观照自己的内心，绝不让所生之气像脱缰的野马四处乱跑。惹你生气的事情既已找上了门来，逃避，是逃避不了的，至于对抗，也势必将招来更大的麻烦，因为那样只会延续压力的积累，使自己的情绪变得更为紧张，更易于生气。这时候唯一正确的选择，就是心平气和地接受眼前的遭遇，设法寻找合适的平衡点，让自己失衡的心情先平静下来。每遇不顺心的事情，有些人总觉得上帝对自己不公，因此也就气不打一处来。而其实呢，上帝对每个人都还是公平的，你所遭遇的不顺心的事，或许正是上天特意赐给你的礼物，只是为了考验你，外表的包装没有搞得特别漂亮而已；只是由于你的眼光出了偏差，只看到其外表的包装，而没有看到其内在的本质罢了。要知道，有时候，最难看的包装里面，有可能放着最好的礼物；最坏的遭遇背后，也许蕴藏着最大的机遇和收获。所以，每当我们遭遇不顺心的事情，要生气发怒之时，一定要赶快提醒自己，迅速将自己的心念及时转移，千万别执着一念死不肯放，而要换一个角度看问题、想问题。“风月无今古，情怀各相异”，凡事只要多往好的方面想一想，心中就会有茅塞顿开、豁然开朗的感觉，眼前就会出现“风平而后浪静，浪静而后水清，水清而后游鱼可数”的可喜景象。如此一来，心中的那些污浊之气不也就通通都烟消云散，荡然无存了么？

如果在转换视角思考，设法调控情绪之后，能进一步作理性升华，那就更易于使所生之气转瞬间化为乌有了。在电视剧《继母》中，当年轻的继母看到孩子有意与她为难而恶作剧时，一时气愤难忍，随手摔碎了玻璃杯。但她旋即意识到这必将引发进一步的冲突，必将产生更大的恶果，并想到了当妈妈的责任和应有的理智，因此顷刻便控制了自己的心理，调控了自己的情绪，不仅扫掉了玻璃渣片，而且主动向孩子道歉，使一触即发的紧张关系一下得到了和解，就好比一阵急风暴雨、电闪雷鸣之后，瞬间又光风霁月、景和清明一般。这就可见，当自己的气升起来的时候，一定要多想一想它可能引发的不良后果，多想一想自己所承担的责任，努力将自己升华为一个有理智、有气度的人，这样就不仅能消除心中的不平之气，缓解剑拔弩张的紧张气氛，而且还能赢得他人的敬重，更有利于日后跟对方的友好相处，实可谓一举多得，善莫大矣。作为一个青少年同学，目前固然还难以即刻就达到这样的境界，但只要心向往之，倾力为之，就总有可以渐渐抵近的那一天。

生命是张弓，弓弦是梦想

每一株小草都有钻出泥土的梦想，每一粒种子都有长成参天大树的梦想，每一只蝴蝶都有冲破茧子飞向天空的梦想，青少年时期是一个多梦的季节，每个青少年的心里也都有着一个异常美丽的梦想。可在如何实现自己梦想的问题上，往往就各人有各人的不同想法，所作的努力一般也存在着很大的差别。那么，究竟怎样才能使自己的梦想早日变为现实呢？我们觉得，看一看下面的这个故事，大家或许会有所启发，有所收益。

美国人对幽默是颇为推崇的，故而惯用幽默来展现魅力的明星大有人在，其中以风靡国际的鲍勃·霍伯最享盛名。他的幽默功力之深厚，表演之精彩，是所有脱口秀的明星都难以望其项背的。可鲍勃·霍伯所受的正规教育学历并不高，他在高中二年级时就一心想成为明星，于是便辍学去好莱坞寻找机会。一开始，他跟一般人一样，填写履历，参加面试，但连续几家电影公司的面试，考官都毫不留情地拒绝了他。鲍勃·霍伯心想，这样下去可不是办法，于是他决定用不一样的方式来对付那些难缠的面试主考官。又一次面试的机会来到了，鲍勃·霍伯刚进主考官的办公室，那些主考官便很不客气地直接问他：“你的资料我们都看过了，不用再多说废话，你自认为最擅长的表演是哪一项？简短回答就行。”不料这样的面试正好对上鲍勃·霍伯的胃口，他很快回答道：“我最擅长的表演，就是让人捧腹大笑！”主考官一脸不屑地说：“让观众笑？你有这种本事吗？现在马上给我当场表演，越快越好，越短越好！”鲍勃早就决定不按常理出牌，当下就毫不犹豫地转身打开办公室通往外面的大门，对着外面其他等候面试的人大叫：“喂，你们都可以回家吃饭了，他们已经决定录取我啦！”这个出奇制胜的高招，让鲍勃·霍伯终于找到了第一份演艺事业的工作，也奠定了他日后大放异彩的成功基础。

只有高二学历的鲍勃·霍伯，何以能敲开好莱坞演艺圈的大门？上面的故事给我们的最直观的印象是，由于他采用了不按常规出牌的非常手段。从这一点，我们可以想见他的机敏过人，他的想象力的丰富，以及他幽默风趣的超凡本领。可如果再往深里想，我们就会觉得问题并不这么简单，因为他之所以能在那特定的场合下亮出这么一个完全出乎他人意料的高招，应该还有着更深层的原因：一，他是一个十分自信的人，他完全地相信自己，相信自己是最好的，相信自己可以做到自己想要成为的人，可以做成自己想要做成的事。“会挽雕弓如满月，西北望，射天狼”，正是因为他有着这么足够的自信和底气，所以他能毫无顾忌地对其他等候面试的人大胆放言：“喂，你们可以回家吃饭了，他们已经决定录取我啦！”二，他对自己的梦想绝不是一般地向往，而是异常浓烈地渴望，且已达到了“衣带渐宽终不悔，为伊消得人憔悴”的白热化的程度，所以即便是在接连遇挫之后，他依然能愈挫愈奋，愈挫愈勇，并能够巧思妙想，充分发挥己长，以一出奇制胜的妙招征服了主考官。

罗曼·罗兰曾说：“生命是一张弓，那弓弦是梦想。”一张弓如果没有弓弦，那它的存在还有什么意义呢？所以，我们每一个人，心中都必须有一个美好的梦想。可梦想的实现，却并非一件容易的事情，这是因为，梦想只有被付诸行动，才会变得格外神圣，梦想只有能持久，方可真正成为现实。请千万要记住：出发之前永远是梦想，上路之后永远是挑战，只有在历经了艰辛持久的搏击之后，心中才会一次次涌动起“春风得意马蹄疾，一日看尽长安花”的无比欣喜。

梦想的阳光要照进现实的间壁

青少年时期，是一个朝气蓬勃、青春洋溢的时期，也是一个生活多彩、梦想飞扬的时期，更是一个挥洒汗水、展示自我的时期。每一位处在这如花时节的青少年同学，身受时代的熏陶和影响，自然也有着多彩多姿的梦想。但在实际生活中，偏有一些同学不顾自身情况和家庭境遇，突发奇想，看见什么“风光”就梦想什么：明明是五音不全，但一看到歌星前呼后拥的风采，就怦然心动；明明是没有什么绘画基础，却一想到画家随便画画也挣大钱，就向往不已；明明是实践动手能力不行，却因听说“蓝领”身价非凡，就妄想置身其中；明明是家境不太宽裕，看到别人演奏的潇洒，却也要硬缠着父母去添置价格不菲的器乐……校园中类似这样的同学可谓不少。可能有同学要说，有梦想有什么错，它总比没有梦想没有追求来得好。不错，梦想确实可以成为我们前进的目标，可以成为我们拼搏的动力，但像上述这些同学这样明显脱离实际的梦想，其实只是空想和幻想而已，未必对我们的成长有利。

法国有个少年，从小就喜欢舞蹈，他的理想是当一名出色的舞蹈演员。可是因为家境贫寒，父母根本拿不出钱来送他上舞蹈学校，只得将他送去一家缝纫店当学徒，希望他学会一门手艺后能补贴家用，帮家里减轻负担。可每天在缝纫店工作十多个小时的他厌恶极了这份工作，其原因不只是繁重工作所得的报酬还不够他的生活费和学徒费，更为重要的是，他觉得自己是在虚度光阴，他为自己的理想无法实现而极度苦闷。他甚至认为：与其这样痛苦地活着，还不如早早地结束生命。就在他准备自杀的当晚，他突然想起了他从小就崇拜的有着“芭蕾音乐之父”美誉的布德里，他觉得只有布德里才能明白他这种为艺术而献身的精神。因此他决定给布德里写一封信，希望布德里能收下他这个学生。在信的最后，他写道，如果布德里在一个星期内不回他的信，不肯收他这个学生，他便只好为艺术献身了。很快，他便收到了布德里的回信。布德里在信中说，他小时候也很想当科学家，因为家境贫穷无法送他上学，他只得跟一个街头艺人四处流浪，跑江湖卖艺……最后他说，人生在世，现实与理想总是有一定的距离，在理想与现实生活中，首先要选择生存。只有好好地活下来，才能让理想之星闪闪发光；一个连自己的生命都不珍惜的人，是不配谈艺术的……布德里的回信让这个少年猛然醒悟，于是便开始努力学习缝纫技术。从23岁那年起，他在巴黎开始了自己的时装事业。很快，他便建立了自己的公司和服装品牌，他的时装设计新颖，制作精良，很快就享誉世界。此人是谁？他就是享誉世界的时装大师皮尔·卡丹。在一次接受记者采访时，皮尔·卡丹说，其实他自己并不具备舞蹈演员的素质，当舞蹈演员只不过是少年轻狂的一个梦而已。

无论是皮尔·卡丹，还是布德里，在他们年少之时，都有着自己的梦想，也都曾为那伟大的梦想而兴奋激动。然而当他们遭遇到残酷的现实时，心中美好的梦想便如七彩的肥皂泡，顷刻灰飞烟灭，这时他们的心中便像常人一样，有了无尽的苦闷和烦恼。但痛苦彷徨过后，他们并没有颓靡，也没有固执地撞向南墙，而是屈从事实，遵从现实，在事与愿违的现实困境中，做着另一个现实的梦想。他们勤勤恳恳地做好身边的每一件事，踏踏实实地走好人生的每一步路，于是当心中原来的梦想渐行渐远时，另一个梦想便倏忽而至。

血气方刚、年少气盛时的梦想，难免因一时冲动而考虑欠周；或因自身条件及境遇的限制，实现它有着重重困难。因此，当我们美好的梦想撞上这些冷冰冰的现实时，千万不可低沉消极、悲观失望；也不可一意孤行、固执己见，就算撞得头破血流也不回头；更不可怨天尤人，不是迁怒他人使绊，就是归咎父母没有给自己创造好的条件。如若不然，到头来伤害的只能是自己。纵然梦想再怎么美好，现实再怎么骨感，只要在现实的间壁里注入梦想的阳光，那梦想的种子定会在那里落地、生根、开花。如果说现实是此岸，那么梦想就是彼岸，唯有努力才是联系两者的桥梁。梦想虽不等于现实，但只要从现实的此岸出发，不惧惊涛骇浪，不怕艰难险阻，那我们定会胜利地到达人生的彼岸。

别轻易折断梦想的翅膀

梦想是航灯，指引着船舶在茫茫大海上航行的方向；梦想是曙光，照亮着孤独的夜行者奋力前行的道路；梦想是沙漠中的一眼清泉，让干渴的行者在绝境中看到生的希望。孩童时代是最爱做梦的时期，每一个孩子的心灵之中，都会藏有奇妙的梦想，比如当一名神奇的魔术师，或者是做一名威武的警察，成为一名杰出的科学家。有些孩子甚至还会冒出些荒诞不经的念头来：什么穿越时空找来 22 世纪的杀毒软件帮电脑杀毒，什么万花筒可以帮妈妈做家务……这些形形色色的梦想，对于广大青少年同学来说，都是他们成长过程中美丽的花絮，它不仅体现了他们的好奇心，而且还是他们懵懂时的人生规划，因而显得无比的珍贵。然而，很多时候，我们却不无遗憾地看到，有些青少年同学的梦想早已渐渐偏离了幼时奇想的轨道，有的甚至随着年龄的增长早已荡然无存。究其原因，这里有成人世界对他们的打击嘲讽，更有他们自己在实现梦想过程中的朝三暮四，左顾右盼。有些同学往往一遇嘲笑就舍弃，一遇挫折就气馁，缺少一条道路走到底的坚持不懈。

乔丹在很小的时候就有了自己的篮球明星梦。一天，他把自己的梦想告诉了母亲，母亲为他有了自己的梦想向他祝贺，鼓励他向篮球明星学习，并且经常抽出时间和小乔丹一起欣赏报纸杂志上篮球队员们驰骋球场、飞身灌篮的矫健身影和飒爽英姿。同时，她还建议乔丹把那些花花绿绿的图片剪下来，贴到房间的墙上去，便于与这些偶像们朝夕相伴。正是母亲的细心呵护，乔丹的梦想也随着他的年龄在一天天长大，后来终于成为了“NBA”的明星球员。

可以这样说，如果没有母亲的赏识和呵护，也许就没有乔丹明星之梦的最终成真。心理学家威廉·杰姆斯曾说过：“人性最深层的需要就是渴望别人的赞赏，这是人类之所以区别于动物的地方。”心智成熟、阅历丰富的成人都尚且如此渴望别人的赏识，那么认知稚嫩、心理脆弱的孩子在梦想遭受打击时对赏识的渴望，自然也就更加强烈。从这一点看，乔丹应该说是幸运的，他的幸运就在于他有一位善解人意的母亲。对于乔丹的梦想，她绝不随便去打断，而是十分小心地呵护，并适时加以引导，让乔丹在快快乐乐中一步步实现自己的梦想。

可在现实生活中，许多青少年同学往往无法像乔丹一样幸运，他们常会遇到对孩子的梦想不屑一顾，甚至大泼冷水的师长。有一位小学三年级的男孩曾对母亲说，长大了要去当舰长，而母亲却说：“瞧你那糟糕的成绩，打扫军舰都轮不到你的份儿。”孩子的梦想就这样被母亲的讥讽伤害了。如果这位母亲也能像乔丹的母亲那样认真对待孩子的那份梦想，孩子日后没准还真能成为一位出色的舰长呢。当然，如果男孩不因母亲的嘲讽而动摇，始终坚持着朝当舰长的梦想而努力前行，那成年的他或许同样可以美梦成真。

因此，如果你的梦想像这位小男孩一样历尽嘲弄、备受打击，那也没有什么可怕，那也算不了什么，只要你守住自己的梦想，勇敢地走下去，你同样可以比别人提前到达成功的彼岸。

有一个名叫蒙迪·罗伯特的孩子，是美国犹他州的一所中学的学生。有一次，他按照比尔·克利亚老师的要求，就自己的理想写一篇作文。他兴高采烈地写了起来，用了整整半夜的时间，写了七大张纸，详尽地描述了自己的梦，梦想将来有一天拥有一个牧马场，他描述得很详尽，并画下了一幅占地 200 英亩的牧马场示意图，有马厩、跑道和种植园，还有房屋建筑和室内平面设计图。第二天，他兴冲冲地将这份作业交给了克利亚老师。然而作业批回的时候，老师在第一页的右上角打了个大大的“F”（差），并让蒙迪·罗伯特去找他。下课后，蒙迪去找老师：“我为什么只得了‘F’？”克利亚打量了一下眼前的毛头小伙，认真地说：“蒙迪，我承认你这份作业做得很认真，但是你的梦想离现实太远，太不切实际了。要知道你父亲只是一个驯马师，连固定的家都没有，经常搬迁，根本没有什么资本拥有牧马场，再说要拥有一个牧马场，得要很多很多的钱，你能有那么多的钱吗？”克利亚老师最后说，如果蒙迪愿重新做这份作业，确定一个现实一些的目标，可以重新给他打分。蒙迪拿回自己的作业，去问父亲。父亲摸摸儿子的头说：“孩子，你自己拿主意吧，不过，你得慎重一些，这个决定对你来说很重要！”蒙迪一直保存着那份作业，那份作业上的“F”依然很大很刺眼，正是这份作业鼓励着蒙迪，一步一个脚印不断超越创业的征程，多年后蒙迪·罗伯特终于如愿以偿地实现了自己的梦想。

后来，当克利亚老师带着他的30名学生踏进这个占地200多英亩的牧马场，登上这座面积达4 000平方米的建筑场时，流下了忏悔的泪水。“蒙迪，现在我才意识到，当时我做老师时，就像一个偷梦的小偷，偷走了很多孩子的梦，但是你的坚韧和勇敢，使你一直没有放弃自己的梦，也深深教育了我。”

有梦想就会有期望，有期望就会有拼搏和激情，蒙迪以及众多像蒙迪一样的成功人士，都用铁一样的事实告诉我们：异想未必不能天开，梦想并非不能成真。只是问题的关键在于，你把梦想是当成一场梦，还是当成上进的动力。只有把远大的人生抱负和脚踏实地的苦干结合起来，让梦想的翅膀永远张开，一以贯之地飞翔不止，就没有飞不过的大河，越不过的高山。切记，无论什么时候，无论什么情况下，我们都不要折断梦想的翅膀。

梦想是我们对自己未来的美好设计。一个人可以失败，可以受挫，可以忍受孤独和不幸，但不可以失去梦想，因为没有梦想的人生就像鸟失去了双翼，船失去了双桨。对每一位青少年同学来说，梦想更有着无穷的魅力，它可以牵引并激励我们在学习过程中不断创造，并获得愉悦的情感体验。因此，在产生梦想之时，在实现梦想之中，如有父母、老师、旁人的肯定和鼓励，那自然再好不过，因为这会让我们产生强劲的内驱力，即使面对各种困难也会毫不气馁，迎难而上。如缺少他们的加油鼓劲，甚至有时还会传来他们喝倒彩的声音，那也不要气馁，因为梦想之路是要靠自己走的，别人怎么样，终究替代不了自己。即使自己梦想的翅膀遇到折翼，也请不要怨天尤人、一蹶不起。罗马西塞罗说过：“与其查看老战场，不如准备未来。”只要有顽强的毅力，不被挫折打败，总有一天，我们还是可以再插上梦想的翅膀的。

梦想是我们成长路上的美丽风景。美国前总统威尔逊说过：“我们因梦想而伟大，所有的成功者都是大梦想家：在冬夜的火堆旁，在阴天的雨雾中，梦想着未来。有些人让梦想悄然绝灭，有些人则细心培育、呵护，直到它安然度过困境，迎来光明和希望，而光明和希望总是降临在那些真心相信梦想一定会成真的人身上。”要让心随所愿，梦想成真，我们一定要不懈地坚持，千万不要轻易地去折断梦想的翅膀，更不可生活在别人规划的梦想中。只有当我们用自己梦想的翅膀飞翔在人生路上，才能绽放出自己的美丽和精彩。

怀揣梦想，执着前行

青少年时期是一个做梦的季节，许多青少年同学在这个时候都做着一个又一个的好梦，有的想当一名作家，有的想当一名画家，有的想当一名数学家，有的想当一名航天员，有的想当一名航海家……可是，他们的这些梦想开始时却大多得不到他人的认可，甚至还往往会被当头泼上一盆盆的冷水。于是，他们就会感到很难受，很郁闷，甚至很愤懑。几次三番地这么一折腾，他们中的有些人也就渐渐地心灰了，意冷了，甚至于整个好梦就这么完全破灭了。这些青少年同学心有好梦无疑是件大好事，然而好梦的很快破灭却又实在是殊为可惜。该怎样才能改变这好梦不长的尴尬状况呢？迪斯尼的成长经历，可算是为我们提供了一个最生动的教材：

迪斯尼上小学的时候，就对绘画有一种特殊的兴趣。一次，老师布置了绘画作业，小迪斯尼就充分发挥自己的想象力，把一盆花朵都画成了人脸，把叶子都画成了人手，并且每朵花都有着不同的表情，表明它们有着各自的个性。按理说，这本应是一件非常值得肯定的好事儿，可无知的老师却根本不理解孩子心灵中的那个美妙世界，他错误地认为小迪斯尼是在胡闹，竟没好气地说："花儿就是花儿，怎么能有人形？不会画画，就不要乱画！"并当众把他的作品撕得粉碎。小迪斯尼辩解说："在我的心里，这些花儿确实是有生命的啊，有时我能听到风中的花朵在向我问好。"老师听后，更是越发气愤地说："以后再乱画，我会惩罚你的！"值得庆幸的是，老师的警告并没有改变小迪斯尼"乱画"的毛病，他依然一直在追求着成为一个画家的梦想。第一次世界大战美国参战后，迪斯尼不顾父母反对，报名当了一名志愿兵，在军中做了一名汽车驾驶员，闲暇时他就创作一些漫画作品寄给国内的一些幽默杂志，可无一例外地都被冷冷地退了回来，理由是作品太平庸，缺乏才气和灵性。战争结束后，他拒绝了父亲要他到自己有些股份的冷冻厂去工作的要求，执意要去实现自己童年时就立誓要实现的画家梦，便拿着作品四处求职，一次次碰壁后，好不容易在一家广告公司找到了一份工作，可只干了一个月就被辞退了，理由仍然是缺乏绘画能力。1923年10月，迪斯尼终于和哥哥罗伊在好莱坞一家房地产公司后院的一个废弃的仓库里，正式成立了属于自己的迪斯尼兄弟公司。此后虽历尽坎坷，但他依然特立独行，追梦不止。几年以后，他创造的米老鼠和唐老鸭终于享誉全世界，并为他赢得了27项奥斯卡金像奖。他死后，《纽约时报》刊登的讣告这样写道："沃尔特·迪斯尼开始时几乎一无所有，仅有的就是一点绘画才能，与所有人的想象相吻合的天赋想象力，以及百折不挠一定要成功的决心，最后他成了好莱坞最优秀的创业者和全世界最成功的漫画大师……"

沃尔特·迪斯尼的梦想何以能够久长不灭？何以能够最终成真？关键就在于严酷的现实使他深深懂得，拥有梦想容易，可实现梦想却往往颇为艰难，因此绝不能在别人的眼光里去乞讨生活，而要为实现梦想付出自己所能付出的一切努力。梦想的实现之所以异常艰难，是因为现实总喜欢跟人们开玩笑，它往往不会轻易地给努力的人以及时的回报，而是常常在测验着人们的耐心和坚持，看看究竟谁人甘愿为梦想的实现付出最高额的投资，然后才将那万众瞩目的大奖发给那真正有资格拥有它的人。沃尔特·迪斯尼深明这样的道理，所以他完全不管他人的冷嘲热讽，也根本无视他人鄙夷不屑的目光，而始终痴迷自己的梦想，倾心拥抱自己的梦想，将自己所有的热情、智慧和才情，全都一股脑儿扑在了为实现梦想的卓绝奋斗上。他顽强地与坎坷搏击，不屈地与失败抗争，从没放弃刻苦的努力，永不停歇前进的脚步，最后终于如愿地迎来了好梦成真的那一天。有首《最初的梦想》的歌这样唱道："……最初的梦想/紧握在手上/最想要去的地方/怎么能在半路就返航/最初的梦想/绝对会到达/实现了真的渴望/才能算到过了天堂。"可以说，正是将梦想"紧握在手中"的持恒不懈，正是相信梦想"绝对会到达"坚定信念，确保了沃尔特·迪斯尼梦想的最终如愿实现。

有梦易，圆梦难，难就难在有很多人缺少“你是可以失败的”这一理念和心态。我们每一个人，其实都只是一个普通的人，没有谁生来就具备超群出众的能力，没有谁天生就握有规避失败的高招。所以，无论是你，是我，是他，都是可以失败的，而且都应该坦然地接受失败。失败无疑会给人带来痛苦，但遭遇失败时，最令人痛苦的其实往往并不是失败本身，而是伴随着失败而生的无助感、自责感，以及由此而对自己开始产生的种种无端的怀疑。这也就是说，失败对我们内心的打击，才是痛苦的真正来源。因此，要想接受失败，就一定要加强自身的修炼，让我们的内心变得十分的强大。失败，虽然会使我们从某一高处一下坠落平地，甚至可能会使我们转眼濒临那黑咕隆咚的深渊，给我们形成极大的危难和沉重的打击，但与此同时，它也能让我们凭借此时的卑微处境，以谦虚的态度来审视自己在行进路上所犯下的错误，所存在的问题，以及所欠缺的能力，从而进行大幅的修正和弥补，使我们在屡败屡战中获得极大的教益和飞速的成长。失败，虽然有时会让我们锥心疼痛，不堪承受，但那强烈的刺激，也常常能使我们神志清明，性灵觉醒，从而很好地淬炼我们生命的弹性与耐力，造就我们生命的坚实和强韧，使我们在无形中化解生命中诸多的窒碍困厄，从而有如凤凰涅磐，浴火重生一般，重又跃上生命的一个新的高点。所以，只要我们拓宽视野，学会从另一个角度来看待失败，从更深的层面来思考失败，那么失败其实恰恰能给我们提供一次新的蜕变的良机，我们正可以趁机借力发力，来一个绝地反击，将失败塞给我们的东西悉数奉还，使自己更具有从容镇定的气度和品质，更具备逆境中奋起的才智和能力。相反，如果我们思想片面，剑走偏锋，放不下所谓的脸面和自尊，完全为负面的东西束缚了手脚，那就势必会在无助与自责的泥淖中愈陷愈深，从而错失了穿越失败的沼泽地，以全新的姿态再次出征的极好良机，其结果就必将会背负着沉重的包袱，在异常的迷惘中痛苦挣扎，与自己的梦想愈行愈远。应该说，在实现梦想的路途中，没有哪一方净土能让人丝毫不受到伤害，所以纵然有一千个理由让我们暗淡消沉，我们也必须作一千零一次的选择坚强面对。

“有了崇高的梦想，只要矢志不渝地追求，梦想就会成为现实，奋斗就会变成壮举，生命就会创造奇迹。”美国罗伯·舒乐博士的这句话温暖人心，鼓舞士气，说得实在是太好了！那好，就让我们“大鹏一日乘风起，扶摇直上九万里”，坚定执着地永远放飞自己美好的梦想吧！